TRAITÉ

DE LA

SÉPARATION DES PATRIMOINES.

COSSON, imprimeur de l'Académie royale de médecine,
rue Saint-Germain-des-Prés, 9.

TRAITÉ

DE LA

SÉPARATION DES PATRIMOINES,

CONSIDÉRÉE SPÉCIALEMENT

A L'ÉGARD DES IMMEUBLES;

PAR M. BLONDEAU,

Doyen de la Faculté de Droit de Paris, membre de l'Institut de France
et des Académies de Bruxelles et Turin.

PARIS,

VIDECOCQ, LIBRAIRE,

PLACE DU PANTHÉON, 3 ET 4.

—

1840.

TRAITÉ

DE LA

SÉPARATION DES PATRIMOINES,

CONSIDÉRÉE SPÉCIALEMENT À

L'ÉGARD DES IMMEUBLES;

PAR M. BLONDEAU,

agrégé de Droit de Paris, membre de l'Institut de France,
et des Académies de Bruxelles et Turin.

PARIS,

VIDECOQ, LIBRAIRE,
PLACE DU PANTHÉON, N° 1.

1840.

TABLE ANALYTIQUE

Considérations en vertu desquelles les créanciers chirographaires (1) *du défunt ou de la succession peuvent réclamer, à l'égard des biens* héréditaires (2), *une position préférable à celle des créanciers personnels de l'héritier et une garantie contre la mauvaise foi de celui-ci* (3), pages 473 à 476, et note 3 de la page 478.

1° *Créanciers du défunt*, autrement dits : *créanciers hérédi-taires.*

De ce que des créanciers ont suivi la foi de leur débiteur (soit complètement, soit partiellement en n'exigeant pas toutes les sûretés que le débiteur aurait pu leur donner), il ne suit pas qu'ils aient voulu suivre également la foi de son héritier. — En conséquence, le principe que *l'héritier* (4) *représente la personne du défunt*, a dû être modifié de manière à ce que ces créanciers puissent empêcher l'héritier de détériorer leur condition, soit en aliénant les biens héréditaires sans leur en déléguer le prix, soit

(1) Nous employons, à défaut d'autre, cette expression (dans un sens peu conforme à l'étymologie) pour indiquer les créanciers qui ne jouissent d'aucun droit de préférence (soit *hypothèque*, soit *privilége*).

(2) C'est-à-dire, des biens *passés du défunt à ses représentans.* — Ce qui accède à ces biens depuis l'ouverture de la succession, participe, *en général*, de leur condition.

(3) en supposant que l'héritier ne leur offre pas lui-même les sûretés désirables, c'est-à-dire, ne soumette pas, par une *acceptation sous bénéfice d'inventaire*, la succession au régime d'*administration comptable.*

(4) Nous comprenons ici sous cette dénomination tout successeur à qui la loi accorde la *saisine*, et nous supposons, en outre, que ce successeur a la faculté d'accepter purement et simplement.—Dans l'art. 2114 la dénomination de *représentans du défunt*, comprend sans doute les *légataires universels* dans le cas où ils ont la saisine, et, sous la même condition, les *institués contractuellement pour le tout.*

*

en donnant à ses créanciers *personnels* (1) le droit de concourir avec eux sur ces mêmes biens, *p. 475 et 476.*

Le droit et les moyens d'empêcher les héritiers de détourner l'actif de la succession de sa principale et première destination, *le paiement des dettes*, doit appartenir également aux créanciers héréditaires dont la créance, née d'un fait indépendant de leur volonté, n'a reçu du législateur que le caractère qui appartient aux créances *purement chirographaires;* car, si le législateur a voulu que ces créanciers fussent, du vivant du débiteur, sur la même ligne que ceux qui ont suivi la foi de ce dernier, il n'est pas probable qu'il ait voulu qu'après sa mort, la condition des uns fût plus mauvaise que celle des autres, *mêmes pages.*

Les créanciers qui n'ont traité avec leur débiteur qu'en se faisant donner toutes les sûretés possibles, ne peuvent être présumés avoir entendu qu'en cas de mort de ce débiteur, leurs droits envers son héritier seraient moindres que ceux des autres créanciers.

2° *Créanciers de la succession* (2).

L'intention d'un testateur est évidemment que, jusqu'à concurrence de la portion disponible, ses légataires soient payés sur les biens de la succession avant que les créanciers personnels de son héritier puissent profiter de ces mêmes biens (3); il a donc fallu garantir aussi les légataires des aliénations que l'héritier pourrait consentir et du concours de ses créanciers personnels.

D'autres créanciers de la succession, tels que l'État pour certains impôts, ou les officiers ministériels pour les frais faits

(1) Nous entendons par là ceux envers qui l'héritier est tenu à un autre titre que celui d'héritier, et non comme représentant le défunt.

(2) Notre Traité est très-laconique à l'égard des *créanciers de la succession*, quoique les articles du Code que nous avons eu à interpréter embrassent presque toujours dans leur disposition les légataires et les créanciers héréditaires. Cela vient de ce que ce Traité n'est qu'une partie d'un *Traité général des priviléges*, où les légataires et autres créanciers de la succession seront l'objet d'un chapitre spécial.

(3) Mais, en vain le testateur voudrait-il donner aux légataires la préférence sur ses propres créanciers; il ne peut pas même placer les uns et les autres sur la même ligne. — Du reste, ce qui ne peut être un effet de la volonté du défunt a lieu quelquefois en vertu de la loi; voyez : pour le cas d'acceptation bénéficiaire, les art. 808 et 809 du Code civil, et, pour le cas d'acceptation pure et simple, ce que nous dirons ci-après p. VIII, note 5.

dans l'intérêt de la masse des créanciers du défunt ou de la succession, non-seulement doivent être à l'abri des aliénations consenties par l'héritier et du concours de ses créanciers personnels, mais doivent même, au moins sur certains biens, être préférés aux créanciers du défunt, et *à fortiori* aux légataires.

Moyens par lesquels le législateur peut venir au secours des créanciers, soit du défunt, soit de la succession, p. 476 à 478.

Le législateur a l'option entre deux moyens, *p.* 476 :

Le premier, qu'on peut appeler la *séparation collective*, consiste en ce que : 1° l'héritier n'a le droit de disposer des biens héréditaires qu'après le paiement de toutes les dettes du défunt ou de la succession, 2° jusqu'alors ses créanciers personnels ne peuvent agir à l'égard de ces mêmes biens de manière à préjudicier aux créanciers du défunt.—Si on laisse à l'héritier (1) l'administration des biens héréditaires, il est soumis à toutes les obligations d'un comptable, *p.* 476 *et* 477.

Cette position de l'héritier et de ses créanciers personnels ressemble beaucoup à celle qui résulte de l'acceptation sous bénéfice d'inventaire (2), *p.* 477.

Le deuxième moyen, que j'appellerai la *séparation individuelle*, consiste en un simple droit d'*hypothèque* (*privilégiée* ou *ordinaire*) sur les immeubles, et de *privilége non-hypothécaire* (3) sur les meubles ; l'héritier ayant, sauf cette restriction, tous les droits qui appartenaient au défunt, *p.* 477 *et* 478.

Inconvéniens du premier moyen, *p.* 478.

Le second a paru suffisant, *même page.*

Organisation de la séparation individuelle (4), p. 479 à 500.

(1) Pour le cas où il y a plusieurs héritiers, ajoutez : *qui tomberont dans son lot ;* et, à la ligne suivante, lisez : *de sa part dans les dettes.*

(2) Elle est pire que celle-ci quant à l'héritier, car, en perdant la libre disposition des biens du défunt, il reste tenu indéfiniment de ses dettes, et même, suivant quelques jurisconsultes, de ses legs.

(3) J'entends par là un *droit de préférence* sans *droit de suite.*

(4) Les immeubles sont toujours l'objet particulier de notre attention. Nous en avons donné le motif ci-dessus.

Tout créancier héréditaire (1) peut, en prenant inscription dans les six mois de l'ouverture de la succession, acquérir, sur les biens du défunt désignés dans cette inscription et situés dans le ressort du bureau où elle est prise (2), une *hypothèque privilégiée, p.* 749;

en vertu de laquelle il primera :

1° tous les créanciers personnels de l'héritier, même ceux qui auraient rang d'hypothèque à une date antérieure à l'inscription prise par ce créancier héréditaire, *p.* 479 *et* 480;

2° les autres créanciers héréditaires qui n'auront pas, comme lui, pris inscription dans le délai de six mois (*première hypothèse*), *p.* 481 *à* 487.

Si cette condition n'est pas remplie, le créancier héréditaire ne pourra plus réclamer qu'une *hypothèque ordinaire,* ayant rang à la date de son inscription (3), *p.* 480; — d'où il suit qu'il pourra être primé :

non-seulement par un créancier personnel de l'héritier ayant rang à une date antérieure (4), *p.* 480;

mais aussi :

1° par un autre créancier héréditaire (5) inscrit dans les six mois (*première hypothèse*), *p.* 481 *à* 487;

---

(1) Ce que nous disons du créancier héréditaire doit en général s'appliquer au légataire.

(2) Par cela seul que le législateur n'établit aucune règle spéciale pour cette inscription, on doit croire qu'il a eu intention de la soumettre aux conditions indiquées dans l'art. 2148 (sous la rubrique : *du mode d'inscription des priviléges et hypothèques*), sauf toutefois la modification de l'article suivant. Il est remarquable que les priviléges, quoiqu'étant l'œuvre de la loi, ne participent point à la faveur accordée aux hypothèques légales par le dernier alinéa de l'art. 2148.

(3) Mais ne pourrait-il pas, sans inscription, réclamer, en vertu du second alinéa de l'art. 880, préférence, sur le prix des immeubles héréditaires, à l'égard des créanciers personnels qui n'ont pas acquis hypothèque sur ces mêmes immeubles? Cette question offre un grand intérêt dans le cas où l'inscription serait devenue impossible, par exemple, si l'héritier était tombé en faillite. — Si le prix des immeubles qui n'ont point été frappés d'inscription en temps utile est considéré comme *bien meuble*, on pourra invoquer l'article 880 (premier alinéa) pour refuser privilége au créancier héréditaire dont la demande à fin de collocation par préférence n'est formée que plus de trois ans après l'ouverture de la succession.

(4) soit la date de l'inscription, soit celle d'un autre événement.

(5) *Quid* du légataire? Je crois que le créancier du défunt, qui ne s'est

2° par un autre créancier héréditaire, inscrit comme lui après le délai de six mois, mais dont l'inscription est antérieure à la sienne (*deuxième hypothèse*), *p.* 481.

Entre les créanciers héréditaires inscrits dans le délai de six mois, il y a lieu à contribution (*troisième hypothèse*), *p.* 481.

Développement de ces principes, et preuves de la préférence accordée par notre législateur à la séparation individuelle, p. 481 à 500.

Nous n'avons rien à ajouter quant aux rapports des créanciers héréditaires avec les créanciers personnels de l'héritier (*p.* 479 *et* 480); mais nous devons justifier ce que nous avons dit des trois hypothèses dans lesquelles les créanciers héréditaires peuvent être placés les uns à l'égard des autres.

Principe régissant la première hypothèse, p. 481 à 488.

« Le créancier héréditaire inscrit après le délai de six mois est » primé par tout autre créancier héréditaire inscrit dans ce délai. »

Ce principe a en sa faveur l'argument tiré de cette maxime : *Si vinco vincentem te*, etc., *p.* 481 *et* 482.

Le système contraire, c'est-à-dire, le système qui admettrait un créancier héréditaire inscrit après le délai de six mois (1) à venir partager le bénéfice de l'inscription prise, dans ce même délai, par un autre créancier héréditaire, produirait les plus graves inconvéniens, *p.* 482 *et* 483 :

Il forcerait le créancier diligent à prendre des inscriptions sur tous les biens de la succession, *p.* 483 ; et ce , sans détermination de la somme jusqu'à concurrence de laquelle les immeubles

inscrit qu'après les six mois , n'étant plus qu'un créancier hypothécaire , le légataire qui a pris inscription dans le délai, doit lui être préféré comme privilégié, malgré la maxime : *Bona non intelliguntur nisi deducto œre alieno.*

(1) Disons plutôt *non inscrit*, car, une fois qu'un créancier aurait pris inscription *sans détermination de somme*, ce qui est une conséquence nécessaire de ce système , à quoi servirait que les autres vinssent s'inscrire à leur tour? Je n'y verrais d'autre utilité que celle d'éviter l'inconvénient d'une radiation consentie par le créancier inscrit, et celle d'obliger le tiers-acquéreur qui voudrait purger , à ne pas se contenter d'une notification au créancier dont l'inscription doit d'ailleurs (suivant ce système) profiter à tous.

héréditaires vont se trouver soustraits à la libre disposition de l'héritier et à l'action de ses créanciers personnels, *p.* 484.

En définitive, ce système aboutirait à la *séparation collective*, de sorte que les argumens qu'on peut faire pour prouver que le législateur n'a pas voulu de cette *séparation*, prouvent, en même temps, qu'il n'a pas entendu empêcher les créanciers héréditaires d'acquérir rang de préférence les uns à l'égard des autres (1), p. 485.

Or l'intention du législateur (2), de rejeter le système d'une *séparation collective* établie malgré l'héritier, résulte clairement de ce que l'on ne trouve dans nos Codes aucune des dispositions réglementaires que ce système suppose :

Si l'héritier devait perdre, dans l'intérêt de tous les créanciers héréditaires, et à l'égard de tous les biens du défunt, le droit d'aliéner ou hypothéquer, comment, au lieu d'une inscription soumise aux conditions de l'art. 2148, le législateur n'aurait-il pas exigé une inscription analogue à celle que le Code de commerce établit dans les cas de faillite (3)? *p.* 481 *et* 485.

Si la demande en séparation devait être autre chose qu'une production à l'ordre ou à la contribution avec déclaration qu'on en-

___

(1) La *contribution* entre les créanciers inscrits dans les six mois est une exception fondée sur cette considération, qu'*il ne faut pas sacrifier les créanciers éloignés à des créanciers domiciliés au lieu de l'ouverture de la succession, ni donner à l'héritier le moyen de favoriser un ou plusieurs créanciers aux dépens des autres.* (V. p. 494.)

(2) Cette intention, le législateur ne l'avait probablement pas encore bien arrêtée au moment où il a écrit les art. 878 et 881, qui semblent mieux s'accorder avec la *séparation collective* qu'avec la *séparation individuelle.* Ces art. (que le législateur aurait sans doute modifiés si le titre *des Successions* n'eût pas été déjà promulgué lorsque l'art. 2111 a été adopté) n'étant pas d'ailleurs ouvertement en opposition avec le système de l'art. 2111, le législateur a pensé que le pouvoir interprétatif du juge suffirait pour en fixer la portée conformément à ce système.

(3) Nous ferons remarquer que, dans l'art. 500 du Code de commerce, le mot *inscription* est mis au singulier, tandis que, dans l'art. 2111, ce même mot est mis au pluriel. Dans un cas comme dans l'autre, il y a, sans doute, autant d'inscriptions que de bureaux où se trouvent des biens à grever; il est donc probable que le législateur a aperçu, au premier cas, dans la pluralité des créanciers, une cause de multiplication des inscriptions qui n'existe pas dans le cas de faillite, où tous les créanciers sont représentés par les agens ou syndics.

tend exercer un privilége ou une hypothèque, comment le législateur n'aurait-il pas expliqué par qui et contre qui cette demande peut être formée? *p.* 485.

Du reste, une démonstration directe, que les créanciers héréditaires peuvent acquérir rang les uns vis-à-vis des autres (ce qui est incompatible avec le système de *séparation collective*), résulte :

1° de cette phrase de l'art. 2146 : *Les inscriptions ne produisent aucun effet entre les créanciers d'une succession* (1) *dans le cas où la succession est acceptée sous bénéfice d'inventaire;* — elles produisent donc effet *entre ces mêmes créanciers* lorsque la succession est acceptée purement et simplement, *p.* 485 ;

2° de la combinaison de l'art. 2111 avec l'art. 2113 ; — cette combinaison prouve que le défaut d'inscription dans le délai de six mois, met le créancier retardataire dans une position inférieure à celle du créancier inscrit dans ce même délai, *p.* 485 (2), 486 et 487.

Remarquons, avant de passer à la *seconde hypothèse*, que le système qui ferait venir *par contribution* les créanciers héréditaires inscrits dans le délai de six mois, et ceux qui ne se sont inscrits qu'après ce délai, doit être rejeté quand même on le restreindrait au cas où aucun créancier personnel de l'héritier n'a pris place entre ces deux classes de créanciers héréditaires, *p.* 487 et 488.

Principe régissant la seconde hypothèse, p. 488 à 490.

« Le créancier héréditaire inscrit après le délai de six mois est
» primé par un créancier héréditaire inscrit, comme lui, après ce
» délai, mais antérieurement à lui. »

Cela ne peut faire aucun doute, à moins qu'on ne prétende que l'art. 2113 ne s'applique pas aux créanciers privilégiés de l'art. 2111 ; mais, les termes de l'art. 2113 : *toutes créances pri-*

---

(1) Il est évident que le législateur entend par là les créanciers du défunt, aussi bien, et même plutôt, que les légataires ou autres personnes qui peuvent être créanciers de la succession sans l'avoir été du défunt.

(2) A la dernière ligne de cette page il faut effacer l'art. 879 et remplacer cet article par l'art. 2113 ; car l'art. 879 s'expliquerait peut-être aussi bien dans le système de *séparation collective.*

vilégiées, sont trop généraux pour qu'on puisse sérieusement soutenir cette prétention (1), *p.* 489.

Les créanciers héréditaires qui ne se sont pas inscrits dans le délai doivent être considérés comme ayant renoncé à la faculté d'acquérir privilége sur les immeubles, pour s'en tenir à la faculté que leur réserve l'art. 2113, *p.* 488, 489 *et* 490.

Principe régissant la troisième hypothèse, p. 488 à 490.

« Tous les créanciers héréditaires inscrits dans le délai de six » mois viennent par contribution. »

En effet, ils sont tous privilégiés au même titre, or l'art. 2095 porte : *Les créanciers privilégiés qui sont dans le même rang sont payés par concurrence*, et ces mots : *qui sont dans le même rang*, signifient évidemment : *qui offrent les mêmes motifs de faveur.*

On peut objecter :

1° que l'art. 2106 établit que les *priviléges* ne produisent effet qu'*à compter de la date de leur inscription*, *sous les seules exceptions contenues aux articles suivans;* or il n'est question du privilége des créanciers héréditaires que dans l'art. 2111, et cet article ne déroge à la règle posée dans l'art. 2106 qu'en ce qui concerne les rapports des créanciers du défunt ou des légataires avec les créanciers de l'héritier, *p.* 492.

Je répondrai que l'art. 2106 ne peut pas signifier que le rang des créanciers privilégiés, sera établi en raison d'une date (celle de l'inscription ou toute autre), car, que deviendrait alors la distinction des *priviléges* et des *hypothèques?* D'ailleurs, par cette interprétation, l'art. 2106 ne serait-il pas en contradiction formelle avec les art. 2113 et 2096? — Plutôt que d'admettre cette contradiction, je dirai, avec mon honorable ami, M. Valette (2), que les auteurs de l'art. 2111 n'ont pensé, en écrivant cet article, qu'aux priviléges du vendeur et de l'ouvrier, et qu'ils ont

(1) Cependant, on dira peut-être, en faveur de cette opinion, que le législateur avait écrit la disposition qui forme l'art. 2113 avant qu'il fût question d'admettre le privilége de l'art. 2111 ; — mais comment croire que, ce privilége admis, le législateur l'eût mentionné immédiatement avant l'art. 2113, si cet article n'avait pas dû lui être appliqué comme aux priviléges précédens.

(2) Voyez, dans la *Revue de législation française et étrangère*, son excellente Dissertation concernant l'effet de l'inscription en matière de priviléges sur les immeubles.

voulu dire simplement que l'annonce de ces priviléges (par in-scription ou transcription) doit précéder ou du moins accompagner l'événement qui fait entrer dans la fortune du débiteur les choses auxquelles s'appliquent ces mêmes priviléges (1) ; — ou bien, je dirai que cet article signifie qu'à l'exception du droit qui fait l'objet de l'art. 2101, les droits de préférence énoncés dans les *Sections* II, III et IV du Ch. 2 du Tit. *des Priviléges et Hypothèques*, n'ont le ca-ractère de *privilége*, caractère défini par l'art. 2195, c'est-à-dire, ne donnent rang en raison de la seule qualité de la créance, que dans certains cas (2), hors lesquels ces droits sont de simples *hy-pothèques*, et même des hypothèques qui ne prennent rang que par l'inscription (3);

2° qu'il est contraire à l'esprit de notre loi hypothécaire qu'un créancier, après avoir rempli les conditions sous lesquelles la loi lui a promis des sûretés, soit exposé à perdre, par l'apparition d'un autre créancier, tout le fruit de sa diligence ; et que l'incer-titude où les créanciers diligens sont placés par ce système jus-qu'à l'expiration du délai de six mois, présente les graves incon-véniens qui ont été signalés aux pages 483 à 485 ci-dessus.

Je conviens que ces inconvéniens existeront jusqu'à un certain degré ; mais, un mal qui est immense lorsqu'il se prolonge, peut être tolérable lorsqu'il est de courte durée. — Dans notre hypo-thèse, les inconvéniens dont il s'agit, sont moindres que les incon-véniens attachés au système opposé et que nous allons signaler.

(1) Au surplus, quand même on ne trouverait aucune explication satisfaisante de l'art. 2106, il n'y aurait aucun motif pour ne pas donner aux articles sui-vans le sens que leur assigne le principe posé dans l'art. 2095.

(2) Ceux qui sont déterminés dans les art. 2108 à 2112, savoir : mention, dans le contrat de vente transcrit, que *le prix est dû en tout ou en partie*, inscription d'un procès-verbal constatant l'état des lieux avant les travaux dont le prix est réclamé, inscription prise, pour la créance résultant d'un par-tage, dans les soixante jours de l'acte de partage, inscription des créances hé-réditaires ou des legs dans les six mois de l'ouverture de la succession.

(3) A la p. 589 du tom. Ier de son *Commentaire du Titre des Priviléges et Hypothèques*, M. Troplong semble donner à l'art. 2106 ce sens, que les créanciers privilégiés ne peuvent avoir le droit de suite qu'autant que l'alié-nation est postérieure à l'inscription de leur privilége... Mais cette interpré-tation n'est-elle pas inconciliable avec les mots : *entre les créanciers*, qui for-ment le commencement de l'article ?

Contre le système qui établirait entre les créanciers héréditaires inscrits dans les six mois un ordre de préférence fondé sur la priorité d'inscription, on objecte, avec raison, qu'il donne sans motif un très-grand avantage aux créanciers qui ont pu être instruits plus promptement que les autres de l'ouverture d la succession; *p. 494, 497 et 498.*

À la vérité, on peut répondre que cette objection n'a de force que dans la supposition que les créanciers héréditaires non inscrits dans les six mois ont cessé d'être privilégiés à l'égard des créanciers personnels de l'héritier, et que, dans le système contraire, l'inconvénient signalé par nous peut être tenu pour nul, car si l'héritier accepte la succession purement et simplement (et c'est l'hypothèse où l'on se place lorsqu'on permet aux créanciers héréditaires d'acquérir rang de préférence les uns à l'égard des autres), il y a tout lieu de croire que cette succession est solvable et qu'en conséquence tous les créanciers héréditaires seront en définitive payés, leur gage n'étant pas diminué par le concours des créanciers personnels de l'héritier.

Mais, d'une part, comment admettre, en présence de l'art. 2113, que, tandis qu'un rang de préférence pourra s'établir entre les créanciers héréditaires en raison de leurs inscriptions respectives, la position de chacun de ces héritiers restera la même vis-à-vis des créanciers personnels de l'héritier, *p. 496.* — D'autre part, ne peut-il pas arriver que la succession d'un insolvable soit acceptée purement et simplement par un héritier également insolvable? *p. 496 et 497.*

On a fait, contre ce même système, une seconde objection, savoir, qu'en donnant aux créanciers qui s'inscrivent dans les six mois, lieu d'espérer qu'il résultera de leur inscription un rang de préférence, on les expose à des peines d'attentes trompées, car souvent l'héritier qui n'avait point encore exercé son droit d'option au moment de cette inscription, prendra un parti différent de celui auquel on devait s'attendre, *p. 498 et 499.*

Mais l'héritier pouvant différer l'exercice de son droit bien au-delà du délai de six mois, cette objection s'adresse à nous-mêmes, à raison de la préférence que nous faisons résulter des inscriptions prises dans nos *première* et *deuxième hypothèses ;* nous devons donc nous contenter de la première objection, qui, du reste, est bien suffisante pour repousser le système de préférence entre les créanciers inscrits dans les six mois, et nous allons tâcher de réfuter la seconde.

Objections contre l'essence même du système de séparation individuelle, p. 5oo à 731.

La préférence que nous faisons résulter de l'inscription prise en vertu de l'art. 2111 ou de l'art. 2113, non pas en faveur de la masse des créanciers héréditaires sur la masse des créanciers personnels de l'héritier, mais (sous la réserve de notre *troisième hypothèse*), en faveur de chaque créancier inscrit, à l'égard des autres créanciers, forme le caractère essentiel du système de *séparation individuelle*.

Il faut donc considérer comme une objection tendant à rejeter complètement ce système et non pas simplement à le modifier, celle qui consiste à dire que, dans nos *première* et *deuxième hypothèses* (1), le sort des créanciers est soumis à une condition potéstative de la part de l'héritier (2), et qu'en conséquence celui-ci pourra facilement commettre des fraudes que le législateur doit être présumé avoir voulu prévenir.

Il est évident que le système de *séparation individuelle* serait sujet à une objection tout-à-fait pareille, si l'on admettait que l'héritier, après avoir accepté sous bénéfice d'inventaire, peut, en acceptant purement et simplement, faire cesser les effets de sa première acceptation.

Pour répondre à cette double objection, nous commencerons par examiner, *p.* 5o1 :

« *s'il est bien certain que le système de* séparation individuelle

(1) L'objection devient applicable à la *troisième hypothèse*, si l'on adopte l'opinion que, même entre les créanciers héréditaires inscrits dans les six mois, la priorité d'inscription établit un droit de préférence ; elle aurait même plus de force que dans la *seconde hypothèse*, attendu que, durant les six mois, le créancier inscrit n'a aucun moyen d'avancer le terme de son incertitude.

(2) En effet, les inscriptions ne peuvent valoir qu'autant que l'héritier accepté purement et simplement (art. 2146), *p.* 469. — On conçoit combien il y a d'inconvéniens à subordonner ainsi les intérêts d'une personne aux caprices d'une autre, *p.* 498.

» *suppose que la succession a été acceptée purement et simplement,*
» *de telle sorte que la condition des créanciers héréditaires est*
» *incertaine tant que cet événement n'a pas eu lieu* (1) (première
» question).

Nous rechercherons ensuite, *p.* 502 :

» *si les créanciers héréditaires peuvent hâter le moment où le*
» *régime de la succession sera déterminé* (seconde question) ;

« *et jusqu'à quel point l'un des deux régimes peut prendre la*
» *place de l'autre* (troisième et quatrième questions). »

Nous complèterons ce Traité en examinant, *p.* 502 *et* 503 :

si une succession peut être soumise à l'un des deux régimes quant à certaines personnes, et au régime contraire quant à d'autres personnes (cinquième et sixième questions).

Première question. *Est-il bien certain que le système de* séparation individuelle *suppose l'acceptation pure et simple de la succession, tandis que l'acceptation bénéficiaire ou la vacance de succession produisent une séparation* collective *? La condition des créanciers héréditaires n'est-elle pas, en conséquence, incertaine, tant que l'héritier conserve le droit d'opter ?* p. 503 à 512.

Lorsque la succession est déférée à une personne qui ne peut ou ne veut être considérée que comme mandataire des créanciers héréditaires, ou lorsque la succession est vacante et par conséquent administrée par un curateur, il ne peut être question d'*hypothèque* (*simple* ou *privilégiée*) à acquérir par les créanciers héréditaires pour se mettre à l'abri, soit des aliénations faites par l'héritier, soit du concours de ses créanciers personnels, *p.* 504. — Dans ces deux hypothèses, tous les créanciers héréditaires (2) agissant, pour ainsi dire, en commun, sur les biens de la succession, par le ministère de l'héritier bénéficiaire ou du curateur, on ne conçoit pas comment chacun de ces créanciers, ou l'un d'eux, pourrait, par une action individuelle, entraver la gestion du man-

(1) C'est-à-dire, tant que la succession peut être acceptée sous bénéfice d'inventaire ou déclarée vacante.

(2) On peut en dire autant des légataires.

dataire commun? *p.* 5o5 *à* 5o8. — Aussi, l'article 2146 a-t-il assimilé les créanciers de la succession acceptée sous bénéfice d'inventaire aux créanciers d'un failli (1), *p.* 5o5.

Mais, lorsqu'un successeur se présente avec la prétention de disposer librement des biens du défunt, il faut concilier avec cette prétention les intérêts des créanciers héréditaires. C'est à cette conciliation qu'on est arrivé par le système des articles 2111 et 2113, *p.* 5o6. — Le droit accordé aux créanciers héréditaires d'acquérir *hypothèque privilégiée* (2) ou *ordinaire* (en d'autres termes, *privilége* ou *simple hypothèque*), doit être considéré comme une modalité du régime résultant de l'acceptation pure et simple, régime que nous avons appelé *régime de libre disposition*, et qu'on peut appeler *régime de préférence* lorsqu'on considère son effet par rapport aux créanciers héréditaires.

Dans le cas où la succession est vacante, la condition des créanciers héréditaires est à peu près la même que lorsque la succession est acceptée sous bénéfice d'inventaire, *p.* 5o8 *à* 512.

Il est donc évident que la condition de ces créanciers est incertaine tant que l'héritier conserve le droit d'accepter sous bénéfice d'inventaire ou de répudier : et si le législateur ne vient pas à leur secours, les créanciers pourront ignorer pendant bien long-temps à quel régime la succession doit être définitivement soumise.

Seconde question. *Comment le régime de la succession peut-il être déterminé, et jusqu'à quel point un créancier héréditaire peut-il hâter le terme de son incertitude à cet égard?* p. 512 à 722.

L'incertitude du créancier héréditaire résulte :

(1) Au premier aperçu, il semblerait que, le bénéfice d'inventaire ayant été introduit dans l'intérêt de l'héritier, les pouvoirs de celui-ci ne devraient pas être plus restreints dans ce cas qu'ils ne le sont en cas d'acceptation pure et simple, *p.* 505. Mais, il faut remarquer que, comme l'acceptation bénéficiaire donne à l'héritier le droit de n'être pas tenu indéfiniment, il est tout simple qu'on ait balancé cette faveur par des mesures prises dans l'intérêt des créanciers, *p.* 503 *et* 506.

(2) L'inscription exigée par les art. 2111 et 2113 est le moyen d'acquérir cette hypothèque. C'est méconnaître tout à la fois l'esprit de l'art. 2111 et son sens littéral, que de voir, dans l'inscription qu'il prescrit, l'annonce d'une *séparation collective.*

soit de ce qu'il ne connaît pas (au moins, d'une manière certaine) les événemens qui peuvent déterminer le régime de la succession, et notamment de quels successibles dépend cette détermination ;

soit de ce que le successible de qui elle dépend a la faculté de faire arriver *ad libitum* le régime d'*administration comptable* ou bien le régime de *libre disposition* (1), *p.* 513.

Les difficultés à résoudre diffèrent selon que le créancier se trouvera placé dans l'une ou dans l'autre des trois hypothèses suivantes (2) :

Première hypothèse (3). Le créancier a la conviction (et cette conviction, conforme à la vérité, n'est pas combattue par une possession contraire) que tel individu est, *à titre d'héritier*, appelé à la succession entière, ou bien, que tels individus sont, *au même titre*, appelés chacun à une partie aliquote de la succession, *p.* 513.

Seconde hypothèse. Elle renferme trois cas :

1er *cas.* Le créancier se trouve en présence d'un individu que nous supposons n'être pas le véritable héritier, mais qui a pour lui la possession (soit qu'il ait fait acte d'héritier, soit qu'il ait pris le titre d'héritier, soit même seulement que l'*opinion commune* le désigne comme tel (4)), et le créancier n'a, ni la conviction, ni même le soupçon, qu'une autre personne soit le véritable héritier, *p.* 514 (5).

2e *cas.* Le créancier ne connaît pas d'une manière certaine le véritable héritier, et personne n'est en possession du titre d'hé-

---

(1) Il ne faut pas oublier que le régime de *libre disposition* cesse, plus ou moins, de mériter ce titre, lorsque les créanciers héréditaires ont usé du bénéfice des articles 2111 et 2113 ;—c'est en faisant abstraction des restrictions qui peuvent résulter de ce bénéfice, que nous l'avons ainsi nommé.

(2) Voyez p. 684, une observation sur cette division.

(3) En définissant cette *première hypothèse* à la p. 543, nous n'avons pas pensé au cas où plusieurs héritiers sont appelés concurremment ; cette omission ne nous a cependant pas empêché de traiter de ce cas aux pages 569 à 576 ; elle a d'ailleurs été réparée à la p. 713.

(4) C'est à tort qu'à la fin de la p. 683, cette *opinion commune* est considérée comme un fait distinct du fait de *possession*.

(5) Le premier alinéa de cette page est modifié par le dernier alinéa de la p. 683 ; voyez aussi p. 704, et rectifiez l'alinéa 8 de la p. 714

ritier; mais le créancier soupçonne que la succession appartient à *tel* individu ou bien à *tels* individus conjointement, p. 514 (1).

3ᵉ *cas.* Un individu est en possession de l'hérédité, tandis que le créancier a la conviction ou du moins le soupçon qu'un autre est le véritable héritier; ou bien, nul n'étant en possession, la pensée du créancier flotte incertaine entre **deux** ou plusieurs personnes, *p.* 514 (2).

Troisième hypothèse. Nul n'est en possession de la qualité d'héritier ou d'appelé à ce titre à la succession, et, non-seulement le créancier ne connaît pas avec certitude, mais il ne soupçonne même pas, le véritable héritier, p. 514 (3).

1ʳᵉ Hypothèse. *Le successible à qui la succession est déférée à titre d'héritier saisi, étant connu, la question est seulement de savoir quels sont, eu égard à la qualité de ce successible, les événemens qui peuvent amener la détermination du régime héréditaire,* p. 514 à 683.

Pour cela, nous aurons à examiner successivement :

§ premier. *à quels successibles il appartient de fixer le régime de la succession?* p. 514 à 605.

N.º premier. *Quels sont les successibles à qui il convient de donner, au moins dans certaines circonstances, la faculté d'opter entre le régime d'administration comptable et le régime de libre disposition; et quels sont ceux qui, au contraire, ne doivent jamais amener, en prenant la succession, que le régime d'administration comptable (4)? p.* 514.

(1) La rédaction de l'alinéa second de cette page doit être rectifiée, ainsi que celle de l'alinéa premier de la p. 684. — V. aussi p. 701, et rectifiez la rédaction de l'alinéa 8 de la p. 714.

(2) L'alinéa 1ᵉʳ *in fine* et l'alinéa 2 de cette page sont modifiés par l'alinéa 3 de la p. 684. — V. p. 704 et 714, alinéa 8.

(3) L'alinéa 2 de cette page 514 est modifié à la p. 701 *in fine.* — V. aussi note 2 de la p. 684 et p. 714, alinéa 9.

(4) Cette recherche servira, non-seulement pour la *première hypothèse,* mais aussi pour les autres, ou du moins pour une partie des cas qu'elles embrassent; cela est évident quant au premier cas de la seconde, car, pour que le

Les successibles investis du droit d'option ne peuvent être que ceux qu'on appelle *successeurs universels*, p. 514 à 525.

L'exclusion des *légataires à titre particulier* ne peut être révoquée en doute, *p.* 525.

Quid des *successeurs partiaires ? p.* 516 à 521.

Tous les *successeurs universels* auront-ils le droit d'option? *p.* 522.

Raisons qui paraissent devoir déterminer le législateur à établir entre eux une différence à cet égard, *p.* 522 à 524.

Il y a chez nous six classes de *successeurs universels*, p. 525 à 563.

1re *classe*, parens légitimes ayant une réserve, *p.* 527 à 542.

2e *classe*, successibles appelés par le *de cujus*, *p.* 542 à 548.

3e *classe*, parens légitimes non réservataires, *p.* 548 à 554.

4e *classe*, successibles appelés à raison du lien de parenté naturelle, *p.* 554 à 560.

5e *classe*, successibles appelés à raison du lien formé par l'adoption, *p.* 560 à 562.

6e *classe*. Successibles appelés sans qu'il y ait aucun lien de parenté entre eux et le *de cujus*, *p.* 562 *et* 563.

N.° second. *Comment notre Code civil a-t-il réglé l'influence des divers successeurs universels quant à la détermination du régime héréditaire? p.* 564 à 605.

Les successeurs universels se partagent, sous ce point de vue, en trois catégories, dont la dernière est en dehors de notre *première hypothèse*, et n'appartient qu'à la *troisième*.

A. *Parens légitimes ou adoptifs*, *p.* 566 ;

I° *Parent légitime ou adoptif arrivant à la succession sans le concours d'un ou de plusieurs autres successeurs universels*, *p.* 566 ;

1° *dans les circonstances ordinaires*, *p.* 566 *et* 567 ;

2° *dans les circonstances extraordinaires.* — Minorité, — Interdiction, — Exécution testamentaire, *p.* 567 *et* 568 ;

créancier puisse se prévaloir de ce qui a été fait par un successeur apparent, il faut que ce créancier n'invoque que les résultats qu'il aurait pu invoquer s'il se fût agi d'un véritable héritier.

II° *Parent légitime ou adoptif concourant avec d'autres successibles universels,*

   α. de la même classe, p. 568.

   1° *dans les circonstances ordinaires,* p. 568;

     (a) *lorsque tous les successibles en concours prennent la même détermination,* p. 569 à 575.

Quel est, dans l'art. 873, le sens des mots : *et hypothécairement pour le tout?* p. 570 à 572.

Quid, si tous les successibles ont accepté sous bénéfice d'inventaire? *p.* 572 *et* 573.

Quid, si tous les successibles ont accepté purement et simplement? *p.* 573 *et* 575;

     (b) *lorsque la succession échue à plusieurs parens légitimes ou adoptifs est acceptée purement et simplement par un ou plusieurs d'entre eux, et sous bénéfice d'inventaire par un ou plusieurs autres,* p. 575.

La succession est alors soumise pour partie au *régime de libre disposition,* et pour partie au *régime d'administration comptable,* p. 575;

     2° *dans certaines circonstances extraordinaires.*—Cas des art. 781 et 782,—Minorité,—Interdiction,—Inégalité des portions héréditaires, *p.* 576 *et* 577;

   b. de classe différente.

Le parent légitime ou adoptif concourant avec un légataire universel (1) ou un enfant naturel a seul la *saisine,* p. 577 à 585.

Le légataire universel n'est, dans ce cas, qu'une sorte de créancier, *p.* 577.

Sa condition varie suivant que son co-successible, parent légitime ou adoptif, accepte purement et simplement ou sous bénéfice d'inventaire, *p.* 578 *et* 579.

Il n'a pas l'*action de partage* proprement dite, mais seulement une *action en délivrance, p.* 580 à 583.

L'enfant naturel concourant avec un parent légitime ou adoptif n'est également qu'une sorte de créancier, *p.* 583 *à* 585.

(1) Appliquez à l'*institué contractuellement* EX ASSE ce que nous disons du *légataire universel.*

**

(1) À cette page il y a deux corrections à faire dans les chiffres : à la première ligne, il faut 97,200, au lieu de 97,000, et à la 14e ligne, il faut 86,000, au lieu de 63,333.

Le cas où la succession est dévolue à un successeur irrégulier n'appartient pas à l'*hypothèse* dont nous nous occupons maintenant, mais à la *troisième*.

Nous nous contenterons de faire remarquer ici qu'un tel successeur ne peut jamais amener que le *régime d'administration comptable*. Du reste, en traitant notre *troisième hypothèse*, nous verrons que les créanciers héréditaires n'ont pas besoin d'agir contre le successeur irrégulier pour arriver à la détermination du régime héréditaire.

Observation sur l'ensemble de ce N°.

Les principes que nous venons d'expliquer et que nous croyons être ceux de notre droit actuel, reposent-ils tous sur les considérations législatives qui ont été exposées ci-dessus, aux pages 522 à 525? *p.* 6o3 *à* 6o5.

§ second. *comment les successeurs dont il est question dans notre* première hypothèse *opèrent la détermination du régime héréditaire, et ce que les créanciers peuvent faire pour hâter cette détermination?* p. 6o5 à 683.

Remarques préliminaires, *p.* 6o6 *à* 611.

N° premier. *Comment la détermination s'opère-t-elle sous l'influence d'un parent légitime ou adoptif?* p. 611 à 68o,

I° *dans les circonstances ordinaires,*

Art. 1er. *ce parent étant au premier degré de successibilité, c'est-à-dire au degré le plus proche dans le tableau des successibles,* p. 611 à 652.

Il faut distinguer les événemens qui produisent la détermination du régime héréditaire, de ceux qui se rattachent à cette opération en ce sens qu'ils modifient, détruisent ou transportent d'une personne à une autre, le droit de la faire, *p.* 611.

a. *Événemens qui produisent la détermination du régime héréditaire,* p. 612 à 646.

a. *Acceptation pure et simple,* p. 12.

b. *Acceptation bénéficiaire,* p. 612 (1).

---

(1) A cette page, l'*acceptation bénéficiaire* est placée sous la lettre a avec l'*acceptation pure et simple* ; vient ensuite, sous la lettre b, la *répudiation*

que je renvoie ici aux *événemens qui enlèvent au successible la puissance de déterminer le régime héréditaire.* Corrigez, en conséquence de ce qui vient d'être dit, les lettres *d* et *e*, aux p. 613 et 617.

(1) V. ci-après (p. 669 à 679) la *forclusion* considérée surtout par rapport aux successibles placés au second degré ou à un degré ultérieur.

(2) Voyez la note 1 de la page précédente.

(3) Comme l'événement que nous appelons *déchéance* est surtout important comme moyen donné aux successibles du second degré ou d'un degré ultérieur de prendre la place des successibles d'un précédent degré, nous n'en traitons ici que très-succinctement, il fera l'objet de plus longues observations à l'Art. 2ᵉ ci-après.

(4) A la p. 652, ligne 6, au lieu de *Second cas,* il faut mettre : Art. 2°.

(5) A partir du deuxième alinéa de cette page jusque vers la fin de la p. 664, nous examinons la question de savoir si le droit de faire déclarer déchu un successible occupant un rang antérieur, appartient aux successeurs irréguliers ;

b. Comment la détermination du régime héréditaire s'opère-t-elle sans le fait des créanciers, dans le cas où l'héritier connu n'est placé qu'au second degré ou à un degré ultérieur, *p.* 664 à 669.

c. Comment les créanciers héréditaires peuvent-ils, en présence d'un héritier au-delà du premier degré, hâter la détermination du régime de la succession , *p.* 669 *à* 679.

1° C'est ici que se manifeste surtout l'utilité de *l'action en déchéance, p.* 669 *et* 670.

2° Comment, suivant MM. Duranton et Chabot, les créanciers peuvent, sans recourir à cette action , arriver à la détermination du régime héréditaire, *p.* 670 *à* 673.

3° Objections contre l'opinion de ces jurisconsultes, *p.* 673.

4° Procédure fondée sur le système de *l'action en déchéance, p.* 675 *et* 676.

5° Ce qui arrivera si l'on a procédé contre un successible au-delà du premier degré, sans avoir préalablement agi en déchéance contre les successibles antérieurs, *p.* 677 *à* 679 (1).

II° *dans certaines circonstances extraordinaires,* p. 681.

N° deuxième. *Du cas où le successible premier appelé est un* institué contractuellement pour le tout, *ou bien un* légataire universel ,

I° *dans les circonstances ordinaires,* p. 680 et 681.

II° *dans certaines circonstances extraordinaires,* p. 681.

Seconde hypothèse *p.* 683 *à* 701.

Nous avons vu ci-dessus, p. 514, qu'elle embrasse trois cas (2) :

Premier cas. *Le créancier est en présence d'une personne qu'il ne connaît pas positivement comme premier appelé, mais qui est en possession de ce titre, ou qui le réclame, p.* 685 *à* 689.

mais cette discussion est ici mal placée , elle doit être renvoyée à notre *troisième hypothèse.*

(1) Au commencement de la p. 685, mettez : *Premier cas de la seconde hypothèse;* au 5e alinéa de la p. 689, mettez : *Deuxième cas,* et à la p. 691, mettez : *Troisième cas.*

(2) Les alinéas 1, 2 et 3 de la p. 678 et 1 de la p. 679 devraient précéder les alinéas 1 et 2 de la p. 677.

(1) Voyez ci-dessus la note 5 de la page xxiv.

*Résumé de la réponse à la seconde question, p. 713 (1)
à 719, et comparaison de notre système avec celui de
MM. Chabot et Duranton, p. 720 à 722.*

Le créancier qui, tout en connaissant l'habile à succéder ou
ayant lieu de croire que la succession est dévolue à un tel, provoque la nomination d'un curateur à la succession, n'en amène
pas moins la détermination du régime héréditaire, seulement il
s'expose à une demande en dommages-intérêts de la part de l'héritier, qui se trouve avoir perdu la libre disposition des biens
héréditaires.

Troisième et quatrième questions : *Une fois qu'une
succession a été soumise au régime d'administration
comptable, peut-elle, par le fait de l'héritier et au préjudice des créanciers héréditaires, passer sous le régime
de libre disposition ?* VICE VERSA, *une succession qui a
été soumise au régime de libre disposition peut-elle,
au préjudice de ces mêmes créanciers, passer sous le régime d'administration comptable ?* p. 722 à 731.

§ premier. Remarque générale sur les circonstances qui
peuvent faire naître, soit l'une, soit l'autre de ces deux questions,
p. 722 et 723 ; et classification de ces circonstances, *p. 723 à 726.*

§ deuxième. Dans aucune circonstance, le successible par qui
ou avec qui la succession a commencé à être soumise à tel régime,

---

(1) A la p. 713 il faut effacer les trois dernières lignes et les notes qui s'y
rapportent ; — à la p. 714, avant le 7ᵉ alinéa, il faut suppléer, d'après ce qui
est dit ci-dessus, les deux premiers cas de la seconde hypothèse ; puis, plus bas,
avant le 9ᵉ alinéa, au lieu de B, mettez : *premier cas de la seconde hypothèse ;* et ajoutez ensuite, au commencement de la p. 715, l'alinéa suivant:

Second cas de la seconde hypothèse. *Lorsque nul ne s'est annoncé publiquement comme héritier, le successible qui prouvera que le créancier qui a fait déclarer la succession vacante, connaissait ou du moins
soupçonnait son existence, et que cependant il n'a fait aucun acte pour
l'avertir, pourra bien avoir contre ce créancier une action en indemnité ;
mais la vacance de la succession ne sera pas moins valablement déclarée, et l'héritier ne pourra repousser les conséquences de ce fait,
lorsqu'il sera en présence de tout autre créancier,* p. 689.

ne peut changer ce régime au préjudice des attentes conçues par les créanciers du défunt ou de la succession, *p.* 726 *à* 730.

§ troisième. Néanmoins, la volonté du successible peut n'être pas tout-à-fait sans effet, *p.* 730, 731.

Cinquième et sixième questions : *Relativement à la même succession la même personne peut-elle être héritière pure et simple vis-à-vis de certains créanciers, tandis qu'elle sera héritière sous bénéfice d'inventaire vis à-vis des autres créanciers? — Plusieurs personnes peuvent-elles, soit vis-à-vis des mêmes créanciers, soit vis-à-vis de créanciers différens, être, relativement à l'hérédité entière ou relativement à la même part de l'hérédité, l'une, héritière pure et simple, et l'autre, héritière bénéficiaire?* p. 731 à 751.

§ premier. En mettant de côté le cas où la succession se divise entre plusieurs héritiers et où l'on doit voir autant de successeurs qu'il y a d'héritiers, plutôt qu'une seule et même succession appartenant à plusieurs, je n'aperçois que trois circonstances dans lesquelles il puisse être question d'admettre le concours des deux régimes, *p.* 732 *à* 739; ce sont :

1° le cas de *convention*, *p.* 733.

2° celui de *chose jugée*, *p.* 733 *et* 734.

3° celui d'*attentes contradictoires*, *p.* 734 *et* 735.

§ deuxième. Commençons par bien déterminer le but de notre recherche, *p.* 736 *et* 737.

§ troisième. Ce qu'il faut décider dans les différens cas ci-dessus prévus, *p.* 738 *à* 751.

Les événemens par rapport auxquels il y a lieu de résoudre la question d'*attentes contradictoires*, se divisent en deux classes, *p.* 743 *et* 746 :

première classe, *p.* 746 *et* 747;

deuxième classe, *p.* 747 *à* 751.

Observation finale, p. 751 et 752.

TRAITÉ

DE LA

SÉPARATION DES PATRIMOINES [1].

Lorsqu'aucune sûreté immobilière n'a été exigée par nous, ou établie (2) en notre faveur par la loi, au moment même

[1] Il n'est pas de matière du Droit privé sur laquelle les auteurs de notre Code civil aient plus vaguement exprimé leur pensée, je pourrais même dire, sur laquelle ils aient eu des idées moins arrêtées, que sur le *bénéfice de séparation des patrimoines.* — Il n'en est pas sur laquelle les interprètes du Code soient plus pauvres en explications ; la plupart d'entre eux se sont contentés de rappeler quelques textes de Droit romain ou quelques règles consacrées par l'ancienne jurisprudence française, comme si un système tout nouveau et qui a sa base dans les art. 2111, 2113 et 2146 n'avait pas remplacé le système, d'ailleurs assez mal connu, du Droit romain et les modifications qu'y avait apportées notre ancienne jurisprudence. N'ayant pas pu cependant tout-à-fait mettre de côté les articles que nous venons de citer, ces jurisconsultes se sont trouvés conduits aux contradictions les plus extraordinaires. Aucun d'eux ne paraît avoir senti l'importance de l'art. 2146.

Le Traité que nous publions aujourd'hui a été composé pour faire partie d'un *Traité général des Priviléges sur les immeubles.* C'est à ce point de vue qu'il faut se placer pour le juger.

L'auteur s'étant formé, à l'égard du privilége de l'art. 2111 et, par suite, à l'égard des art. 878 à 880, des idées tout autres que celles qui sont généralement reçues, a jugé convenable de commencer par publier, à part et à un très-petit nombre d'exemplaires, sa théorie concernant ce privilége en appelant sur elle l'attention et la critique des jurisconsultes. Il corrigera, s'il y a lieu, cette théorie avant de la comprendre dans son *Traité des Priviléges.*

Cette observation répond d'avance au reproche qu'on pourrait faire à l'auteur d'avoir omis un grand nombre de questions importantes.

Lorsque l'opinion des jurisconsultes sera bien fixée sur celles qui font l'objet de cette publication, rien ne sera plus facile que de remplir les lacunes que nous connaissons déjà, ainsi que toutes autres qu'on aura la bonté de nous signaler.

(2) En employant ces mots : *sûreté établie,* nous n'avons pas seulement

où une personne est devenue notre débiteur (soit en vertu d'une convention , soit en vertu de la loi (1)), nous sommes censés avoir consenti , ou bien le législateur doit être réputé avoir voulu , que cette personne conservât la faculté d'échanger librement ses immeubles contre d'autres valeurs, et même d'en disposer gratuitement. Si le créancier ou le législateur n'a point complétement suivi la foi du débiteur, mais s'est contenté de l'affectation d'une partie de ses immeubles, il y aura présomption qu'il a entendu lui conserver la libre disposition de tous les autres.

Cependant , si à l'époque fixée pour le paiement, notre débiteur ne remplit pas son obligation , nous avons le droit d'obtenir contre lui une condamnation judiciaire, en vertu de laquelle nous pourrons acquérir (2) un droit d'hypothèque sur les immeubles qui lui appartiendront au mo-

en vue le cas où la sûreté immobilière nous est complétement acquise , c'est-à-dire le cas où l'hypothèque, simple ou privilégiée, a frappé un ou plusieurs immeubles déterminés , et existe comme démembrement de la propriété, nous avons aussi en vue le cas où le créancier n'a encore que le droit d'acquérir (à la vérité sans et même contre la volonté du débiteur) la sûreté dont il s'agit (c'est-à-dire , le droit d'être saisi du démembrement de propriété qu'on appelle *privilége* ou *hypothèque*), soit par le seul accomplissement d'une formalité telle que l'inscription, s'il s'agi. d'immeubles qui appartenaient au débiteur au moment de la création de l'hypothèque ou du privilége , soit par suite de l'acquisition faite à un titre quelconque par le débiteur, avec ou sans le concours d'une inscription prise après cette acquisition ou même à l'avance.

(1) par l'inscription , conformément aux articles 2123, 2134 et 2148 du Code civil.

(2) Qu'entend-on, lorsqu'on attribue à la loi la création d'un droit ou d'une obligation ?— Tous les droits et toutes les obligations sont l'ouvrage de la loi ; mais, dans certains cas, la loi ne fait que sanctionner la volonté des particuliers, tandis que, en d'autres cas, la loi fait résulter des droits ou obligations d'événemens plus ou moins indépendans de la volonté des individus qui deviennent créanciers ou débiteurs ; c'est alors qu'on dit que les obligations ou les droits naissent de la loi. — Dans quelques cas assez rares, c'est la volonté d'un magistrat qui fait naître un droit ou une obligation ; on reconnaît, en conséquence, une troisième espèce de droits ou obligations qu'on appelle *judiciaires.*

ment de la condamnation et sur ceux qu'il pourra acquérir par la suite. — Nous avons même le droit de réclamer hypothèque (1) sans que le débiteur soit en retard de payer sa dette, lorsque les sûretés (2) que nous avions obtenues en vertu de la convention ou de la loi, sont devenues insuffisantes (3).

A la mort d'un débiteur, ses obligations passent à un ou plusieurs individus, qui sont considérés comme la continuation de la personne du défunt.

Il semble donc que la condition des créanciers n'est pas empirée par la mort du débiteur.

En effet, tous les biens du défunt continuent à leur servir de gage, et, de plus, ils trouvent un nouveau gage dans les biens que l'héritier possédait avant l'ouverture de la succession (à moins que l'héritier ne déclare accepter seulement sous bénéfice d'inventaire).

En conséquence, on ne voit pas d'abord pourquoi les principes que nous avons posés tout à l'heure ne s'appliqueraient pas aux héritiers du débiteur aussi bien qu'au débiteur lui-même.

***

(1) Si le débiteur ne fournit pas cette hypothèque à l'amiable, ce sera au moyen d'une condamnation que nous l'acquerrons.

(2) L'art. 2131 doit-il s'entendre dans le sens de l'art. 1188, ou bien le législateur a-t il eu, en faisant l'art. 2131, l'intention de priver le débiteur du bénéfice du terme, même lorsque ce n'est pas par le fait de ce débiteur que les sûretés ont péri ou sont diminuées? Il y aurait peut-être à faire ici une distinction analogue à celle qui est établie dans l'article 2020 relativement au cautionnement.

(3) Nous laissons de côté le cas de faillite ; nous ferons seulement remarquer que, dans ce cas, au lieu d'accorder, à chaque créancier pris individuellement, le secours plus ou moins efficace dont nous venons de parler, le législateur prend des mesures générales en faveur de la masse entière des créanciers (*Voyez* les art. 442 et 448 du Code de Commerce), et il refuse, à chacun d'eux considéré isolément, le droit de faire des actes qui changeraient leur condition respective (*Voyez* art. 443, 444 du Code de Commerce, et art. 2146 du Code civil.) — Nous verrons plus tard que le cas où la succession du débiteur n'est acceptée que sous bénéfice d'inventaire, se rapproche beaucoup du cas de faillite.

Mais il faut remarquer que , si l'on peut dire :

au créancier qui, après avoir suivi la foi de son débiteur, viendrait demander des sûretés , en alléguant comme motifs de crainte d'autres circonstances que celles que nous avons indiquées ci-dessus (c'est-à-dire, le retard à payer une dette échue ou la diminution des sûretés promises) : *Vous devez vous imputer de n'avoir pas dès l'origine, c'est-à-dire, lorsque vous avez contracté, cherché bien à connaître la position sociale, la probité et les habitudes de celui avec qui vous alliez traiter; et de vous être déterminé trop légèrement, soit à ne pas exiger de sûretés, soit à vous contenter de sûretés insuffisantes;*

ou bien , à celui en faveur de qui la loi a fait naître une créance dont le législateur lui-même a seul déterminé les conditions : *Le législateur a eu sans doute de bonnes raisons pour ne pas enlever à votre débiteur la libre disposition de ses biens, ou du moins pour se contenter d'affecter à sa dette tel ou tels de ses immeubles;*

on ne peut plus tenir ce langage ni à l'un ni à l'autre, lorsque la personne du débiteur a changé ;

alors, c'est au contraire le créancier du défunt qui a le droit de dire : *Je me défie de mon nouveau débiteur, je crains qu'il ne contracte des dettes que le défunt n'eût pas contractées, qu'il ne dissipe en folles dépenses les biens qui viennent de lui être transmis; je crains que déjà même il n'ait plus de passif que d'actif, de sorte que si ses créanciers personnels sont placés sur la même ligne que moi, il est possible qu'il n'y ait pas de quoi nous payer tous sur la masse de biens formée de l'actif du défunt et de l'actif que l'héritier possédait au moment de l'ouverture de la succession; tandis que l'actif du défunt est plus que suffisant pour payer tous les créanciers héréditaires.*

Il y avait deux moyens de venir au secours des créanciers du débiteur décédé :

Le 1er, que j'appellerai la *séparation collective* ou *par-*

masse, consiste à ordonner que le patrimoine du défunt ne pourra être atteint en aucune de ses parties par les créanciers de l'héritier tant que les créanciers héréditaires n'auront pas reçu ou été mis en demeure de recevoir ce qui leur est dû (soit en totalité si l'actif est suffisant, soit jusqu'à due concurrence dans le cas contraire); cette *séparation* semble entraîner la nomination d'un administrateur autre que l'héritier, puisqu'elle a pour cause la défiance qu'il inspire; ou du moins, si l'on croit pouvoir conserver à l'héritier l'administration de la succession, elle conduit à exiger de lui une caution capable de rassurer les créanciers du défunt; elle emporte, dans tous les cas, un mode d'administration à peu près semblable à celui qui a lieu lorsque l'héritier réclame le bénéfice d'inventaire ou lorsque la succession est vacante (1).

Le second, qu'on peut appeler la *séparation individuelle*, consiste :

1° quant aux immeubles, à autoriser seulement les créanciers du défunt à acquérir (même avant que leurs créances soient devenues exigibles), chacun de son côté et sur chacun ou seulement sur quelques uns des immeubles du défunt, un droit de préférence (soit *privilége*, soit *simple hypothèque*), afin d'être à l'abri des conséquences de l'insolvabilité actuelle de l'héritier ou de sa mauvaise gestion future (2);

2° quant aux meubles, à accorder aussi le droit de préférence aux créanciers du défunt (3), en les autorisant

(1) Il est évident qu'un régime dans lequel l'héritier est privé du droit de disposer des biens de la succession, devrait être annoncé au public. Mais qui sera chargé de ce soin? C'est une question que le législateur aurait sans doute résolue, comme celle de savoir par qui ce régime peut être provoqué, si son intention avait été d'admettre la *séparation collective*.

(2) J'entends par-là, non pas seulement la gestion des biens de la succession, mais toute la conduite de l'héritier sous le point de vue de l'économie domestique.

(3) les créanciers de l'héritier n'étant pas, dans ce système, tenus à

même à prendre des mesures conservatoires, telles que celle de la saisie-arrêt (1).

Le 1er de ces moyens (la *séparation collective*) offrirait des inconvéniens bien graves, non seulement pour l'héritier, mais aussi pour les créanciers du défunt : l'héritier serait dessaisi de la possession de tous les biens héréditaires ; et les créanciers auraient (2) à supporter les frais d'une administration salariée, que l'administrateur pourrait souvent faire traîner en longueur afin de prolonger ses salaires.

Le 2e moyen, moins rigoureux (3), a paru pouvoir suffire (4).

l'écart jusqu'après liquidation de la succession, mais pouvant, au contraire, arriver à chaque ordre ou contribution, sauf à souffrir la préférence des créanciers héréditaires si ceux-ci ont eu soin de remplir les conditions exigées à cet effet.

(1) argument de l'art. 808. Les créanciers héréditaires peuvent aussi exiger caution de l'héritier, car notre Code civil (art. 807) leur accorde ce droit dans un cas (celui du bénéfice d'inventaire) où l'héritier est plus favorable, puisque, dans ce cas, c'est lui qui déclare l'hérédité suspecte, tandis qu'ici ce sont les créanciers du défunt qui déclarent se défier de l'héritier.

(2) presque toujours ; car on ne se souciera pas de conserver la gestion des biens héréditaires à un héritier à qui l'on vient de donner une marque de défiance.

(3) Il l'est déjà assez pour qu'on soit dans le cas d'expliquer par quelle raison on prend contre l'héritier des mesures que l'on ne prend contre le débiteur lui-même que lorsqu'il est négociant et que des faits graves font présumer son insolvabilité. Cette raison, la voici : Nous ne pouvons pas choisir l'héritier de notre débiteur, tandis que nous choisissons ordinairement la personne avec laquelle nous traitons : nous pouvons savoir, avant de contracter, les dangers que peut nous faire courir cette personne, qui, de son côté, peut n'avoir traité qu'à condition qu'on se contenterait de suivre sa foi. Ajoutons qu'il y a bien moins d'inconvéniens à refuser à un individu la disposition libre de biens qui viennent de lui échoir (surtout lorsque c'est à titre gratuit comme dans le cas de succession), que de lui enlever la disposition de ceux dont il est déjà en jouissance : au premier cas, l'individu dont il s'agit reste vis-à-vis du public dans la position où il était auparavant, cette position est même toujours améliorée puisque, s'il n'a pas la libre disposition des biens acquis, il en a la jouissance ; dans le deuxième cas, il peut, à cause de cette interdiction dont il est frappé, perdre tout crédit, et par-là souvent, toute ressource.

(4) Le législateur n'était peut-être pas encore complétement décidé quand les articles 878, 879 et 880 ont été insérés dans le Code : mais il a fait clairement connaître, dans l'art. 2111, la préférence accordée par lui

Chaque créancier du défunt peut , s'il le juge convenable , acquérir une sûreté hypothécaire sur chacun ou sur une partie des immeubles héréditaires ; il peut même faire en sorte que cette sûreté ait un caractère que le consentement du débiteur ne peut jamais donner (et que, par conséquent , sa créance, que nous ne supposons pas privilégiée par sa nature , n'aurait pu avoir à l'égard du débiteur lui-même), c'est-à-dire, qu'elle soit une *hypothèque privilégiée*, un *privilége*. Remarquez que ce privilége est nécessaire pour que le créancier du défunt échappe à l'effet de ce principe : *L'hypothèque générale , lorsqu'elle vient atteindre des biens dont le débiteur n'est devenu propriétaire que depuis qu'elle a été accordée , donne , à l'égard de ces biens, le même rang que s'ils avaient été dans la fortune du débiteur dès l'instant où cette hypothèque a été établie* (1) *soit par la loi soit par une condamnation judiciaire* (2).

au second système. A la vérité, il y a lacune relativement aux meubles ; mais heureusement ce que le législateur a fait pour les immeubles , ne laisse aucun doute sur son intention d'exclure un système (celui de la *séparation collective*) dont les inconvéniens sont encore plus grands relativement aux meubles que relativement aux immeubles ; d'où il suit qu'on peut sans crainte appliquer aux meubles ce qui est réglé pour les immeubles, autant que la nature des biens meubles le permet.

(1) Voyez, dans la note 1 de la page 473 , ce que nous entendons par hypothèque *établie*.

(2) Ce principe , sans être formellement écrit dans nos Codes , ne me paraît pas pouvoir être contesté. — D'abord il résulte clairement : 1° pour les hypothèques légales dispensées d'inscription , de l'art. 2435 , et pour les autres hypothèques légales, de l'art. 2122 combiné avec l'art. 2148 ; 2° pour les hypothèques judiciaires, de l'art. 2123 combiné avec les art. 2134 et 2148. Quant à l'hypothèque conventionnelle , dans le cas exceptionnel où elle peut avoir pour objet des biens à venir (voyez art. 2130), nous pensons qu'une inscription spéciale étant nécessaire pour qu'elle atteigne ces biens (puisque cette hypothèque est restée soumise à l'art. 2148), c'est la date de cette inscription spéciale, prise sur l'immeuble nouvellement acquis, qui doit fixer le rang du créancier par rapport à cet immeuble. — Ensuite , ce principe est supposé par tous les articles qui concernent les *hypothèques privilégiées sur certains immeubles ;* en

Mais, pour avoir privilége, il faut que le créancier du défunt prenne son inscription dans les six mois de l'ouverture de la succession : *Pendant ce délai* (ce sont les termes de l'art. 2111, 2°) *aucune hypothèque ne peut être établie sur les biens héréditaires par les héritiers ou autres représentans du défunt, au préjudice de ses créanciers ou légataires.* Il nous semble qu'on doit conclure, *à fortiori*, de l'art. 2111, qu'aucune *aliénation* ne peut non plus être faite au préjudice des créanciers (ou légataires) du défunt (1).

Si un créancier du défunt n'a pas pris inscription dans les six mois, il n'est pas, par cela seul, considéré comme ayant renoncé complétement au bénéfice de *séparation individuelle*, c'est-à-dire au droit de réclamer préférence sur les biens héréditaires. Mais, comme son silence a pu faire naître l'opinion contraire ou bien celle qu'il était payé, ou même empêcher qu'on soupçonnât sa créance, il ne peut plus acquérir sur les biens héréditaires non aliénés par l'héritier (2) qu'une hypothèque donnant rang en raison de la date de son inscription; de sorte que les créanciers de l'héritier qui auront fait, ou pour qui la loi aura

effet, sans ce principe, il eût suffi de donner aux personnes en faveur desquelles ces hypothèques ont été introduites, des *hypothèques simples ;* en déclarant toutefois que l'art. 2147 ne leur serait pas applicable, et en donnant, s'il y a lieu, à ces hypothèques rang de préférence en raison d'une autre date que celle de l'inscription.

(1) Nous regardons comme des arguties, c'est-à-dire, comme un misérable sacrifice de l'esprit de la loi à sa lettre, les argumens tirés de l'art. 834 du Code de procédure; en effet, avant d'appliquer cet article, il faut établir qu'il y a *aliénation ;* or ce que nous prétendons, c'est précisément qu'il n'y a pas *aliénation* pendant les six mois, parce que durant ce délai l'héritier n'a pas *capacité* d'aliéner.

(2) L'aliénation faite pendant les six mois pourra-t-elle valoir contre les créanciers qui ne se sont inscrits qu'après l'expiration de ce délai ? Nous croyons que l'aliénation est valable à leur égard ; si nous étendons aux aliénations ce que dit des constitutions d'hypothèque l'art. 2111, nous n'entendons pas que la prohibition d'aliéner soit plus large que celle d'hypothéquer ; or, voyez ce que nous disons de celle-ci dans la note 1 de la page suivante.

fait, ce qu'il faut pour qu'hypothèque soit acquise à leur créance sur les biens ou sur tels biens du défunt à une date antérieure à celle de l'inscription du créancier négligent (1), auront droit de lui être préférés.

Un créancier du défunt pourra-t-il également, à raison du retard qu'il aura mis à s'inscrire, se voir préférer un autre créancier du défunt ?

Pour résoudre cette question, nous distinguerons trois hypothèses (2) :

1° celle où l'un des deux créanciers héréditaires est inscrit dans le délai de six mois accordé pour acquérir privilége, et l'autre seulement après l'expiration de ce délai ;

2° celle où les deux créanciers n'ont pris l'un et l'autre leur inscription que lorsque les six mois étaient écoulés ;

et 3° celle où les deux créanciers ont, au contraire, pris l'un et l'autre leur inscription avant l'expiration des six mois.

Dans les deux dernières hypothèses, nous supposons, comme dans la première, qu'un des créanciers s'est inscrit avant l'autre, c'est-à-dire qu'ils se sont inscrits à des jours différens, de sorte qu'il n'y a pas lieu d'appliquer l'art. 2147.

1re *hypothèse*. Il nous semble, et cette observation s'appliquera également à la seconde hypothèse, que lorsqu'un créancier peut être primé sur les biens de la succession par un créancier de l'héritier, il peut l'être *à fortiori* par un créancier du défunt.

Il suffit d'ailleurs de remarquer où l'on serait conduit par

---

(1) Une inscription prise par un créancier de l'héritier avant l'expiration du délai de six mois, serait-elle nulle à l'égard des créanciers du défunt qui n'ont pas rempli la condition de l'art. 2111 ? Nous ne pensons pas qu'elle doive être nulle plutôt à l'égard de ces créanciers devenus créanciers de l'héritier qu'à l'égard de ceux qui, comme le créancier dont il s'agit, ont eu dès l'origine l'héritier pour débiteur : les derniers mots du deuxième alinéa de l'art. 2111 peuvent fort bien être entendus comme s'appliquant seulement aux créanciers héréditaires (ou légataires) *inscrits dans les six mois.*

(2) toujours en supposant que l'hérédité a été ou sera acceptée purement et simplement ; voyez ci-après p. 499.

un système contraire, pour qu'on ne balance pas à admettre notre opinion. Supposons, en effet, qu'un créancier de l'héritier ait acquis hypothèque sur un immeuble de la succession (soit par inscription, soit autrement), et qu'un créancier du défunt ait rempli la condition de l'art. 2111, tandis qu'un autre n'a pris son inscription qu'après que le créancier de l'héritier avait déjà acquis rang d'hypothèque sur l'immeuble dont il s'agit ; comment le deuxième créancier du défunt pourrait-il être primé par le créancier de l'héritier, sans l'être par l'autre créancier du défunt qui prime cependant sur le même immeuble le créancier de l'héritier? Certes, si jamais la maxime : *si vinco vincentem te, etc.*, est applicable, c'est dans ce cas.

Nous connaissons les raisonnemens par lesquels on a prétendu se soustraire à cette application, et le procédé au moyen duquel on maintient les deux créanciers du défunt sur le pied de l'égalité, tout en donnant au premier la prééminence sur un créancier de l'héritier qui a lui-même la prééminence sur le second.

Mais ces raisonnemens et cet ingénieux procédé nous paraissent tomber devant l'absurdité des conséquences (1) auxquelles le système conduit. Si un créancier héréditaire qui a laissé un créancier de l'héritier acquérir droit de préférence sur lui, est admis à venir partager ce qu'un autre créancier héréditaire a au contraire préservé du concours des créanciers de l'héritier, il arrivera souvent que le créancier diligent n'obtiendra qu'une minime portion de sa créance, quoique, pour la conserver, il ait fait usage de tous les moyens mis à sa disposition par le législateur (en qui l'on ne peut cependant méconnaître (2) l'intention de garantir autant que possible (3) les créanciers du défunt d'une perte résultant de

(1) Ces conséquences sont encore plus absurdes quand il s'agit des légataires. *Voy.* ci-après p. 541.

(2) Cette intention est manifestée dans les art. 878, 879, 880.

(3) c'est à dire, en laissant à l'héritier la possession, et même jusqu'à un certain point, la disposition des biens du défunt.

la substitution au débiteur décédé d'un héritier insolvable, ou imprudent, ou de mauvaise foi). En effet, le créancier rétardataire, ou plutôt les créanciers rétardataires (car il peut y en avoir un grand nombre), pourront se présenter à la *contribution* pour des sommes bien plus fortes que celle pour laquelle le créancier diligent a pris inscription. Ce n'est pas tout : le peu que le créancier diligent aura obtenu, il ne sera pas même sûr de le conserver (1); car si l'on admet les créanciers rétardataires à empêcher que le créancier diligent profite seul de ce qu'il a préservé du concours des créanciers de l'héritier, pourquoi n'accorderait-on pas aux créanciers qui ne se présentent qu'après la contribution, le droit de répéter du créancier diligent ce qu'ils auraient pu l'empêcher de recevoir en se présentant un peu plus tôt? Une fois entré dans cette voie , il n'y a pas de raison pour s'arrêter. — Et dans l'intérêt de qui enleveriez-vous ainsi à un créancier le fruit de sa diligence ? Ce serait dans l'intérêt d'autres créanciers qui pouvaient, en s'inscrivant (soit sur le même immeuble , soit sur d'autres), préserver une somme plus forte du contact des créanciers de l'héritier; ou qui auraient au moins dû avertir le créancier inscrit que la mesure conservatoire qu'il a prise est insuffisante, afin qu'il pût étendre son inscription sur d'autres immeubles et ne s'endormît pas dans une fausse sécurité. — Savez-vous à quoi conduit ce système ? A faire prendre des inscriptions sur tous les immeubles de la succession par un créancier dont la créance pourrait, dans le système contraire, être suffisamment garantie par l'affectation d'un seul immeuble; l'héritier sera gêné dans la disposition de tous les biens de la succession par le fait d'un seul créancier, poussant la prudence à l'excès, lorsque tous les autres ont au contraire pleine confiance en l'héritier, ou lorsqu'il n'y a même point d'autre

(1) Au lieu de la totalité de sa créance, le créancier diligent n'en aura presque jamais qu'une quotité réductible indéfiniment.

créancier qui soit dans le cas de profiter de la prudence
excessive du premier.—Et remarquez que ces inscriptions
multipliées pourront encore n'être pas une ressource suffisante, au moins tant qu'elles resteront soumises à la disposition de l'art. 2148 (1); car l'inscription prise par un créancier sur plusieurs immeubles ne lui donne pas droit à des
collocations réitérées dont le total dépasserait le montant
de sa créance; et si, considérant le créancier qui a pris
l'inscription comme le mandataire de la masse des créanciers héréditaires, on prétendait que la somme mention-
née dans chaque inscription n'est qu'une partie intégrante
de la somme totale dûe à ces créanciers, nous ferons remarquer qu'il pourrait fort bien arriver que cette dernière
somme excédat le total des sommes indiquées dans les
inscriptions. Il faudrait donc que l'inscrivant pût déclarer
qu'il s'inscrit pour une somme indéterminée; et qu'il ne
fût pas même tenu d'évaluer cette somme, car il s'agit
d'assurer en même temps la collocation utile de tous les
créanciers du défunt, et l'inscrivant n'en connaît peut-être
qu'une bien faible partie. Dans ce système, on ne conçoit
pas comment le législateur, au lieu de provoquer des inscriptions individuelles, qui seront peut-être d'autant plus
facilement omises, qu'un plus grand nombre de personnes auront été appelées à les prendre (attendu que chacun
sera disposé à compter sur autrui), n'aurait pas chargé un
représentant de tous les créanciers d'une opération qui les
intéresse tous. Dans ce même système, les inscriptions individuelles (que le législateur a évidemment eu en vue dans
l'art. 2111) devraient se trouver remplacées par une inscription collective comme celle qui est ordonnée en cas de
faillite par l'art. 500 du Code de commerce. D'un autre

____

(1) Oserait-on prétendre que l'art. 2111 contient implicitement une exception à cette disposition? Comment croire qu'une exception aussi importante n'aurait pas paru, aux rédacteurs du Code, mériter d'être
énoncée formellement?

côté, au lieu d'une contribution sur le prix de chaque immeuble, ce serait, dans ce même système, une distribution générale de toutes les sommes provenant du défunt qu'il faudrait établir; et pour organiser cette distribution générale et les actes qui la préparent, il serait besoin, comme dans le cas de faillite, de réunions de créanciers, de nomination de syndics, etc.

Voilà comment, de proche en proche, le système que nous combattons conduit à la *séparation collective*, à laquelle cependant on ne saurait soutenir que le législateur n'a pas préféré la *séparation individuelle*.

Si l'art. 2111, surtout avec le complément que sa disposition trouve dans l'art. 2113, n'offrait pas déjà tous les élémens d'une conviction complète relativement à cette préférence accordée à la *séparation individuelle*, l'absence, dans nos lois, de toutes les dispositions que suppose le système de *séparation collective*, ne permettrait pas de conserver le moindre doute à cet égard.

Et remarquez bien que, non seulement on ne trouve aucun texte où apparaisse l'intention d'établir le système de *séparation collective* (qui, ainsi qu'on vient de le voir, est étroitement lié au principe du maintien de l'égalité entre tous les créanciers héréditaires), mais on trouve au contraire des textes où l'intention opposée est manifestée clairement; tel est, par exemple, l'art. 2146, où, en déclarant que les inscriptions sont sans effet entre les créanciers du défunt lorsque la succession est acceptée sous bénéfice d'inventaire, le législateur décide implicitement qu'elles ne sont pas sans effet lorsque la succession est acceptée purement et simplement (1); tels sont encore les art. 2111 et 879, qui

____

(1) Je ne suis pas grand partisan de l'argument : *Qui dicit de uno negat de altero;* cependant je dois dire que je ne conçois pas comment on repousserait cet argument dans ce cas-ci : il ne s'agit pas d'une règle relative à la matière des hypothèques qu'on aurait placée au titre de l'*acceptation bénéficiaire*, et qu'on aurait pu oublier de placer également au titre de

supposent évidemment que certains créanciers du défunt auront un droit de préférence (1), tandis que d'autres créanciers du défunt ne l'auront pas, et cela parce que les uns auront, par le seul fait de leur inscription (2) ou par ce fait

l'acceptation pure et simple ; il s'agit d'une exception faite au moment même où l'on a posé la règle ayant pour objet de déterminer l'efficacité des inscriptions ; comment pourrait-il se faire que le législateur eût pensé à la succession bénéficiaire sans penser à la succession pure et simple, et que, toutes deux devant être soumises, dans son intention, à la même exception, il n'eût cependant énoncé cette exception que pour la première ? Dira-t-on qu'à la vérité, le législateur a oublié un cas qu'il fallait assimiler à celui du bénéfice d'inventaire, mais qu'il a eu cependant raison de ne pas embrasser dans l'art. 2146 tous les cas de mort du débiteur, parce qu'il peut se faire que la succession soit acceptée purement et simplement, et que cependant aucun des créanciers du défunt ne réclame le bénéfice de séparation ? Si le législateur avait eu cette idée, nous ne voyons pas ce qui l'eût empêché de dire : *ou bien dans le cas où, la succession étant acceptée purement et simplement, la séparation des patrimoines est demandée par les créanciers du défunt.*

(1) Il est vrai que dans l'art. 2111 il ne s'agit que de mettre les créanciers du défunt à l'abri du concours des créanciers de l'héritier ; mais on verra tout à l'heure que l'art. 2113, qui sert de complément à l'art. 2111, entraîne comme conséquence la préférence des créanciers diligens sur ceux qui ne l'ont pas été. Remarquez que si, dans l'art. 2111, le législateur, au moment où il détermine les conditions du privilége accordé aux créanciers héréditaires, semble n'avoir pensé qu'aux rapports entre ces créanciers et les créanciers de l'héritier, c'est que ce n'est qu'à l'égard des créanciers de l'héritier qu'il a été nécessaire de donner au droit de préférence des premiers le caractère de privilége ; entre les créanciers du défunt une simple hypothèque aurait suffi pour récompenser la diligence.—Si nous considérons les créanciers héréditaires inscrits dans les six mois comme des créanciers privilégiés même à l'égard de leurs co-créanciers inscrits postérieurement, c'est que ces derniers créanciers, soumis par leur retard à la même condition que les créanciers personnels de l'héritier, ne peuvent plus être considérés autrement que ceux-ci, vis-à-vis des créanciers inscrits dans les six mois.—Mais dans l'art. 2113, qui, dans son application au droit de préférence accordé aux créanciers d'un débiteur décédé, embrasse évidemment les rapports entre ces créanciers comme ceux qui s'établissent entre eux et les créanciers de l'héritier, on s'est bien gardé de mettre rien de restrictif comme dans l'art. 2111.

(2) Faut-il, avec M. Duranton, voir une demande implicite en séparation de patrimoine dans le fait seul de l'inscription prise par le créancier chirographaire du défunt, au moins lorsqu'à ce fait se joint, au moment de

accompagné d'une demande judiciaire, manifesté l'intention d'écarter du concours les créanciers de l'héritier, tandis que le défaut d'inscription de la part des autres, autorise à croire qu'ils n'ont pas eu la même intention.

Il est bien étonnant que quelques jurisconsultes aient présenté, comme un principe incontestable de notre Droit, cette proposition : *La condition respective des créanciers d'un défunt doit demeurer la même, tout aussi bien lorsque la succession est acceptée purement et simplement, que lorsqu'elle est acceptée sous bénéfice d'inventaire.* — Quant à moi, je ne devine pas même un seul argument en faveur de cette opinion ; de sorte que je ne sais comment la combattre.

Ceux qui l'ont exprimée, la modifieront peut-être en disant : *Nous vous accordons qu'un créancier du défunt, qui, en s'inscrivant, comme l'a fait un autre créancier appartenant à la même catégorie, aurait pu empêcher un créancier de l'héritier de prendre, par préférence à lui, une portion de la valeur de tel immeuble héréditaire, ne peut pas venir diminuer la part qu'un autre créancier du défunt moins négligent a mis à l'abri de la concurrence des créanciers de l'héritier ; mais lorsque la négligence du second créancier héréditaire n'a pas fait arriver, pour prendre rang avant lui, un autre créancier de l'héritier, pourquoi les deux créanciers du défunt ne viendraient-ils pas par contribution, en supposant que la valeur de l'immeuble ne suffise pas pour les payer tous deux?*

Nous demanderons d'abord, de notre côté, pourquoi on établirait cette égalité de position entre des personnes qui n'ont pas eu une diligence égale? Les créances inscrites

l'ordre, la demande d'une collocation par privilége ou hypothèque? Nous examinerons cette question plus loin ; je me contenterai maintenant de dire que je ne comprends pas comment, lorsqu'on professe une opinion contraire à celle-là, on peut se dispenser d'expliquer par qui et contre qui la demande judiciaire que l'on exige doit être formée.

après le délai de six mois, sont des créances *simplement hypothécaires*, et la règle générale est qu'en matière d'hypothèque proprement dite, *qui prior est tempore potior est jure*. Sur quoi se fonderait-on pour ne pas appliquer cette règle à certains créanciers hypothécaires? — Si l'on n'était pas préoccupé, je ne sais pourquoi, de cette idée, que le vœu du législateur est toujours de maintenir le *statu quo* entre les créanciers du défunt, on ne croirait pas que cette application puisse souffrir la moindre difficulté?

Nous ferons remarquer ensuite, que tout créancier du défunt qui ne s'est pas inscrit dans le délai de six mois, peut être considéré comme ayant fait *novation* en ce sens qu'il a renoncé à l'une des prérogatives résultant de sa qualité de créancier héréditaire (j'entends le droit de privilége) : il s'est confondu avec les créanciers personnels de l'héritier (bien entendu, ceux qui n'ont pas commencé par être les créanciers du défunt) sauf toutefois le droit, que lui accorde l'art. 2113 (1), d'acquérir hypothèque par l'inscription. Il doit être traité absolument comme le serait un créancier de l'héritier qui aurait ce même droit. S'il s'inscrit, il primera donc les créanciers quelconques (2) qui n'acquerront hypothèque qu'après son inscription ; mais il sera primé par ceux qui auront acquis hypothèque auparavant.

2ᵉ *hypothèse.* Les raisonnemens que nous venons de faire nous paraissent établir suffisamment que les créanciers inscrits après les six mois ne peuvent avoir rang qu'en raison des dates de leurs inscriptions respectives. La seule différence entre le créancier qui prime, comme inscrit avant les six mois, un créancier inscrit depuis, et celui qui prime, en vertu d'une inscription prise après les six mois, un

____

(1) droit que n'ont point en général ces derniers créanciers.

(2) c'est-à-dire, aussi bien des créanciers du défunt qui ont, comme lui, renoncé au *privilége*, que des créanciers personnels de l'héritier.

créancier inscrit plus tardivement encore, c'est que celui qui est inscrit dans le délai de l'art. 2111 a un droit de *privilége*, tandis que l'autre n'a qu'un droit d'*hypothèque*; celui-ci n'a rang qu'en raison d'une date, tandis que celui-là est préféré en vertu de la seule qualité de sa créance. L'inscription prise par le premier n'a pas eu pour objet de donner à sa créance une date déterminant son rang, mais seulement d'avertir les créanciers de l'héritier, notamment ceux qui, ayant hypothèque générale, auraient pu croire qu'en vertu de cette hypothèque ils allaient atteindre l'immeuble acquis par leur débiteur avec rang à une date antérieure à l'ouverture de la succession (1), qu'ils ne doivent point compter avoir pour gage (soit spécial, soit général) tel immeuble ou tels immeubles héréditaires, avant le paiement de tel créancier du défunt, lequel créancier, par le fait de son inscription, réclame ce qui lui est dû comme une condition de l'accroissement de sûretés que l'actif de la succession a procuré aux créanciers de l'héritier.

On présentera, sans doute, comme une objection, ces termes de l'art. 2111 : *conservent leur privilége vis-à-vis des créanciers de l'héritier;* on dira que nous étendons l'effet du privilége en dehors des limites assignées par cet article, puisque nous voulons qu'on préfère les créanciers du défunt inscrits dans les six mois, non seulement aux créanciers personnels de l'héritier, mais même à d'autres créanciers du défunt qui n'ont pas rempli dans ce délai la même formalité.

Nous répéterons encore une fois que le créancier héréditaire qui n'a pas pris inscription dans les six mois, doit être considéré comme étant (sauf le droit d'acquérir hypothèque en vertu de l'art. 2113) sur la même ligne que les créanciers personnels de l'héritier. S'il est exposé, même lorsqu'il s'agira de distribuer le prix d'un bien héréditaire, à

---

(1) savoir la même date en raison de laquelle ils seraient colloqués sur les biens que leur débiteur possédait avant de devenir héritier.

se voir préférer, parce qu'ils auront acquis hypothèque avant qu'il se soit inscrit, des créanciers de l'héritier (1) qui n'ont pas comme lui commencé par être créanciers du défunt, comment pourrait-on prétendre qu'un créancier du défunt ayant, en vertu de l'art. 2111, droit de préférence à l'égard de tous les créanciers de l'héritier, ne peut pas lui être préféré?

3e *hypothèse*. Quant aux créanciers inscrits dans le délai de six mois, il ne peut y avoir entre eux aucune préférence résultant de ce que l'inscription de l'un aurait précédé celle de l'autre.

Nous avons déjà dit que l'inscription prise dans les six mois ne détermine point une date en raison de laquelle on doive régler le rang du créancier (2) ; cette inscription donne un *privilége*, c'est-à-dire le droit d'être colloqué *en raison de la seule qualité de la créance*. Cela posé, il est évident que

(1) Quelque diligence qu'il fasse désormais, il peut rencontrer des créanciers personnels de l'héritier qui auront une date antérieure à la sienne, savoir les créanciers ayant hypothèque générale, soit légale, soit judiciaire, avant l'ouverture de la succession. Nous pouvons aussi citer les créanciers à qui l'héritier a conféré hypothèque depuis l'expiration du délai de six mois (peut-être même durant ce délai), et qui ont pris inscription avant le créancier héréditaire qui n'a point conservé son privilége. Nous disons : *peut-être même durant ce délai ;* car on peut très-bien supposer que, par les derniers mots de l'article 2111, *au préjudice de ces créanciers*, le législateur n'a entendu que les créanciers *qui se sont inscrits dans les six mois ;* de sorte qu'à l'égard des autres, rien n'empêcherait l'inscription prise dans le délai d'avoir son effet *hypothécaire*, qui est de donner rang en raison d'une certaine date. — Quant aux créanciers personnels de l'héritier appartenant à la catégorie de l'art. 2104, quelques personnes pensent, quoique l'art. 2104 ne se réfère qu'à l'art. 2103, qu'ils doivent obtenir préférence à l'égard des créanciers du défunt qui ont usé du bénéfice de l'art. 2111. Cela est difficile à justifier ; d'autant plus qu'il peut y avoir déjà, parmi les créanciers du défunt, des créanciers ayant ce même privilége de l'article 2104

(2) On pourrait attaquer cette proposition par un argument *à contrario* tiré de l'art. 2146, second alinéa ; mais il y a cette réponse à faire : que dans le cas où la succession est acceptée purement et simplement, les inscriptions prises dans les six mois *produisent effet*, en ce qu'elles donnent la préférence sur les créanciers non inscrits ou inscrits seulement après l'expiration de ce délai.

tous les créanciers héréditaires inscrits dans le délai de six mois ne peuvent venir que par contribution (1), à moins que d'ailleurs quelques uns ne soient dans le cas de réclamer préférence à cause d'une qualité spéciale de leur créance (je dis *spéciale* pour faire voir qu'il s'agit d'une qualité distincte de la qualité *adjectice* qu'indique l'expression : *créances héréditaires*); ils ont tous le même privilége, il y a donc lieu de leur appliquer (sauf ce qui vient d'être dit) l'art. 2097 expliqué par l'article 2096.

On nous objectera peut-être (2) que nous admettons maintenant, au moins en partie, un système que nous avons tout à l'heure rejeté et même qualifié sévèrement. — Mais, nous ferons remarquer que décider que celui qui s'inscrit ne saura qu'au bout de six mois si son inscription assure complétement sa créance, ce n'est pas la même chose que décider qu'à aucune époque, pas même après la distribution du prix des immeubles sur lesquels il s'est inscrit, un créancier ne pourra savoir si définitivement il sera payé soit totalement, soit au moins jusqu'à certaine concurrence. Ce qui offre peu d'inconvéniens lorsqu'il s'agit d'un court espace de temps (3), peut, en se prolongeant, produire des inconvéniens immenses.

(1) Nous ne parlons pas des créanciers qui avaient déjà hypothèque contre le défunt; ceux-là sont dans la même position où se trouvent, dans le cas d'un ordre ouvert par suite de l'expropriation d'un acheteur, les créanciers qui ont acquis hypothèque lorsque la chose appartenait encore à son vendeur..... On verra dans la seconde division de ce Traité que les créanciers du précédent propriétaire ont plus qu'un privilége. — Les créanciers hypothécaires du défunt ont néanmoins le droit d'user du bénéfice de l'art. 2111, comme s'ils étaient simples chirographaires, et ils y ont quelquefois intérêt, par exemple, si l'immeuble qui leur est affecté ne suffit pas pour payer toutes les charges et qu'ils ne soient point au premier rang.

(2) Les uns feront cette objection en abondant dans le sens de ce que nous avons dit sur les deux premières hypothèses; les autres la présenteront, au contraire, comme une preuve que le système de contribution entre les créanciers du défunt ne mérite pas tous les reproches que nous lui avons adressés.

(3) En voyant au bout des six mois toutes les inscriptions prises avant

On fera peut-être cette autre objection , que l'art. 2106 semble établir en règle générale que, toutes les fois qu'il y a inscription , c'est la date de cette inscription qui fixe le rang du créancier , et qu'on ne trouve , dans l'art. 2111 , exception à cette règle que pour le cas où les créanciers du défunt sont en présence des créanciers de l'héritier.

Nous répondrons que dans l'art. 2106 , les droits de préférence que les rédacteurs du Code appellent *priviléges sur les immeubles*, et qu'il faut plutôt appeler *hypothèques privilégiées* , ne sont considérés que sous le point de vue de leur caractère *hypothécaire*, et ce n'est que dans les articles suivans qu'il faut chercher la détermination des effets qu'ils produisent *comme priviléges* ; or, l'argument *à contrario* qu'on tire de l'art. 2111 ne me paraît pas assez fort pour soustraire le privilége des créanciers héréditaires à la règle

ou après la sienne sur les immeubles frappés de celle-ci, si un créancier héréditaire reconnaît qu'il ne trouvera pas dans la répartition du prix de ces immeubles le paiement intégral de sa créance , il pourra , en vertu de l'art. 2113 , acquérir hypothèque sur les biens du défunt qui n'ont pas été frappés par les inscriptions donnant privilége , ou du moins qui ne l'ont été que pour partie de leur valeur. Mais ce remède sera souvent inefficace. En effet , quelque diligence que fasse le créancier , dont il s'agit, il peut arriver qu'à l'instant même où le délai de six mois expire et où il sait enfin avec qui il devra entrer en contribution , l'excédant de biens héréditaires non saisi par son inscription ni par celles qui ont été prises en temps utile par d'autres créanciers du défunt, se trouve déjà atteint par les créanciers de l'héritier ayant hypothèque générale, ou du moins que , dès le premier jour où les biens héréditaires sont devenus susceptibles d'affectation hypothécaire du chef de l'héritier, des créanciers, soit du défunt (en supposant que ces derniers aient négligé d'acquérir privilége en s'inscrivant dans les six mois), soit de l'héritier, aient pris des inscriptions qui leur donneront le droit de contribution en vertu de l'art. 2147. — Il serait peut-être convenable que le législateur accordât aux créanciers inscrits dans le délai de *six mois*, un supplément de délai pour prendre , dans l'hypothèse que nous venons d'indiquer, des inscriptions supplémentaires, qui donneraient, comme les inscriptions prises dans les six mois , privilége à l'égard des créanciers non inscrits dans ce délai , même lorsque ces créanciers se seraient inscrits immédiatement après l'expiration du délai et avant les inscriptions supplémentaires,

générale posée dans les articles 2096 et 2097 ; en effet, cet argument se réduit à dire que, l'art. 2111 ne faisant exception à l'art. 2106 que lorsqu'il s'agit des rapports des créanciers du défunt avec les créanciers de l'héritier, ce dernier article reste, dans tout autre cas, applicable au droit de préférence des créanciers héréditaires ; d'où il suit que ce droit n'est point entre ces mêmes créanciers un *privilége proprement dit*, et par conséquent ne doit pas recevoir l'application des art. 2096 et 2097. Mais, en raisonnant ainsi, on suppose que ces mots de l'art. 2111 : *à l'égard des créanciers de l'héritier*, font suite au mot *privilége*, tandis qu'ils ne se lient qu'au mot *conservent* ; et, en lisant l'article 2111 tel qu'il est, tout ce qu'on pourrait en induire, c'est que, pour être soumis, les uns à l'égard des autres, aux dispositions qui régissent les priviléges *proprement dits*, et notamment aux art. 2096 et 2097, les créanciers héréditaires n'ont pas besoin de s'inscrire dans les six mois (1).

Si nous attachions quelque importance à des argumens fondés seulement sur la lettre de la loi, nous pourrions, à l'appui de notre opinion, en citer un plus spécieux que celui que nous venons de combattre ; c'est l'art. 2113 qui nous le fournirait : suivant cet article, la date de l'inscription ne doit servir à déterminer le rang des créanciers à qui la loi avait offert le moyen d'acquérir une *hypothèque privilégiée*, que lorsque leur créance est devenue *simplement hypothécaire* ; ce qui prouve bien que, dans la pensée du législateur, avoir rang en raison d'une certaine date, et avoir un véritable privilége, sont deux idées opposées.

Le système qui permettrait aux créanciers du défunt d'acquérir rang de préférence les uns à l'égard des autres,

____

(1) Nous avons, au surplus, démontré ci-dessus (*première hypothèse*), que cette induction est incompatible avec le deuxième alinéa de l'article 2111 qui permet à l'héritier d'établir, après l'expiration du délai de six mois, des hypothèques sur les biens de la succession, au préjudice des créanciers héréditaires, lorsque ces créanciers ont négligé de s'inscrire.

en raison de leurs inscriptions prises pendant le délai de six mois, donne lieu à deux objections que nous croyons devoir faire connaître : l'une, qui nous paraît fondée, parce qu'elle nous offrira un motif de plus pour persister dans la préférence que nous avons donnée au système opposé, l'autre, parce qu'elle peut s'étendre à la partie de notre système qui concerne les créanciers inscrits après les six mois, de sorte que sa réfutation est un complément nécessaire de la démonstration de l'opinion par nous émise au sujet de ces créanciers.

La première de ces deux objections, c'est qu'en donnant effet entre créanciers inscrits dans les six mois à la priorité de l'inscription, on accorde un grand avantage aux créanciers que leur domicile ou quelqu'autre circonstance met à portée d'apprendre la mort du débiteur commun avant que les autres créanciers aient pu la connaître ; or, si l'inégalité de diligence peut être une cause d'inégalité de droits, il n'en est pas de même d'une circonstance telle que l'établissement du domicile dans un lieu plutôt que dans un autre lieu : l'intérêt public veut au contraire, en général, que chacun jouisse à cet égard d'une entière liberté ; il importe notamment au développement des opérations commerciales (et souvent celles qui se font entre des lieux éloignés, sont le plus utiles ou ont le plus besoin d'être encouragées), que l'éloignement d'un créancier soit le moins possible une cause de préjudice pour lui (1).

A la vérité, on répond à cette objection, que ce n'est pas, en définitive, la faculté accordée aux créanciers du défunt d'acquérir un rang de préférence les uns à l'égard des autres pendant le délai de six mois, qui serait, dans le système

____

(1) On satisfait à ce besoin en décidant que tous les créanciers inscrits dans les six mois sont réputés avoir montré une égale diligence, et qu'ils sont, en conséquence, les uns à l'égard des autres, comme des créanciers qui ont fait inscrire le même jour l'hypothèque obtenue par chacun d'eux ; de sorte qu'il y a lieu de leur appliquer l'art. 2147.

que nous combattons, la véritable cause de l'inconvénien
dont on vient de parler ; cet inconvénient n'existerait pas
véritablement plus dans ce système que dans le système
opposé, si le deuxième alinéa de l'art. 2111 ne donnait pas
aux créanciers de l'héritier le droit d'acquérir dès l'expiration
du délai un rang hypothécaire vis-à-vis des créanciers du défunt qui n'ont pas pris soin d'annoncer leurs créances au
public ; car, si ces derniers créanciers pouvaient toujours
exclure les créanciers personnels de l'héritier, le changement
du *statu quo* entre eux serait sans importance, puisque tous
les créanciers héréditaires obtiendraient en définitive leur
paiement (1) ; à moins qu'on ne suppose que le passif du
défunt excède son actif, auquel cas, l'héritier réclamera,
sans doute, le bénéfice d'inventaire, et placera ainsi ces
mêmes créanciers dans une autre hypothèse que celle de
l'opinion attaquée (2).

Mais de deux choses l'une :

(1) Les créanciers éloignés, n'éprouvant aucun préjudice, n'auraient
point à se plaindre de ce qu'on donne aux créanciers à qui leur position
a permis d'apprendre plus promptement la mort du débiteur, le moyen
d'acquérir rang d'hypothèque à une date à laquelle celle des créanciers
éloignés, quelque diligens qu'ils soient, sera toujours postérieure.

(2) Nous supposons ici que ceux qui soutiennent que les créanciers
héréditaires inscrits dans les six mois ont rang de préférence les uns à
l'égard des autres en raison des dates de leurs inscriptions respectives,
reconnaissent qu'il n'y a ni privilége ni hypothèque à acquérir sous le régime de l'acceptation bénéficiaire. — Nous verrons plus loin que quelques
jurisconsultes ont cependant prétendu que, sous ce régime comme sous le
régime de l'acceptation pure et simple, les créanciers du défunt ne peuvent écarter les créanciers de l'héritier de la distribution des deniers
héréditaires, qu'au moyen de la *demande* ou de l'*exception de séparation des patrimoines* (*demande* ou *exception* qui, suivant eux, consiste, quant aux immeubles, dans l'accomplissement des formalités
prescrites par les art. 2111 et 2113). Mais, ces jurisconsultes n'étant pas
ceux qui professent l'opinion que nous examinons maintenant, je veux
dire, l'opinion que la priorité d'inscription donne droit de préférence
entre les créanciers héréditaires inscrits dans les six mois, nous n'avons
pas à nous occuper en ce moment de cette manière d'envisager le régime
bénéficiaire ; elle sera discutée plus loin.

ou bien l'actif de la succession suffit pour payer tous les créanciers du défunt,

ou bien il ne suffit pas.

Dans le premier cas, ces créanciers n'ont aucun intérêt à acquérir rang de préférence les uns à l'égard des autres; dans quel but irait-on donc réduire l'héritier qui a accepté purement et simplement, à la condition d'un héritier bénéficiaire, en lui refusant, non pas seulement pendant le temps qui est réputé nécessaire aux créanciers du défunt pour faire connaître leurs créances par la voie de l'inscription, mais indéfiniment (1), le droit de conférer hypothèque sur les biens héréditaires, droit qui augmente évidemment le crédit de l'héritier pur et simple dans l'hypothèse (que son acceptation rend vraisemblable aux yeux du public) où l'actif de la succession excède son passif? serait-ce pour donner aux créanciers héréditaires le plaisir d'établir entre eux un ordre de préférence purement nominal, c'est-à-dire, un ordre qui ne rendrait pas la condition des premiers inscrits meilleure que celle des derniers?

Dans le second cas, nos adversaires présument que la succession ne sera jamais acceptée que bénéficiairement, et alors ils repoussent (comme nous l'avons vu) l'objection en disant qu'ils n'ont entendu parler que du cas de l'acceptation pure et simple. — Mais, si, nonobstant le mauvais état de la succession, l'héritier accepte purement et simplement, soit par erreur, soit par toute autre cause, voilà donc des créanciers dont le seul tort est d'avoir appris plus tard que d'autres la mort du débiteur commun, qui se trouveront complétement sacrifiés! —Et qu'on ne dise pas que, puisque l'on suppose l'acceptation pure et simple, les créanciers héréditaires qui auront été exclus du partage des biens de leur débiteur décédé (à raison de la priorité des inscriptions prises par leurs co-créanciers), trouveront un dédommage-

(1) Remarquez qu'il faudrait, pour cela, détruire complètement le second alinéa de l'art. 2111 et l'art. 2113.

ment dans l'obligation personnelle et dans les biens de l'héritier... Cet héritier ne pourrait-il pas être un insolvable, qui, soit par imprudence, soit même dans une intention frauduleuse, est venu joindre son insolvabilité à celle du défunt, et qui ira peut-être, en se faisant payer le prix de son service, engager tel créancier à prendre l'avance sur les autres ?

Mais, dira-t-on, vous admettez bien que les créanciers héréditaires inscrits seulement après les six mois, ont rang de préférence les uns à l'égard des autres, en raison des dates de leurs inscriptions respectives, de sorte que le créancier héréditaire plus diligent acquiert droit de préférence à l'égard de ses co-créanciers, et vous admettez même que ces créanciers héréditaires pourront être primés par des créanciers de l'héritier....

L'objection que nous venons de discuter reste donc dans toute sa force, et, en conséquence, nous persistons à rejeter un système qui sacrifierait presque toujours les créanciers absens aux créanciers présens, et qui, dans certains cas, offrirait une prime à la fraude.

Nous répondrons qu'après six mois écoulés depuis l'ouverture de la succession les motifs que nous avons fait valoir en faveur du système d'égalité, c'est-à-dire de *statu quo*, n'existent plus. — Ce délai est en effet suffisant pour qu'un bon père de famille ait été instruit de la mort de son débiteur et ait fait inscrire sa créance. Dans le cas exceptionnel d'un débiteur établi à une très-grande distance du domicile de ses créanciers, ceux-ci ont presque toujours un mandataire dans le pays de leur débiteur. En admettant que quelques personnes pourront cependant être victimes d'une ignorance qui se sera continuée au-delà des six mois sans qu'on puisse la leur reprocher, comme, d'un autre côté, le système du maintien de l'égalité entre les créanciers entraîne de graves inconvéniens, il a fallu faire une transaction entre les deux systèmes ; or cette transaction nous paraît avoir été assez heureusement trouvée dans la distinction entre les inscriptions prises dans les six mois , lesquelles donnent à tous les créanciers le même rang , par la raison qu'elles donnent à tons le même privilége , et les inscriptions prises après les six mois, lesquelles ne donnent plus qu'une hypothèque, et par conséquent placent les créanciers qui n'ont pas profité de l'art. 2111, toujours après les privilégiés , et avant ou après d'autres créanciers simplement hypothécaires, suivant que leurs inscriptions sont antérieures ou postérieures à la date qui détermine le rang de ces autres créanciers (1).

La deuxième objection contre le système qui fait résulter des inscriptions prises, à des dates différentes, dans le délai de l'art. 2111, un rang de préférence entre les créanciers du défunt, c'est que, à moins de dire que ces inscriptions enlèvent à l'héritier les facultés de répudier ou d'accepter sous bénéfice d'inventaire , il faut admettre que le droit de préférence qui en résulte n'est qu'un droit c'est-à-dire, révocable, conditionnel ou que les espérances que les créanciers auront pu asseoir sur l'accomplissement de la formalité prescrite par l'art. 2111, pourront être détruites par le caprice ou par des combinaisons frauduleuses de l'héritier; tandis que, dans l'opinion opposée, les créanciers inscrits successivement durant les six mois, à la vérité. ne peuvent acquérir qu'un droit d'exclusion ou de préférence à l'égard des créanciers de l'héritier et le droit de contribution entre eux, mais auront ce double droit quelque chose qui arrive (2).

(1) soit créanciers héréditaires, soit créanciers personnels de l'héritier.

(2) Il y a cependant cette différence entre le cas où, tôt ou tard, la succession serait acceptée purement et simplement, et celui où elle ne serait acceptée que bénéficiairement, ou même deviendrait vacante, que, si l'appelé accepte purement et simplement, les créanciers héréditaires inscrits dans les six mois, non seulement excluront de la répartition (au marc le franc) des deniers provenus des immeubles héréditaires, les créanciers personnels de l'héritier, mais excluront aussi leurs co-créanciers non inscrits ou inscrits seulement après le délai, tandis que, dans le cas d'acceptation bénéficiaire ou de succession vacante, la contribution

On répond à cette objection : d'abord, qu'il n'est pas démontré que le législateur ait été frappé de l'inconvénient de cet état d'incertitude et qu'il ait eu l'intention de l'empêcher toujours ; ensuite, que, si l'on rejetait le régime de préférence toutes les fois qu'il ne peut être que conditionnel ou sujet à révocation , il n'y aurait jamais lieu d'admettre ce régime , car, 1° après les six mois l'héritier peut être encore dans les limites du délai de l'art. 795 , ou même obtenir , sur les poursuites dirigées contre lui , un nouveau délai ; 2° l'acceptation pure et simple , qui amène le régime de préférence , peut, dans certains cas , faire place , soit à l'acceptation bénéficiaire , soit à la vacance de succession.

Nous pourrions nous dispenser de discuter le mérite de cette réponse, puisque ce n'est pas à raison de l'inconvénient signalé dans l'objection (c'est-à-dire à raison de l'incertitude des effets produits par les inscriptions prises dans les six mois), que nous refusons aux créanciers héréditaires la faculté d'acquérir , durant ce délai, droit de préférence les uns à l'égard des autres.

En effet, nous ne voudrions pas du système que nous combattons alors même que l'on n'aurait à craindre, ni de prime-abord une répudiation ou une acceptation bénéficiaire , ni la substitution , par une cause quelconque, d'un héritier bénéficiaire ou d'un curateur à la succession vacante

aura lieu entre tous les créanciers héréditaires. — Mais, comme, jusqu'au dernier moment des six mois , le créancier inscrit ne peut pas savoir quels sont les créanciers qui auront le même soin que lui , il ne peut commencer à préciser son attente qu'à partir de l'expiration du délai de l'art. 2111 , et alors, le délai accordé à l'héritier pour délibérer étant expiré (selon toute apparence), — ou bien l'héritier aura pris qualité, auquel cas il n'y a plus d'incertitude pour les créanciers héréditaires , — ou bien l'héritier continue à garder le silence ou même il n'y a pas de successible connu, et, dans cette double hypothèse , il dépendra des créanciers héréditaires de sortir d'incertitude et d'arriver à un état de choses irrévocable au moyen de la procédure que nous allons exposer, — ou bien enfin l'héritier répudie , auquel cas se présentent les mêmes éventualités que nous venons d'indiquer.

à un héritier pur et simple ; nos motifs ont été exposés ci-dessus, pages 490 et 491 : nous ne les répéterons pas.

Mais la réponse que nous venons de faire connaître nous transporte sur un autre terrain : elle impute (1) au système de préférence en tant qu'il s'applique aux créanciers inscrits après les six mois (2) le même inconvénient qu'on a repro-ché à ce même système appliqué aux créanciers inscrits dans les six mois ; et cet inconvénient, qui, dans ce der-nier cas, serait peu de chose à nos yeux, à raison de la brièveté du délai, de sorte qu'il ne nous aurait pas empê-chés d'adopter ce dernier système, que d'autres motifs plus puissans nous ont fait rejeter ; cet inconvénient, dis-je, serait excessivement grave s'il était vrai qu'il dût se prolonger indéfiniment, c'est-à-dire qu'un créancier héré-ditaire ne pût jamais acquérir en vertu des art. 2111 et 2113 qu'un droit révocable par tous les événemens qui peuvent changer le titre auquel la succession est représen-tée (3) ; il vaudrait mieux alors décider que le système de *statu quo* est le seul qui puisse avoir lieu, non seulement entre les créanciers inscrits dans les six mois, mais entre tous les créanciers du défunt (4).

Mais l'examen des questions suivantes, dont la solution complétera l'exposition du bénéfice de *séparation indivi-*

(1) dans sa seconde partie ; quant à la première, qui se réduit à cette proposition : *il n'est pas démontré que le législateur ait voulu toujours prévenir l'incertitude des droits,* elle ne peut être contestée ; mais il faut reconnaître qu'au moins le législateur a senti les inconvéniens de cette in-certitude, d'où il suit que, dans le doute, on peut présumer qu'il la re-pousse autant que possible.

(2) C'est-à-dire au système en vertu duquel un créancier inscrit seule-ment après les six mois peut être primé, 1° par tout créancier hérédi-taire ayant acquis *privilége* par son inscription prise dans ce délai ; 2° par les créanciers, soit du défunt, soit de l'héritier, qui ont hypothèque à une date antérieure à l'inscription du créancier dont il s'agit.

(3) Avec ou sans changement de personne.

(4) c'est-à-dire qu'il vaudrait mieux effacer du Code civil les art. 2111 et 2113, pour en revenir au système de *séparation collective.*

duelle en ce qui concerne les immeubles, fera **voir qu'il** n'en est pas ainsi :

Même avant l'expiration du délai de six mois (1), **délai** établi dans l'intérêt des créanciers héréditaires, pour qui il vaut mieux subir cette courte incertitude que **de voir le** hasard ou la fraude distribuer entre eux des rangs de préférence, tout créancier du défunt (2) peut, si aucun successible ne prend qualité (soit d'héritier pur et simple, soit d'héritier bénéficiaire), commencer une procédure dont le terme ne peut être bien éloigné (car les tribunaux useront sans doute avec une grande discrétion du pouvoir que leur accorde l'art. 798 du Code civil), et qui amènera, sinon pour tous les créanciers héréditaires, au moins pour celui qui aura employé ce moyen, une position irrévocable, savoir, soit le régime de préférence ou de *séparation individuelle* organisé par les art. 2111 et 2113, soit le régime de *séparation collective* ou de *statu quo*.

Question 1re. L'article 2111 et (en tant qu'il concerne les créanciers héréditaires) l'article 2113, ne supposent-ils pas que la succession est acceptée purement et simplement? Ces articles pourraient-ils produire leurs effets dans le cas d'acceptation bénéficiaire ou de succession vacante (3)? En d'autres termes, l'acceptation pure et simple n'emporte-t-elle pas le régime de préférence, tandis que le régime de *statu quo* est une conséquence du bénéfice d'inventaire ou de la vacance de succession?

(1) Il n'y avait pas de raison pour que le délai accordé à l'héritier pour délibérer et celui qui est accordé aux créanciers pour prendre inscription fussent d'égale durée.

(2) Nous verrons plus loin qu'un légataire a le même droit.

(3) La circonstance de l'*acceptation bénéficiaire* et celle de la *succession vacante*, étant en dehors des circonstances ordinaires dans lesquelles notre intention a été de nous renfermer dans cette première division de notre Traité, nous pourrions nous contenter ici d'un renvoi à la seconde division; mais, comme l'examen de ce qui a lieu en cas de bénéfice d'inventaire ou de succession vacante, est indispensable pour faire bien

Question 2ᵉ. Comment les créanciers héréditaires peu-vent-ils hâter l'établissement de l'un ou de l'autre de ces régimes (1).

Questions 3ᵉ *et* 4ᵉ. Quels sont les cas où le titre auquel la succession est représentée peut changer , et comment , dans chacun de ces cas , le changement de titre (2) peut-il se concilier avec le respect des droits acquis aux créanciers héréditaires?

A ces quatre questions , que la discussion qui précède avait déjà fait entrevoir (3) , se rattachent les deux ques-tions suivantes :

Question 5ᵉ. Qu'arrivera-t-il si la succession se trouve représentée par une personne qui a simultanément (soit réellement, soit en apparence) la qualité d'héritier pur et

comprendre le régime ordinaire , et qu'il se passera peut-être long-temps avant que nous puissions publier la fin de ce Traité , nous croyons devoir nous écarter de notre plan , en comparant les effets de l'acceptation pure et simple avec ceux de l'acceptation bénéficiaire ou de la vacance.

(1) Cette question est complexe , elle comprend notamment les ques-tions suivantes (dont la première a paru offrir des difficultés même dans l'hypothèse où il est certain que l'héritier accepte purement et simple-ment) : 1º Les créanciers doivent-ils, indépendamment de l'inscription, for-mer une demande tendant à établir la *séparation des patrimoines* à l'égard des immeubles, c'est-à-dire, le régime des articles 2111 et 2113? 2ᵉ Un seul créancier agira-t-il nécessairement dans l'intérêt de tous , ou bien tel régime pourra-t-il exister à l'égard de tel créancier et un autre ré-gime à l'égard d'un autre créancier (voyez les art. 800 et 879 du Code civil , et ci-après notre *cinquième question*)?

(2) Il semble résulter des articles 777 et 785 qu'on doit faire remonter au moment de l'ouverture de la succession tout régime qui s'établit plus ou moins long-temps après, mais cette proposition n'est complétement vraie qu'à l'égard du régime qui s'établit le premier; un second ré-gime trouvera presque toujours des droits acquis en vertu du précédent; or, le maintien de ces droits emporte nécessairement une restriction dans les effets du nouveau régime.

(3) et auxquelles certains jurisconsultes doivent ajouter celle de sa-voir s'il y a lieu de prendre des inscriptions *à valoir*, comme moyen de se mettre à l'abri des conséquences de la transition d'un régime de *statu quo* au régime de préférence, ou *vice versa*.

simple à l'égard d'une partie des créanciers héréditaires (1),
celle d'héritier bénéficiaire à l'égard d'une autre partie de
ces mêmes créanciers, et celle de curateur à l'égard d'une
troisième classe (2), ou bien seulement la première qualité
avec l'une des deux dernières?

Question 6e. *Quid* si plusieurs personnes représentent
simultanément la succession au même titre ou à des titres
différens (héritier pur et simple, héritier bénéficiaire, cu -
rateur à la vacance), soit à l'égard des mêmes créanciers,
soit à l'égard de créanciers différens (5)?

Première question. « L'acquisition des droits de privilége
» ou d'hypothèque en vertu des art. 2111 et 2113 suppose-
» t-elle l'acceptation pure et simple de la succession? Le
» régime d'égalité ou de *statu quo* est-il, au contraire, une
» conséquence de l'acceptation bénéficiaire ou de la va-
» cance (4)? »

Pour résoudre cette question, il suffira de rappeler som-

(1) Il faudra distinguer si cette *partie* comprend tous les créanciers
moins tels ou tel, ou bien *seulement tels ou tel.*

(2) En général, lorsque la succession acceptée à l'égard de certains
créanciers est vacante à l'égard d'autres créanciers, elle cesse d'être re
présentée par un seul individu, et par conséquent l'hypothèse sort du
cadre de notre 5e question pour entrer dans celui de la 6e. Cependant,
comme rien ne s'oppose à ce que le tribunal nomme en pareil cas pour
curateur l'individu qui représente déjà la succession à titre d'héritier,
disons plus, comme c'est le moyen de résoudre de graves difficultés,
nous ne pouvons nous dispenser de comprendre la vacance parmi les circonstances qui font que divers modes de représentation d'une succession
concourent dans le même individu.

(3) Nous aurons à distinguer, en traitant cette question, le cas où les
représentans à titre d'héritier ou à titre d'héritier pur et simple, bénéficiaire
viennent immédiatement après le défunt, du cas où ils sont séparés de lui
par une personne qui leur a, ou qui est censée leur avoir, transmis ses droits.

(4) Nous plaçons constamment sur la même ligne l'acceptation bénéficiaire et la vacance de succession, parce que, sous le point de vue qui
nous occupe, la condition des créanciers est absolument la même dans
l'un et dans l'autre de ces deux cas.

mairement les observations que nous avons présentées ci-dessus, p. 477, 478 et 479.

Le législateur, avons-nous dit, a voulu satisfaire autant que possible, 1° les créanciers qui croient avoir besoin d'obtenir une sûreté de la part de leur nouveau débiteur, c'est-à-dire, de l'héritier, dont ils n'ont pas entendu suivre la foi, et 2° l'héritier, à qui il importerait de pouvoir disposer des biens de la succession aussi librement que de ses biens personnels.

Lorsque l'héritier lui-même ne réclame pas cette libre disposition (1), c'est-à-dire, lorsqu'il se soumet au régime bénéficiaire (2), ou bien lorsque la succession est déclarée vacante (3) et en conséquence administrée par un individu qui n'a aucun droit aux avantages qu'elle peut offrir, les créanciers héréditaires, considérés collectivement, c'est-à-dire comme une seule personne, étant, en quelque sorte, saisis de tous les biens de la succession, puisque le curateur et même l'héritier bénéficiaire ne sont, au moins vis-à-vis d'eux (voyez art. 805, 806, 807, 808 et 814), que des mandataires soumis aux règles ordinaires (4), il n'y a pas lieu d'accorder à chaque créancier isolément un moyen de se procurer une sûreté particulière : en effet, cette sûreté est inutile à l'égard des créanciers de l'héritier (5), puisqu'ils ne sont pas, à proprement parler, créanciers de

(1) Le cas d'acceptation pure et simple est évidemment celui auquel le législateur a pensé au moment où il a établi le régime de *préférenc* (c'est-à-dire, de *séparation individuelle*).

(2) afin d'éviter l'inconvénient (qui est une condition de cette libre disposition) d'être tenu *ultra vires*.

(3) Il parait que, dans l'usage, la vacance de succession n'est reconnue qu'*implicitement*, savoir. par la nomination d'un curateur : on ne commence pas par déclarer la vacance par un premier jugement, pour nommer ensuite un curateur par un second.

(4) sauf peut-être, quant à l'héritier bénéfic'aire, la disposition de 'art. 804.

(5) Dans le cas de succession vacante, il n'y a pas même de créanciers qui puissent demander à venir après les créanciers héréditaires.

la succession tant qu'elle n'a pas été liquidée, c'est à-dire avant la reddition du compte de l'héritier qui administre la succession dans l'intérêt commun; et le *statu quo* entre les créanciers héréditaires est, non pas seulement durant le délai nécessaire aux absens pour être instruits du décès du débiteur, mais indéfiniment (1), une conséquence évidente de cette action collective : car il n'est pas possible d'admettre que chaque créancier aura le droit d'entraver par des mesures (conservatoires ou autres) prises, à l'égard du gage commun, dans son intérêt individuel, une administration à laquelle il concourt par un mandataire légal qui représente en même temps tous les créanciers héréditaires, je veux dire, par l'héritier bénéficiaire ou le curateur à la succession vacante. — C'est au surplus ce qui est formellement reconnu par l'art. 2146, qui assimile les créanciers de la succession acceptée sous bénéfice d'inventaire aux créanciers d'un failli; et il nous sera facile de prouver que, sous le rapport de la question qui nous occupe, la vacance de succession doit produire les mêmes effets que l'acceptation bénéficiaire.

Disons auparavant un mot des droits et des obligations de l'héritier bénéficiaire comparés aux droits et obligations de l'héritier pur et simple.

Au premier aperçu, il semblerait que, le bénéfice d'inventaire ayant été introduit dans l'intérêt de l'héritier, les pouvoirs de celui-ci, quant à l'administration de la succession, ne devraient pas être plus restreints dans ce cas, qu'ils ne le sont en cas d'acceptation pure et simple. (2).

Mais il faut remarquer que par l'acceptation bénéficiaire l'héritier acquiert le droit de n'être pas tenu *ultra vires;*

---

(1) ou du moins tant que durera le régime bénéficiaire ou de vacance. —Voyez ce que nous disons ci-après, sur la question de savoir si ce régime une fois établi peut être changé au préjudice des créanciers héréditaires.

(2) même après que les créanciers héréditaires ont manifesté leur défiance à l'égard de l'héritier, en prenant inscription en vertu des art. 2111 et 2113.

et qu'il résulte de là cette conséquence, que des mesures doivent être prises pour que les créanciers héréditaires aient la certitude d'avoir tout l'actif du défunt.

Aussi, dans nos lois, outre l'obligation imposée à l'héritier bénéficiaire de procéder à l'inventaire suivant des formes qui protègent les intérêts des créanciers du défunt; nous trouvons diverses entraves (1) apportées à la vente des biens héréditaires; nous trouvons ensuite le droit accordé aux créanciers du défunt (2), d'exiger caution (3) pour la valeur du mobilier compris dans l'inventaire et pour les sommes provenant de la vente des immeubles lorsqu'elles n'appartiendront pas aux créanciers hypothécaires (4); nous trouvons enfin la nécessité de rendre

(1) Faut-il comprendre parmi ces entraves la nécessité de *déléguer* le prix des immeubles vendus aux créanciers ayant hypothèque sur les dits immeubles? Il nous semble (argument des art. 990 du C. de proc. et 554 du C. de com.) que la procédure par laquelle ces créanciers arrivent à la part qui leur revient dans le prix des immeubles aliénés, est absolument la même lorsque la succession a été acceptée bénéficiairement que lorsqu'il y a eu acceptation pure et simple; cette procédure est, dans l'un et l'autre cas, celle qui est tracée [dans le titre 14 de la première partie du Cod. de proc. — Nous ferons remarquer que les art. 2144 et 2113 n'étant pas applicables au cas d'acceptation sous bénéfice d'inventaire, il faut dans l'art. 806 entendre par *créanciers hypothécaires* ceux qui avaient déjà hypothèque contre le défunt.

(2) L'art. 807 ajoute : *et autres personnes intéressées;* le législateur a-t-il en en vue d'autres personnes que les légataires ?

. (3) Si l'héritier ne fournit pas la caution demandée, les meubles sont vendus, et toutes les sommes provenant de la vente de cette classe de biens, comme celles qui existaient déjà dans la fortune du défunt, sont, ainsi que les sommes provenant de la vente des immeubles, lorsqu'elles ne doivent pas être l'objet de collocations hypothécaires, déposées à la caisse des consignations pour être employées à l'acquittement des dettes et charges de la succession.

(4) Voyez la note 2 de la page précédente. — Dans l'art. 807 du Cod. civ., il faut entendre par *délégation* non seulement l'arrangement qui se fait entre l'héritier et les créanciers hypothécaires en conformité de l'art. 749 du C. de p., mais aussi la distribution par la voie de l'*ordre.* —Lorsque le prix ne suffit pas pour payer tous les créanciers ayant hypothèque sur l'immeuble vendu, il est difficile qu'il n'y ait pas lieu à *ordre.*

compte (1). — Au contraire, si le législateur, par les articles 2111 et 2113, donne aux créanciers, dans le cas d'acceptation pure et simple, un droit qu'ils n'ont pas dans le cas
d'acceptation bénéficiaire, d'un autre côté, sauf l'effet de
ces articles (2), l'héritier conserve la libre disposition des
biens du défunt.

Mais la mesure la plus importante pour assurer aux
créanciers de la succession bénéficiaire tout l'actif de cette
succession, c'est la suspension de toute voie d'exécution de
la part des créanciers de l'héritier sur les biens héréditaires
jusqu'à ce qu'il ait été justifié par un compte en règle que tous
les créanciers du défunt, bien entendu tous ceux qu'on a pu
connaître, ont été payés ou autrement satisfaits. — Dans le
système d'acceptation pure et simple, au contraire, les
créanciers de l'héritier ont droit d'agir sur les biens héréditaires, comme sur les biens personnels de leur débiteur; c'est une conséquence de la faculté qu'on a voulu
donner à l'héritier d'offrir les uns comme les autres pour
gage aux personnes avec lesquelles il traite; seulement ces
droits (des créanciers de l'héritier ou de l'héritier lui-même)
se trouvent, comme nous l'avons vu, restreints par la faculté accordée aux créanciers héréditaires d'acquérir privilége ou hypothèque en remplissant les conditions des
art. 2111 et 2113, c'est-à-dire en prenant des inscriptions; inscriptions qui sont tout-à-fait sans objet tant

(1) Quand il n'a pas été exigé de caution, ou lorsqu'il en a été donné
une, l'héritier conserve la possession des deniers de la succession; mais,
aussitôt qu'il a des deniers disponibles, il doit : d'abord payer les créanciers opposans, ou bien, si la somme à distribuer ne suffit pas, ouvrir entre
eux une contribution; ensuite, s'il reste quelque chose, payer les autres
créanciers de la succession à mesure qu'ils se présentent, et même les
légataires, lorsqu'au moment où ils se présentent il n'y a pas de créancier
qui réclame la préférence.

(2) dans lesquels le législateur a, comme nous l'avons vu, cherché à
concilier, par une sorte de transaction, les intérêts des créanciers héréditaires avec les intérêts de l'héritier et de ses créanciers personnels,

qu'existe le régime bénéficiaire (1), et qui ne valent pas même dans la prévoyance du cas où le régime d'acceptation pure et simple pourrait lui être substitué ; car nous n'admettons pas que cette substitution puisse modifier les droits acquis par les créanciers (2) soit avec l'héritier véritable (3), soit avec un héritier apparent (4) qui vient à être évincé (5).

A ce que nous avons déjà dit de la succession vacante , il nous suffira d'ajouter que cette circonstance fait , au moins

(1) argument de l'art. 802.

(2) ou si l'on veut, *les attentes conçues*... Ces attentes constituent à nos yeux des droits.

(3) qui encourt la déchéance ou se fait restituer (v. ci-après nos *questions* 3e *et* 4e).

(4) L'indigne est ici compris sous la dénomination d'héritier apparent.

(5) Nous avons déjà dit que quelques jurisconsultes ont cependant pensé que des inscriptions prises dans le cas d'acceptation bénéficiaire (soit après cette acceptation, soit auparavant) pouvaient valoir, non seulement dans l'hypothèse où l'acceptation pure et simple viendrait à remplacer l'acceptation bénéficiaire , mais même , au moins à l'égard des créanciers de l'héritier , durant le régime établi par cette acceptation ; ils ne s'expliquent pas sur le cas de vacance , mais il y a lieu de croire que leur opinion est la même pour ce cas que pour celui d'acceptation bénéficiaire.

M. Duranton , tome VII, p. 124 , s'exprime ainsi :

« C'est bien à tort que l'on a considéré l'art. 2146 comme incompati-
» ble avec l'art. 2111 pour le cas où la succession serait acceptée sous
» bénéfice d'inventaire : cela n'est pas vrai du tout. L'inscription a effet
» vis-à-vis des créanciers de l'héritier , et ce n'est qu'à l'égard de ceux-
» ci que s'élève la question dont il s'agit ; ce n'est que par rapport à
» eux seulement que la séparation des patrimoines est utile. Chaque
» créancier du défunt pouvait donc conserver son privilége *contre eux* ,
» par l'inscription sur les biens de la succession , et il doit se reprocher
» de ne l'avoir pas fait.

« Au surplus , ce qui nous détermine à le penser ainsi , ce n'est pas
» la considération que l'héritier peut , d'un moment à l'autre , abdiquer
» le bénéfice d'inventaire , par exemple , en vendant, soit des meubles ,
» soit des immeubles , sans observer les formalités prescrites à cet effet
» (art. 988 et 989, Code de procéd.); car il suit seulement de là que les
» créanciers s'exposent à perdre leur privilége , en se fiant à la sépara-
» tion qui résulte du bénéfice d'invtaire, au lieu de se mettre eux-
» mêmes en mesure, en prenant inscription dans le délai fixé par la loi ,

autant que l'acceptation bénéficiaire, présumer que la suc-

» aussi la possibilité de ce résultat ne décide point la question pour le
» cas où le bénéfice d'inventaire existe encore dans la main de l'héritier.
  » Mais, comme l'art. 2111 ne fait aucune distinction, que l'art. 2146 ne
» lui est nullement opposé, bien que la succession soit acceptée sous
» bénéfice d'inventaire, et enfin, comme le bénéfice d'inventaire est tout
» entier dans l'intérêt de l'héritier, que ce n'est que dans son intérêt
» que ses biens ne sont pas confondus avec ceux du défunt, qu'il est
» réellement propriétaire de ceux-ci comme de ceux-là, nous pensons
» que les créanciers du défunt ne sont pas dispensés, par l'effet du béné-
» fice d'inventaire, de remplir les conditions et formalités sous lesquelles
» seulement la loi leur accorde un privilége vis-à-vis des créanciers de
» l'héritier. »
  Et à la p. 311 du tome XIX :
  ... « Si les créanciers personnels de l'héritier bénéficiaire voulaient
» concourir, sur le produit des biens du défunt, avec les créanciers de
» celui-ci, ces derniers créanciers les écarteraient fort bien par une de-
» mande ou plutôt par une exception de séparation des patrimoines, et
» ce ne pourrait être que de cette manière qu'ils les écarteraient, car les
» biens appartiennent réellement à l'héritier, puisqu'il peut les vendre
» avec effet de gré à gré, sauf à être privé des effets du bénéfice d'inven-
» taire. »
  Ces deux passages, où notre honorable collègue semble n'avoir aperçu
d'autre argument en faveur du système opposé au sien, que la difficulté
prétendue de concilier l'art. 2111 avec l'art. 2146, contiennent plusieurs
propositions qui nous paraissent suffisamment réfutées par tout ce que
nous avons dit dans les pages précédentes ; nous croyons cependant utile
de faire observer : 1° que les créanciers de la succession bénéficiaire n'ont
aucun besoin de privilége ou d'hypothèque à l'égard des créanciers personnels de l'héritier : ils repousseront ces créanciers (comme les créanciers
d'un mineur repousseraient les créanciers personnels du tuteur, si ceux-
ci se présentaient à un ordre ou à une contribution sur les biens du mineur),
en leur disant : Vous n'avez (au moins quant à présent) aucun droit sur ces
biens ; — 2° qu'il n'est pas vrai de dire que l'héritier bénéficiaire peut vendre
les biens du défunt sans observer les formalités indiquées aux art. 987 et 988
du Cod. de proc. : les créanciers héréditaires auraient le droit d'attaquer les
ventes ainsi faites par l'héritier, et ils pourraient, en outre, le faire déclarer déchu des avantages que lui donnait son acceptation bénéficiaire : le dernier alinéa de l'art. 988 du Cod. de proc., semblable à l'art 989
du même Code et à l'art. 804 du Code civil, est une disposition pénale
et non une disposition attributive de droit ; or une peine ne doit frapper
que le coupable. L'acceptation bénéficiaire a placé les créanciers du défunt dans une certaine position que l'héritier ne peut modifier à leur

céssion n'est pas solvable (1) ; d'où il suit que les règles éta-

préjudice, si ce n'est dans la limite posée par l'art. 802 du C. civ. Ainsi donc l'héritier qui, après avoir réclamé le bénéfice d'inventaire, est réputé héritier pur et simple par application des art. 988 et 989, sera tenu indéfiniment des dettes, mais son administration demeurera soumise aux entraves du régime bénéficiaire. Nous dirons au surplus un peu plus loin ce que nous pensons de ces dispositions du C. de proc.

Il y a, sans doute, certaines inscriptions qui seraient utiles même dans le cas où la succession est acceptée sous bénéfice d'inventaire, ce sont celles qui feraient connaître au public par qui tel individu décédé se trouve représenté, et, s'il y a lieu, l'option faite par l'héritier en faveur du régime bénéficiaire. Les personnes qui traitent avec un héritier bénéficiaire, ou bien les anciens créanciers de cet héritier, peuvent croire qu'il est héritier pur et simple et lui accorder crédit ou répit dans la supposition qu'il est investi du droit d'aliéner ou d'hypothéquer à leur profit les biens du défunt.

Au reste, la publicité de l'acceptation pure et simple, surtout si elle a été précédée d'une renonciation, ou lorsqu'elle fait cesser l'administration d'un curateur à la succession vacante, n'est pas moins désirable que celle de l'acceptation bénéficiaire. Nous n'avons pas besoin de dire que la déclaration de vacance exigerait également la publicité. Enfin, quoique nous pensions qu'une fois le régime de préférence ou le régime d'égalité établi, ni l'un ni l'autre ne peut plus être changé au préjudice des créanciers héréditaires, à moins qu'on n'ait à leur reprocher le dol où la violence et sauf le cas d'incapacité du successible, cependant nous pensons que la restitution de l'héritier contre son acceptation (soit pure et simple, soit bénéficiaire) et son exclusion pour cause d'indignité, ou bien l'éviction d'un héritier apparent, devraient aussi être rendues publiques, puisque des tiers peuvent, dans l'ignorance de ces événemens, accorder des crédits ou répits qu'ils n'auraient pas accordés s'ils en avaient eu connaissance.

Mais, qui sera chargé de prendre les inscriptions dont il s'agit, inscriptions qu'on peut comparer à celle que le C. de comm. (art. 490) exige en cas de faillite ?

Pour la plupart d'entre elles, on ne conçoit pas qu'elles puissent être à la charge des créanciers héréditaires ; c'est l'héritier qu'il faudrait mettre dans la nécessité de les prendre ; et la première mesure que le législateur pourrait adopter à cet effet, ce serait de déclarer qu'aucune aliénation ou constitution d'hypothèque du chef de l'héritier ne peut être inscrite, tant que les registres n'annoncent pas la transmission qui s'est opérée à son profit ; ceux avec qui il voudra traiter ne manqueront pas alors d'exiger qu'il remplisse préalablement cette formalité.

(1) Sans doute quelquefois la succession n'est vacante que parce que

blies pour le cas de faillite doivent s'étendre à ce cas aussi bien qu'au cas d'acceptation bénéficiaire.

Si le législateur a oublié dans l'art. 2146 de mettre la vacance de succession sur la même ligne que l'acceptation bénéficiaire, il a plus d'une fois manifesté sa pensée sur la ressemblance de ces deux événemens (1); voyez notamment l'art. 2258.

Le curateur agit dans l'intérêt de la masse des créanciers : il représente donc chacun d'eux pour sa part dans l'intérêt commun.

Quant aux formes de son administration, ce sont en général les mêmes qui ont été prescrites à l'héritier bénéficiaire. Le petit nombre de différences que notre Code a consacrées témoignent d'un surcroît de défiance à l'égard du curateur à la succession vacante : ainsi le curateur ne peut pas, même en donnant caution, conserver en sa possession les deniers trouvés au moment de l'inventaire ou provenus de la vente des biens héréditaires (2) : ces deniers, s'ils ne sont pas immédiatement délivrés aux créanciers, doivent être versés dans une caisse publique (3).

Comme le curateur reçoit toujours un salaire (qui voudrait, en effet, s'imposer gratuitement les embarras d'une

les appelés n'ont pas eu connaissance de son ouverture; mais, le plus ordinairement, les appelés ont connu leurs droits, et ils ne gardent le silence que parce qu'ils n'ont pas l'intention de les exercer.

(1) Du reste, comme nous l'avons déjà dit, dans le cas de succession vacante, il ne peut être question, pour les créanciers héréditaires, d'écarter d'autres créanciers qui prétendraient concourir avec eux.

(2) Quant aux immeubles, il n'aurait pu dans tous les cas conserver que la portion du prix qui n'est pas absorbée par les créanciers hypothécaires.

(3) Néanmoins, le curateur a, comme l'héritier bénéficiaire, le droit de payer, quand il n'y a pas d'opposans, les créanciers et les légataires au fur et à mesure qu'ils se présentent; seulement il paie au moyen de mandats délivrés sur la caisse publique où les deniers de la succession ont dû être déposés, tandis que l'héritier bénéficiaire, étant détenteur des deniers héréditaires, paie par lui-même.

administration de succession ?), il paraît devoir être tenu (argument de l'art. 1928) d'une diligence plus grande que celle qui est exigée de l'héritier bénéficiaire par l'art. 804 (1).

Les différences essentielles que nous venons de signaler entre le régime résultant de l'acceptation pure et simple (régime dont l'un des élémens est, en général (2), le droit accordé aux créanciers héréditaires par les articles 2111 et 2113), et les régimes *bénéficiaire* ou de *succession vacante* (3) qui, de leur nature, excluent, au contraire, ce même droit, entraînent d'autres différences, auxquelles notre sujet n'exige pas que nous nous arrêtions.

Seconde Question. « Comment peut cesser l'incertitude du créancier héréditaire, relativement à la question de sa-

____

(1) Ajoutez que les actes par lesquels l'héritier bénéficiaire a excédé ses pouvoirs , peuvent entraîner des suites (art. 988 et 989 du C. de proc.) que n'entraînent jamais les excès de pouvoir du curateur.

(2) Nous disons : *en général*, parce qu'il peut arriver que, tandis qu'une acceptation pure et simple établira le régime de préférence à l'égard de la généralité des créanciers héréditaires, c'est-à-dire, de tous ceux qui ne peuvent pas se prévaloir de quelque circonstance particulière, le droit au régime d'égalité se trouvera acquis à un nombre plus ou moins grand d'autres créanciers héréditaires , en vertu, soit d'une déclaration frauduleuse d'acceptation bénéficiaire, soit ou d'une déclaration de succession vacante ; de sorte que le régime de préférence , conséquence naturelle de l'acceptation pure et simple, n'existera que modifié autant que l'exige le respect des droits acquis (c'est-à-dire, des attentes conçues) par les créanciers qui ont eu juste sujet de croire que la succession était, soit bénéficiaire, soit vacante. Pour les cas où il s'agit de savoir jusqu'à quel point il peut y avoir transition d'un régime à l'autre, voyez nos *Questions* 3e et 4e ; et pour le cas où il s'agit de concilier l'existence d'un régime avec l'existence simultanée d'un autre régime, voyez notre *Question* 5e.

(3) Quoique nous ayons réuni ces deux régimes sous la dénomination de *régime d'égalité* ou de *statu quo*, nous ne prétendons pas cependant qu'il soit tout-à-fait indifférent aux créanciers d'être en présence d'un curateur à la succession vacante ou d'avoir affaire à un héritier bénéficiaire : voyez ce que nous avons dit ci-dessus de l'administration de l'un et de l'autre, et des suites que peuvent entraîner les excès de pouvoir dont ils se rendent coupables.

voir à quel régime la succession doit être réputée avoir été soumise dès l'instant de son ouverture? Comment le créancier peut-il hâter l'établissement, soit du régime d'égalité, soit du régime de préférence (1).

L'incertitude du créancier peut avoir une double cause, savoir :

1° la liberté laissée à la personne qui est appelée à la succession (2), de faire arriver celui des deux régimes que nous venons de distinguer qu'elle croira préférable.

2° la difficulté de reconnaître si tel individu est bien le successible à qui la loi donne le choix entre ces deux régimes.

Nous avons donc à rechercher :

1° comment on peut mettre un terme à la liberté d'option qui tient en suspens le régime auquel la succession doit en définitive se trouver soumise ;

2° par quels moyens peut être surmontée la difficulté de connaître quel est le véritable *appelé à la succession ;* ou bien ce qui peut suppléer à cette connaissance.

Pour procéder méthodiquement à cette double recherche, nous commencerons par distinguer les trois hypothèses suivantes :

1° le créancier a la conviction, et cette conviction est conforme à la vérité, que telle personne est appelée à recueillir la succession ; et il n'existe pas, de la part d'une autre personne, une prétention contraire (3), consacrée par l'opinion publique ;

(1) Si ce résultat peut être produit par le fait d'un individu qui n'est pas le véritable appelé, ce n'est qu'autant que l'opinion publique le tiendra pour tel. Voyez ci-après notre *seconde hypothèse.*

(2) Nous verrons ci-après que cette liberté est loin d'appartenir à toutes les classes d'appelés, et que les personnes qui l'ont ordinairement, peuvent en être privées dans certaines circonstances.

(3) Nous entendons par ces mots la prétention que *c'est la sec onde personne qui est appelée*, et non pas simplement la prétention que *la première ne l'est pas*

2° une personne qui n'a pas véritablement la qualité d'appelé à succéder, est cependant en possession de cette qualité (1) : dans cette hypothèse : ou bien le créancier est persuadé que la succession est dévolue au successible apparent ; ou bien il sait qu'elle ne lui est pas dévolue, sans connaitre néanmoins le véritable appelé ; ou bien il est dans le doute (2).

3° personne n'est en possession de la qualité d'appelé à recueillir la succession, et le créancier ne sait pas quel est le véritable appelé, ou du moins n'a pas à cet égard une pleine conviction.

1re *hypothèse.* Le créancier sait que tel individu est le véritable appelé à la succession, et nul autre individu n'a une possession contraire.

Il est évident que, dans cette hypothèse, la question se réduit à savoir par quels moyens celui (3) à qui appartient le droit de faire arriver, *ad libitum*, soit le régime de préférence, soit le régime d'égalité, peut être contraint à prendre parti.

§ 1er Nous devons commencer par déterminer les personnes à qui peut appartenir (4) le droit de soumettre la succession à tel régime plutôt qu'à tel autre.

Ces personnes ne peuvent être que celles qui sont appelées, non pas à supporter seulement une ou plusieurs obli-

(1) Remarquez que nous ne disons pas, *en possession de la qualité d'héritier pur et simple ;* nous entendons parler du cas où une personne qui n'a fait encore aucune déclaration, aucun acte d'héritier, est cependant considérée comme ayant droit à la succession.

(2) Avant de rechercher ce que le créancier doit faire pour sortir de ce doute, nous aurons à examiner s'il a toujours intérêt à connaître et à faire reconnaître la vérité, au lieu de s'en tenir aux conséquences de ce qui est généralement considéré comme vrai.

(3) Pour le cas où la succession est échue à plusieurs, voyez ce que nous dirons à la page 519; voyez aussi ce que nous disons plus loin, en traitant notre *Question* 6°.

(4) Remarquez que nous ne disons pas : *à qui appartient.*

gations déterminées du défunt, et à lui succéder seulement dans tels ou tels droits, mais à supporter, au moins pour une quote part, toutes ses obligations (1), en recueillant, pour le tout ou pour partie, chacun des droits transmissibles dont il était investi, ou même en recueillant seulement une certaine classe de biens, soit pour la totalité, soit pour une quote part (2).

En effet, on ne conçoit pas comment un *légataire à titre particulier*, qui ne peut être tenu, *en cette qualité* (3), que de telle ou de telles obligations expressément mises à sa charge, pourrait influer sur le régime auquel la succession doit être soumise, la question du régime étant en définitive celle de savoir si l'héritier aura ou n'aura pas la disposition libre des biens de la succession, sauf les restrictions des art. 2111 et 2113.

Mais, les personnes parmi lesquelles, suivant ce que nous venons de dire, nous devons chercher celles à qui le législateur a conféré le droit de déterminer le régime de la succession, se divisent en deux classes que je réunirais

(1) Remarquez que nous n'entendons pas par-là que tous les successibles de ce genre soient tenus de payer *en totalité* chacune des dettes du défunt : d'abord souvent plusieurs viennent en concurrence, ce qui réduit la charge de chacun en raison (au moins ordinairement) du nombre des concurrens; ensuite, il est des successibles qui, quoique tenus de chacune des obligations du défunt, ne sont cependant obligés que jusqu'à concurrence de ce qu'ils prennent dans l'actif de la succession; si cet actif est au-dessous du passif, les successibles dont il s'agit doivent, autant que possible, c'est-à-dire en se conformant aux règles prescrites à l'héritier bénéficiaire (Voyez ci-dessus pag. 507, note 1.), donner à chacun des créanciers une quote-part de ce qui lui est dû, suivant le rapport qui existe entre le montant de sa créance et le total des créances héréditaires.

(2) Notre législateur a admis qu'un individu pouvait être appelé à supporter une *quote part* dans toutes les dettes, quoiqu'il ne soit appelé à recueillir que les biens meubles ou les biens immeubles, ou une quote part des biens meubles ou des biens immeubles. (Art. 1010, 747, 854 et 766 du C. civ.)

(3) Il peut en outre être tenu hypothécairement en qualité de détenteur.

sous la dénomination de *successibles à titre universel* si les rédacteurs du Code civil n'avaient rendu incertain le sens de cette expression en opposant le *légataire universel* au *légataire à titre universel*) :

les unes, que je désignerai par l'expression *successibles universels*, sont appelées à recueillir la totalité des droits du défunt et à supporter toutes ses dettes (1), sinon d'une manière absolue, au moins sous cette condition : *si tels autres successibles appelés à partager avec elles renoncent à leurs droits ou en sont déchus;*

les autres, que j'appellerai *successibles partiaires*, ne doivent, dans aucun cas, recueillir la totalité des biens (2) ni supporter, même avec limitation au montant de l'actif héréditaire, la totalité des dettes ; de sorte que ces successibles se trouvent dans tous les cas en présence d'un *successible universel* qui profitera de leur renonciation ou de leur déchéance, sans qu'eux-mêmes aient la chance de profiter de la renonciation ou de la déchéance du successible universel.

Nous avons à rechercher :

1° si un *successible partiaire* peut avoir quelque influence sur le régime de la succession, en ce sens qu'il dépende d'un pareil successible de soumettre à son gré les créanciers héréditaires, soit au régime sous lequel ils demeurent nécessairement les uns à l'égard des autres dans la position où ils étaient au moment de l'ouverture de la succession, soit au régime sous lequel ils peuvent acquérir

(1) sauf, dans certains cas, limitation de chacune d'elles en raison de l'insuffisance de l'actif.

(2) Tels sont les légataires que les auteurs du Code civil ont appelés *légataires à titre universel*, comme si cette dénomination ne s'appliquait pas, au moins aussi bien, aux *légataires universels;* du reste, ils ont eux-mêmes conservé quelquefois à l'expression *à titre universel* son sens originaire (Voyez art. 871, 874, 875, 876 et 2235). Dans l'art. 873 ils ont au contraire compris sous la dénomination de *légataire universel* même le *légataire partiaire.*

des droits de préférence, si tous ne remplissent pas également les conditions des art. 2000 et 2003 (1).

2° quelles différences peuvent exister à cet égard entre les divers successeurs *universels*.

Pour exposer clairement les différences qui existent entre les successeurs *universels*, nous aurons à reconnaître préalablement l'ordre dans lequel certains d'entre eux excluent les autres, et quels sont au contraire ceux qui concourent ensemble. Cette détermination des rapports de subordination et de concurrence entre les divers *successeurs universels*, détermination qui ne sera qu'un procédé de classification dans notre *première hypothèse* où nous tenons pour connu celui qui peut, à son choix, soumettre la succession au régime de préférence ou au régime de *statu quo*, offrira, au contraire, le principal élément de solution des difficultés que présentent nos *troisième* et *quatrième hypothèses*.

3° ce qui arrive, par rapport à la question que nous traitons, lorsque plusieurs successeurs *universels*, soit tout-à-fait semblables, soit plus ou moins différens, arrivent concurremment à la succession.

Cette dernière recherche est l'objet de notre *sixième Question*.

Art. 1. *Des successibles partiaires.*

Nous croyons que la détermination du régime auquel la succession est soumise ne dépend aucunement de la volonté ni du fait de cette classe de successibles.

Pour justifier notre opinion, nous devons d'abord mettre nos lecteurs en garde contre une grave erreur :

Plusieurs jurisconsultes semblent ne voir dans la condition d'héritier pur et simple qu'une peine infligée au successible qui, en négligeant de faire inventaire, a enlevé aux

(1) Ce dernier régime emporte pour les créanciers personnels de l'héritier, le droit de prendre rang parmi les créanciers du défunt et même d'acquérir droit de préférence à l'égard de ceux qui sont en retard de profiter du bénéfice des art. 2111 et 2113.

créanciers du défunt le moyen de distinguer les biens héréditaires des biens personnels de l'héritier.

Il faut, au contraire, voir dans cette condition un ensemble de droits, qui, malgré les charges qui les accompagnent (1), rendent en général la position de l'héritier pur et simple plus avantageuse que celle de l'héritier bénéficiaire.

Nous avons exposé ci-dessus, pag. 504, 505 et 507, les avantages que l'acceptation pure et simple procure au successible à qui la loi permet ce mode d'acceptation; nous avons vu que le principal de ces avantages, c'est la libre disposition des biens héréditaires.

Il est vrai que cet avantage est restreint par le droit que donnent aux créanciers du défunt les articles 2111 et 2113; mais il n'en est pas moins d'une très-haute importance (2).

Il est vrai aussi que la charge de payer indéfiniment les dettes du défunt peut être quelquefois tellement lourde qu'elle balance ou même surpasse les avantages attachés

----

(1) notamment celle de payer indéfiniment les dettes du défunt.

(2) Dans le système où l'héritier bénéficiaire serait toujours a temps de réclamer cette libre disposition; il n'y aurait d'autre motif pour que tout successible ne commençât pas toujours par accepter bénéficiairement, que l'avantage d'éviter les frais d'inventaire, or, il dépend du législateur de rendre ce motif bien peu puissant en soumettant les notaires à un tarif raisonnable. Suivant notre opinion, dont nous tâcherons d'offrir une démonstration plus complette en traitant nos 3e et 4e *Questions*, les effets de l'acceptation bénéficiaire peuvent bien (comme nous l'avons dit ci-dessus dans la note de la p. 509) être modifiés en ce sens que l'héritier sera tenu indéfiniment des dettes, mais non en ce sens que l'héritier acquerra tous les droits de l'héritier pur et simple et que les créanciers héréditaires inscrits avant, ou même depuis, l'acceptation bénéficiaire, pourront, en conséquence, réclamer rang de préférence à l'égard de ceux qui ont compté sur l'égalité promise par l'art. 2146; ce qui entraînerait cette conséquence, que les créanciers personnels de l'héritier pourraient recevoir de lui ou acquérir malgré lui, hypothèque sur les biens héréditaires au préjudice des créanciers du défunt, et même qu'ils pourraient poursuivre l'expropriation de ces biens avant que ces mêmes créanciers aient été payés.

au titre d'héritier pur et simple ; la loi permet alors à celui qui pourrait se porter héritier pur et simple, de déclarer qu'il préfère à ce titre la condition (en général moins favorable) que nous avons expliquée en indiquant les effets de l'acceptation sous bénéfice d'inventaire. Mais, de ce que le titre d'héritier pur et simple peut, en certains cas, devenir plus onéreux qu'utile, on aurait tort de conclure qu'il doit en général être envisagé comme une peine.

Du reste, la condition d'héritier bénéficiaire n'exclut pas absolument l'obligation indéfinie au payement des dettes (1) ; et, d'un autre côté, de ce que l'on ne peut avoir les avantages attachés au titre d'héritier pur et simple qu'en se soumettant à cette charge, il ne s'ensuit pas que toute personne qui voudra s'y soumettre (2) doive jouir pleinement de la condition d'héritier pur et simple.

Cela posé, en considérant la condition de l'héritier pur et simple plutôt comme un bien que comme une charge, examinons si le législateur peut avoir eu l'intention de permettre à tout successible d'acquérir cette condition.

1° Nous verrons, en traitant nos *Questions* 5e et 6e, que ce n'est pas sans de graves inconvéniens pour les créanciers qu'on peut admettre que la succession sera soumise à un régime pour une partie et à un autre régime pour le surplus ; si l'on ne croit pas pouvoir éviter ces inconvéniens par une mesure analogue à celle de l'art. 782, il faut au moins les restreindre au cas où il s'agit des successibles qui méritent le plus de faveur, soit à raison des attentes qu'ils ont dû concevoir du vivant du *de cujus*, soit à cause du lien de famille qui les unit à lui, lien que le législateur croit convenable de resserrer en y attachant des prérogatives utiles.

(1) Voyez la note de la page 509.

(2) ou qui s'y trouverait soumise malgré elle. Voyez ce que nous avons déjà dit dans la note qui vient d'être rappelée, et ce que nous dirons tout à l'heure des successibles qui se mettent irrégulièrement en possession des biens héréditaires.

2° S'il suffisait d'avoir droit à une part de la succession pour qu'on pût soumettre les biens qui formeront cette part à tel régime plutôt qu'à tel autre, il y aurait, dans certains cas, presqu'impossibilité pour les créanciers de savoir *complétement* quelle est leur situation à cet égard (1) ; en effet, il est facile (au moins ordinairement) de connaître un successible *universel* tel que le plus proche héritier du sang, ou un légataire universel : ses relations intimesavec le défunt, sa qualité de parent ou la publicité de l'acte qui l'appelle à succéder, l'annoncent an public, quelquefois même avant l'ouverture de la succession ; mais il n'en sera pas ainsi, au moins dans bien des cas, d'un *successible partiaire*, qui peut être, ou un parent très-éloigné, ou un ami avec qui le défunt n'avait pas de fréquentes relations. Ajoutez que, surtout lorsqu'il s'agit d'un parent très-proche, la succession qui écheoit à un successible universel composera souvent la plus grande partie de sa fortune ; il est donc probable qu'il se hâtera d'en prendre possession et cette prise de possession l'annoncera aux créanciers ; tandis que les successeurs *partiaires*, malgré l'intérêt qu'ils ont à se presser si l'art. 1005 leur est applicable, pourront laisser écouler des années avant de se présenter pour réclamer la délivrance de leurs legs.

3° Lorsque les *successibles partiaires* n'acceptent pas, la part qu'ils auraient pu prendre accroît *forcément* aux successibles universels; n'est-il pas convenable, en conséquence, que ces derniers puisent déterminer, par rapport à la succession entière, le régime auquel elle sera soumise, au lieu de laisser, pour une ou plusieurs parts de la succession (qui peut-être se réuniront à la leur), les créanciers en suspens, jusqu'à ce que le successible partiaire se fasse connaître.

---

(1) La procédure à laquelle on est forcé de recourir, lorsque les successibles ayant le droit d'option ne manifestent pas leur volonté, offrirait déjà assez de complication alors même que ces successibles seraient seulement les héritiers du sang.

4° Malgré le privilége ou l'hypothèque des art. 2111 et 2113, les droits des créanciers héréditaires peuvent être plus facilement compromis dans le cas de l'acceptation pure et simple, que dans le cas d'acceptation bénéficiaire ; c'est une raison pour réserver le droit d'acceptation pure et simple aux successibles universels (1), qui par les motifs que nous avons donnés semblent mériter plus de faveur.

Du reste, on pourrait admettre (2) que les successibles partiaires sont tenus indéfiniment, à titre de peine, lorsqu'ils se sont mis irrégulièrement en possession des biens héréditaires : ils seront alors dans la position où se trouve un successible universel qui encourt la déchéance du bénéfice d'inventaire.

Mais, nous ferons remarquer que cette pénalité n'est peut-être pas nécessaire ; en effet, lorsque le successible universel a accepté purement et simplement, il est responsable vis-à-vis des créanciers des inconvéniens de l'*invasion* faite par le successible partiaire ; car c'est à lui de veiller sur toute la succession, puisqu'il est chargé (3) de *délivrer* (4) ce qui ne doit pas définitivement lui appartenir à lui-même ; il a certainement le droit de tout occuper (c'est une conséqnence de l'obligation de délivrer) ; s'il laisse prendre quelque chose avant que les créanciers héréditaires soient payés et sans exiger des garanties contre l'insolvabilité ou la mauvaise foi des successibles partiaires (qui doivent contribuer au payement), il y a faute de sa part, et il doit s'imputer les conséquences de sa négligence (5).

(1) et encore ne faudrait-il pas l'accorder à tous...

(2) en supposant qu'on ne trouve pas de meilleur moyen pour réprimer cette espèce de délit.

(3) sauf le cas où le défunt donne la saisine à un exécuteur testamentaire.

(4) La délivrance est, dans ce cas, une sorte de partage; mais certainement bien des règles établies pour le partage entre parens légitimes ne sont pas applicables, et nous croyons que la règle posée dans l'art. 883 est de ce nombre.

(5) Si c'est un héritier bénéficiaire qui a commis cette imprudence, de-

Art. 2. *Des successibles universels.*

Toutes les personnes appelées à recueillir l'universalité d'une succession ne sont point, par rapport à la question qui nous occupe (1), dans la même position, et par conséquent toutes n'ont pas dû être traitées de la même manière (2).

1° Parmi ces personnes, qui ont cela de commun qu'il dépend d'elles de répudier l'avantage (ordinairement accompagné de charges) auquel la qualité de successible leur donne le droit de prétendre, il en est qui, à raison de leur incapacité naturelle, n'ont pas dû être exposées aux inconvéniens de l'acceptation pure et simple; ainsi, une succession ne peut être acceptée du chef d'un mineur que sous bénéfice d'inventaire (3).

2° Il y a telle intention qui, très-présumable de la part d'une classe de successibles, l'est beaucoup moins de la part d'une autre classe, et ne l'est pas du tout de la part d'une troisième; ainsi, on peut croire que des descendans, par res-

viendra-t-il héritier pur et simple. L'affirmative semble être une conséquence des art. 988 et 989 du C. de proc. Sans doute, il est difficile de s'expliquer comment les rédacteurs de ce Code ont pu étendre à une simple irrégularité de gestion, qui ne suppose pas nécessairement la mauvaise foi, une pénalité prononcée contre un délit grave, contre une espèce de vol... Mais y a-t-il moyen d'interpréter autrement les art. 988 et 989?

(1) c'est-à-dire, quant à la détermination du régime auquel la succession sera soumise.

(2) Nous ne voulons pas faire entendre que toutes les différences de position dont nous allons parler, fournissent des raisons suffisantes pour que le régime de préférence soit établi dans les unes et non dans les autres; nous pensons, au contraire, à l'égard de quelques unes, que c'est à tort qu'elles ont été considérées comme justifiant certaines dispositions de notre Code d'où l'on pourrait tirer cette induction.

(3) Il ne faut pas tirer de là cette conséquence que le mineur ne puisse jamais être considéré comme héritier pur et simple, mais, si cela peut arriver, ce n'est que, soit à titre de peine, en le supposant capable de dol, soit par l'effet rétroactif d'une ratification faite en majorité, et, dans l'un comme dans l'autre cas, cela ne peut porter préjudice aux créanciers héréditaires qui ont agi ou qui ont formé des attentes en conséquence de la disposition qui ne permet au mineur qu'une acceptation bénéficiaire.

pect pour la mémoire du défunt, ont la volonté d'accepter purement et simplement sa succession quoique l'actif soit au dessous du passif, tandis que cette volonté est bien peu présumable de la part de parens à un degré très-éloigné, et ne saurait jamais être supposée de la part de l'Etat (1).

3° Quoiqu'il puisse se faire qu'une personne qui n'occupe qu'un rang très-éloigné dans l'ordre des successibles se présente pour recueillir une succession avec des droits aussi évidens que ceux qu'aurait pu faire valoir un successible placé au premier rang; cependant le législateur, en se fondant sur ce qui a lieu le plus communément (savoir que les successibles éloignés se trouvent dans l'impuissance de démontrer que tous ceux qui les précèdent sont morts ou ont renoncé), et ne voulant pas cependant (dans cet état de doute) exclure les successibles éloignés, mais ne voulant pas non plus exposer un successible plus proche à ne plus rien trouver lorsqu'il viendra réclamer ses droits, peut établir, comme règle générale, que les successibles éloignés devront, avant d'entrer en possession des biens héréditaires, remplir certaines formalités dont l'accomplissement n'aurait aucun but de la part de la personne qui occupe le premier rang, et qui peuvent être considérées comme peu nécessaires de la part de ceux qui viennent plus ou moins immédiatement après cette personne (2).

4° On peut établir cette présomption générale que la perte du

(1) Quelques personnes ont cru que cette distinction devrait faire décider que le descendant qui n'a manifesté aucune volonté dans les trente ans qui ont suivi l'ouverture de la succession, est irrévocablement héritier pur et simple, tandis que tout autre successible devient, au contraire, par le seul effet de son silence, étranger à la succession.

(2) On aurait peut-être bien fait d'assujétir aux formalités de l'envoi en possession tous les successibles qui peuvent être précédés par d'autres, à moins qu'il n'y ait dans tel cas particulier preuve incontestable qu'il n'existe aucun des successibles préférables. Il est difficile d'expliquer comment un parent légitime, quelqu'éloigné qu'il soit, est dispensé de l'envoi en possession tandis que l'enfant naturel et l'époux survivant y sont au contraire assujétis.

droit de recueillir une succession sera bien plus pénible pour tels successibles (1) que pour tels autres ; d'où il suit que le législateur a pu ou pourrait (2) décider que la prescription du droit d'accepter est encourue plus promptement par une classe de successibles que par une autre classe (c'est ce qui arrive dans le système où, au bout de trente ans, tous les successibles sont déchus du droit d'accepter). — On pourrait justifier par là une différence, dans la durée du délai accordé pour délibérer, entre le successible qui occupe le premier rang et ceux qui viennent après. Cela servirait peut-être aussi à justifier la différence que notre Code a établie entre les cohéritiers d'un successible et les individus qui sont directement appelés en concurrence les uns avec les autres (3) ; en effet, après avoir fait remarquer que l'existence simultanée de régimes différens est un embarras pour les créanciers, on peut dire que l'intérêt des créanciers a bien pu paraître mériter la préférence sur l'intérêt des co-héritiers non immédiats, parce que la succession est, pour ceux-ci, un avantage sur lequel ils ne devaient guères compter ; tandis que l'intérêt des créanciers héréditaires ne paraît pas devoir l'emporter sur l'intérêt des co-héritiers immédiats.

Il nous reste à remarquer :

1° qu'il y a une circonstance, dépendante du défunt, qui peut modifier sous quelques rapports la solution de la ques-

______

(1) elle doit être plus pénible aux parens très-proches qu'aux parens éloignés, à ceux qui étaient successibles au moment de l'ouverture de la succession, qu'à ceux qui ne viennent qu'à raison de la répudiation ou de la déchéance ou du décès d'autres personnes.

(2) en vertu des motifs d'utilité générale qui exigent qu'on abrége la durée de l'état d'incertitude dans lequel la faculté accordée au successible d'accepter ou répudier tient les biens héréditaires.

(3) L'art. 782 veut que les premiers s'entendent pour accepter purement et simplement ou pour répudier, et qu'au cas où ils n'y parviendraient pas, la succession soit, au nom de tous, acceptée sans bénéfice d'inventaire. Chaque co-successible directement appelé, peut au contraire user librement du droit d'option, comme il eût pu le faire s'il eût été seul appelé.

tion qui nous occupe, c'est la nomination d'un exécuteur testamentaire.

2° que les circonstances qui appellent tel régime n'étant pas immuables, il y aura lieu d'examiner ce qui doit arriver lorsqu'à l'état de choses existant au moment de l'ouverture de la succession, succède un état de choses qui appelle des résultats différens, par exemple : si un successible ayant droi d'accepter purement et simplement, est remplacé (par suite de renonciation ou de déchéance) par un successible qui ne peut accepter que sous bénéfice d'inventaire ; ou bien, si un successible venant à mourir naturellement ou civilement après l'ouverture de la succession, plusieurs héritiers de ce successible réclament, à sa place, la succession qu'il n'avait encore ni acceptée ni répudiée.

Classification des successibles universels.

Pour classer les divers successibles universels, nous nous sommes attachés aux considérations suivantes :

1° Une grande partie de ces successibles tiennent leur droit de la loi, tandis que les autres le tiennent de la volonté de l'homme ;

2° Les premiers se distinguent les uns des autres sous un double rapport :

a les uns sont appelés à la succession à cause du lien de parenté légitime qui existait entre le *de cujus* et eux ; d'autres sont appelés à raison du lien de parenté naturelle ; d'autres, par suite de l'adoption ; d'autres, enfin sans qu'il y ait aucune parenté ;

b les uns sont appelés à prendre une part de la succession, quand même le défunt aurait manifesté une volonté contraire, et les autres seulement à défaut de pareille manifestation.

Nous traiterons successivement (1) :

(1) Comme il est impossible d'expliquer les droits d'un successible, sans

41

1° des successibles qui, à raison du lien de parenté légitime (1), sont appelés par la loi : (*a*) à une portion de la succession, quand même le défunt aurait manifesté une volonté contraire (2), et (*b*) au restant de la succession, seulement à défaut de pareille manifestation (3) ;

2° des successibles appelés par la volonté de l'homme;

3° des successibles appelés à raison du lien de parenté légitime, mais seulement à défaut de volonté contraire de la part du défunt;

4° des successibles appelés par la loi à raison du lien de parenté naturelle;

5° des successibles appelés par la loi à cause de l'adoption ;

6° des successibles appelés par la loi sans supposition d'aucun lien de parenté entre eux et le défunt (4).

parler des autres successibles qui peuvent concourir avec lui, lorsque nous annonçons que nous traiterons de tel successible après avoir traité de tel ou de tels autres, cela signifie que ce sera seulement alors que nous considérerons ce successible comme objet principal de nos observations

(1) Nous comprenons sous le nom de *parenté légitime* celle qui s'établit par la légitimation ; mais nous considérerons l'adoption comme produisant une classe particulière de successibles.

(2) en faisant au profit d'une ou plusieurs autres personnes des dispositions à titre gratuit qui embrasseraient cette portion.

(3) En général, les parens légitimes que la loi préfère aux successibles désignés par l'homme, sont *à fortiori* préférés aux parens que les dispositions de l'homme peuvent exclure ; l'art. 915 offre une exception fort extraordinaire à cette règle, en donnant une *réserve* aux ascendans sans en donner une aux frères ou sœurs, qui sont cependant préférés aux ascendans lorsque la succession est déférée *ab intestato* ; d'où résulte cette bizarrerie que celui qui laisse des ascendans et des frères ou sœurs ou des descendans de frère ou sœur a une faculté de disposer moins restreinte que celui qui ne laisse que des ascendans et des collatéraux autres que frères ou sœurs ou descendans de frère ou sœur.

(4) Nous voulons parler de *l'époux survivant* et de *l'État*. — Il peut se faire qu'un époux soit en même temps parent de son *conjoint*, mais il est peu probable que, dans cette hypothèse, le conjoint du *de cujus* préfère réclamer la succession à ce titre, que de la réclamer comme parent.

Conformément à ce que nous avons dit à la page 517, le Tableau ci-après indiquera, pour chacun des suscessibles compris dans l'une ou l'autre des six classes que nous venons de distinguer :

1° à défaut de qui il vient, en supposant qu'il puisse être primé par quelqu'un ;

2° quels successibles universels peuvent être en concours avec lui ;

3° quels sont ceux qu'il exclut complétement.

Nous ne tiendrons compte, dans ce Tableau, que des successibles qui sont dans la position ordinaire, c'est-à-dire dont le droit ne dépend pas d'une autre condition que celle-ci : *si telle ou telles personnes n'existent pas ou n'ont pas la capacité et la volonté de recueillir la succession* (1).

Seulement, lorsqu'il sera question des successibles appelés par la volonté du *de cujus*, nous aurons soin de faire remarquer que les rapports de subordination ou de concurrence qui existent ordinairement entre cette classe de successibles et les autres classes, peuvent être modifiés par certaines clauses de l'institution soit contractuelle soit testamentaire (2).

Tableau des successibles appelés à l'universalité de la succession.

Première classe. *Parens légitimes ayant une réserve.*

N° Ier. *Descendant légitime du premier degré, ou descendant également légitime, d'un degré ultérieur, mais occupant, par le secours de la représentation, la place d'un descendant du premier degré.*

Il vient :

A. quant à une portion des biens héréditaires, qui peut

____

(1) Il est évident qu'il y a des successibles dont le droit est indépendant même de cette condition : ce sont les enfans légitimes ou adoptifs, et, quant à la portion disponible, l'héritier contractuel.

(2) Plus loin, nous nous occuperons de l'influence que ces mêmes clauses,

varier à raison du concours (1) d'autres descendans, soit légitimes (ou adoptifs), soit naturels (2), mais qui ne peut être ni absorbée, ni même diminuée, par les libéralités du *de cujus*,

sans qu'il y ait lieu de supposer le défaut, la déchéance ou la renonciation d'aucun autre successible ; sauf ce qui vient d'être dit des successibles dont le concours peut faire varier la quotité de la portion de biens dont il s'agit ;

B. quant à ce qui reste après déduction de cette même portion de biens, et, s'il y a lieu, de portions semblables réservées à d'autres descendans,

seulement à défaut ou bien en cas de renonciation ou de déchéance des successibles appelés par la

---

(et notamment celle qui ferait dépendre les droits du successible d'une condition autre que la condition intrinsèque dont nous venons de parler) exercent sur la question de savoir, si tel successible peut établir le régime de préférence.

(1) Ordinairement ce qu'aurait eu le descendant unique n'est pas diminué de tout ce qui advient à ses co-successibles ; une partie de ce qui eut formé la masse des biens disponibles accroît la masse des biens réservés avant que celle ci se partage entre les co-réservataires : une fois que le nombre des enfans a atteint un certain chiffre, un enfant de plus n'augmente plus la masse réservée, en d'autres termes, ne diminue plus la quotité disponible ; mais il en est autrement lorsque ce chiffre n'est pas atteint, ainsi un 2e fils porte la réserve de $1/2$ aux $2/3$, et un 3e, des $2/3$ aux $3/4$. — Dans le cas où des descendans du 2e degré ou d'un degré ultérieur arrivent au 1er degré par le secours de la représentation, on convient que tous ceux qui sont issus du même enfant du *de cujus*, ne doivent compter que pour un quant à la détermination de la portion assurée aux descendans contre les libéralités du *de cujus*. Nous croyons qu'il faut dire la même chose lorsque les petits enfans viennent sans représentation.

(2) Quelle réduction fait éprouver à l'enfant légitime l'enfant naturel venant en concours avec lui, et quelle est la part de la succession qui appartient à ce même enfant naturel ? C'est une question fort difficile ; nous ne croyons pas avoir besoin de la traiter ici. Nous indiquerons simplement notre système : il consiste à considérer la portion héréditaire comme une action sociale : les enfans légitimes ont chacun une action totale, et les enfans naturels n'ont chacun qu'un tiers d'action : en conséquence, un enfant naturel

volonté du défunt (1) (voyez ci-après notre *troi-sième classe*).

Avec lui peuvent concourir, ainsi qu'il résulte de ce qui vient d'être dit, soit les uns à défaut des autres, soit con-jointement :

A. en diminuant tout à la fois, au moins ordinaire-ment (2), la portion de biens que nous avons dit tout à l'heure ne pouvoir lui être enlevée ni en tout ni en partie par les libéralités du défunt (3), et celle à laquelle il a droit seulement lorsque le défunt n'en a pas disposé au profit d'une autre personne,

a. un successible (4) du même ordre et du même degré que lui, ou arrivant à ce degré par le secours de la représentation (5),

en concours avec un seul enfant légitime prend 1/4 de la succession, et l'enfant légitime, 3/4.—Au reste, toutes les fois que la détermination de la part pour laquelle un successible vient à partage, soit *ab intestato*, soit comme réservataire, offrira quelque difficulté, nous nous contenterons de poser la question, sauf à faire, plus tard, des diverses questions de ce genre, l'objet d'une Dissertation particulière.

(1) Puisque ces successibles n'excluent le descendant légitime que d'une partie des biens, il est évident qu'ils devront être indiqués tout à l'heure comme concourant avec lui.

(2) conformément à ce qui a été dit dans la note 1 de la page précédente.

(3) Cette portion de biens sera désormais désignée sous le nom de *ré-serve*, de même que les portions que peuvent également réclamer nonob-stant les libéralités du défunt : 1° les enfans naturels, 2° à défaut de des-cendans légitimes, les père et mère, ou bien, à défaut de père ou mère et de frère ou sœur ou descendans de frère ou sœur, les ascendans du 2° degré ou d'un degré plus éloigné.

(4) Il faut ici, comme dans presque toutes les indications de successi-bles qui font l'objet, soit de ce N°, soit des N°ˢ suivans, sous-entendre toujours après le mot *un*, les mots *ou plusieurs*.

(5) Ce concours d'un successible du même ordre, c'est-à-dire d'un au-tre descendant légitime, augmente ordinairement la portion réservée, mais jamais de manière à ce que chacun des co-successibles ait la même réserve que s'il eût été seul. Voyez ce que nous avons dit dans la note 1 de la page précédente.

b. un enfant naturel (1).

B. sans diminuer sa part dans les biens réservés, c'est-à-dire, en l'empêchant seulement de recueillir la portion disponible,

    a. un héritier institué contractuellement (2),

    b. à défaut du précédent, un légataire universel,

Et il exclut :

    a. tout autre parent légitime ou naturel, à l'exception des suivans (3) : 1° du descendant légitime du même degré que lui ou arrivant sur la même ligne que lui par représentation, 2° de l'enfant naturel, ou des descendans légitimes de cet enfant appelés à son défaut (4),

    b. le conjoint survivant,

    c. l'État.

N° IIe. *Descendant légitime du deuxième degré, ou descendant légitime d'un degré ultérieur n'arrivant pas au premier degré par le secours de la représentation.*

Ce que nous avons dit du descendant du premier degré

(1) La part de l'enfant naturel varie en raison du nombre des enfans légitimes qui viennent eux-mêmes à la succession ou qui y sont représentés par leurs descendans. — Nous signalerons tout à l'heure la question qui s'élève quant à la détermination de la part de l'enfant naturel, dans le cas où il concourt avec des descendans du 2e degré ou d'un degré ultérieur n'arrivant pas au 1er par représentation.

(2) Nous entendons ici par le mot *héritier*, comme tout à l'heure par le mot *légataire universel*, le successible qui, au moins éventuellement, c'est-à-dire d'autres successibles (et notamment les parens réservataires) venant à manquer, est appelé à recueillir l'universalité de la succession. Celui qui ne peut avoir, quelque chose qui arrive, qu'une quote-part de la succession, n'est qu'un successible partiaire ; nous ne nous occupons pas maintenant de cette classe de successibles.

(3) qui concourent comme on vient de l'expliquer.

(4) Il est évident que les parens exclus varient : 1° suivant que le *de cujus* était (*a*) un enfant légitime proprement dit, ou légitimé par mariage subséquent, (*b*) un enfant naturel ; 2° suivant qu'il appartenait exclusive-

et du descendant d'un degré ultérieur qui se trouve placé par la représentation sur la même ligne que le descendant du premier degré , est évidemment applicable aux descendans qui sont et demeurent au deuxième degré ou à un degré ultérieur, sauf de légères modifications : ainsi, s'il s'agit d'un descendant du deuxième degré, après les mots : *Il vient*, il faut ajouter : *à défaut de descendant du premier degré ou de descendant de degré ultérieur arrivant par représentation sur la même ligne que le descendant du premier* ; — s'il s'agit d'un descendant du troisième degré : après *Il vient*, il faut ajouter : *à défaut de descendans du premier et du deuxième degré ou de descendant d'un degré ultérieur arrivant par réprésentation sur la même ligne que les descendans du premier et du deuxième degré* , et ainsi de suite.

Mais nous devons ici appeler l'attention de nos lecteurs sur cette question difficile :

« Lorsque l'enfant naturel est en concours avec des des » cendans légitimes du deuxième degré ou d'un degré ulté» rieur, qui n'arrivent pas au premier degré par le secours de » la représentation , sa part doit-elle être fixée en raison du » nombre de ces descendans , ou bien doit-elle être fixée en » raison du nombre des enfans dont sont issus les descendans » qui se trouvent appelés à la succession ? »

Ascendans légitimes.

Avant de passer aux ascendans légitimes, nons devons faire une observation qui concerne tout à la fois les succes

ment à sa famille naturelle , ou qu'il appartenait, en outre, à une autre famille par l'adoption.— Si l'on veut connaître le détail des parens exclus par le descendant légitime au 1er degré , il faut lire, dans les N°s suivans, quels sont, pour la classe de successibles à laquelle chaque N° est consacré , les parens à défaut desquels cette classe est appelée, soit par rapport à toute la succession , soit dans chaque ligne par rapport à la portion dévolue à cette ligne.

sibles des deux N^os suivans et presque tous les successibles de la troisième classe, c'est que, toutes les fois que le *de cujus* n'a pas laissé de descendans légitimes, ni de frères ou sœurs légitimes ou descendans d'eux (1), à moins que, dans l'une des deux lignes, il n'y ait pas de parens en deçà du treizième degré (2), il s'établit, en quelque sorte, deux successions, l'une à côté de l'autre (3), savoir : l'une en faveur des parens de la ligne paternelle, et l'autre en faveur des parens de la ligne maternelle, chacune de ces successions ayant pour objet la moitié des biens du défunt (4).

Tout ce que nous dirons, dans l'hypothèse de cette division,

(1) L'observation que nous allons faire s'applique même, jusqu'à un certain point, au cas où le défunt a laissé des frères ou sœurs ou descendans d'eux, si ces successibles appartiennent à des lits différens.

(2) L'absence de parens légitimes au degré successible dans l'une des deux lignes n'empêche peut-être pas de considérer la succession comme divisée en deux parts, c'est-à-dire comme formant deux successions distinctes, au moins sous tous les rapports; voyez ci après la note 4 *infino* et p. 540 la note 1.

(3) sans que cependant on puisse, en considérant l'une de ces successions, faire tout-à-fait abstraction de l'autre ; par exemple : dire que le légataire universel est *saisi* quant aux biens dévolus à une ligne où il n'y a que des collatéraux, quoiqu'il y ait un ascendant dans l'autre ligne ; ou bien prétendre que le légataire, dont le défunt aurait expressément restreint les droits aux biens que les parens de telle ligne auraient pu recueillir, en l'excluant de la chance que présente l'art. 755 § 2, n'en serait pas moins un *légataire universel.*

(4) La réserve accordée au père, ou, à son défaut, à l'ascendant ou aux ascendans de la ligne parternelle, se prend alors sur la moitié dévolue à cette ligne, et la réserve accordée à la mère, ou, à son défaut, à l'ascendant ou aux ascendans de la ligne maternelle, se prend sur l'autre moitié. — L'enfant naturel a droit, soit *ab intestato*, soit nonobstant les libéralités du *de cujus*, à une part, tant dans les biens dévolus à la ligne maternelle que dans les biens dévolus à la ligne paternelle. Mais cette part est-elle toujours la même pour chacune des deux lignes? l'enfant naturel ne doit-il pas prendre davantage sur les biens dévolus à la ligne dans laquelle il ne rencontre que des collatéraux, que sur les biens dévolus à celle où il rencontre un ou plusieurs ascendans (je ne dis pas : *ou des frères ou sœurs,* parce que si cette classe de successibles existait, il n'y aurait pas partage de la succession entre les deux lignes, et, dans tous les cas, je n'ajoute-

de la succession des parens composant la ligne paternelle, sera applicable aux parens de la ligne maternelle.

N° III. *Ascendant légitime* (1) *du premier degré*, c'est-à-dire, *père ou mère.*

Pour exposer clairement la successibilité des père et mère, et surtout pour exposer celle des ascendans d'un degré ultérieur, nous sommes forcés de traiter séparément : du cas où le défunt a laissé des frères ou sœurs ou descendans d'eux, et du cas où le défunt n'a, au contraire, laissé ni frères ou sœurs ni descendans de frère ou sœur.

§ Iᵉʳ. Dans le cas où le *de cujus* a laissé des frères ou sœurs ou descendans d'eux,

Le père (2) vient,

quant à une portion des biens héréditaires qui ne peut être absorbée ni diminuée par les libéralités du *de cujus*, et qui est du quart de la succession, sauf ré-

rais pas : *ou descendans d'eux*, sans avertir mes lecteurs que plusieurs interprètes du Code civil pensent que quand il s'agit de fixer la part de l'enfant naturel, les *enfans de frère ou sœur* n'ont pas la même influence que les frères ou sœurs, même lorsqu'ils arrivent par la représentation sur la ligne de ces derniers ; ces interprètes ont pour eux la lettre de l'art. 757 ? Cette question doit être renvoyée à la Dissertation déjà annoncée ; de même que celle de savoir si la part de l'enfant naturel doit être réglée de la même manière, lorsque les parens d'une ligne sont appelés à la totalité de la succession à défaut de parens au degré successible dans l'autre ligne, que dans les cas où, lors même qu'il y aurait des parens dans les deux lignes, la division serait empêchée par la qualité des successibles avec qui l'enfant naturel concourt (soit descendans légitimes, soit frères ou sœurs ou descendans d'eux).

(1) Les père et mère ont absolument les mêmes droits à l'égard de l'enfant légitimé qu'à l'égard de l'enfant né légitime.— Le père adoptif n'est point appelé à l'universalité des biens de son enfant adoptif (voyez les articles 351 et 352 du Code civil .

(2) Tout ce que nous allons dire du père s'applique à la mère ; il faut simplement remplacer les mots *père* et *paternel* par les mots *mère* et *maternel.*

duction en cas de concours d'un ou plusieurs enfans naturels (1),

à défaut (2) de descendans légitimes, (c'est-à-dire qu'il ne peut être privé de cette portion de la succession que par eux);

ce qui reste, après déduction, 1º de la portion de biens dont il vient d'être parlé (et que nous appellerons la *part* ou *réserve du père*), 2º d'une pareille portion de biens, qui forme la *part* ou *réserve de la mère* (3), et 3º de la portion dévolue à la postérité naturelle, appartient, à défaut de descendans légitimes (4) et d'héritier institué par contrat ou par testament (5), aux frères ou sœurs ou descendans d'eux, dont nous supposons ici le concours avec les père mère ou l'un d'eux.

Avec lui concourent,

A. si le *de cujus* est mort sans avoir fait un successible universel,

    a. la mère,

    b. les frères ou sœurs ou descendans d'eux,

    c. l'enfant naturel ;

pour fixer la part du père et celles des parens légitimes ou

(1) Cette réduction varie-t-elle en raison du nombre des enfans naturels qui réclament, de leur côté, une réserve? Nous examinerons cette question dans la Dissertation annoncée ci-dessus, p. 528, note 2.

(2) Il faut suppléer ici (comme dans les Nᵒˢ suivans), après les mots, *d'défaut*, ceux-ci : *ou bien en cas de déchéance ou de renonciation.*

(3) On verra tout à l'heure que la part des père et mère est quelquefois moins forte *ab intestato*, que lorsque le *de cujus* a disposé.

(4) Dans le cas, dont nous nous occupons maintenant, où le *de cujus* a laissé des frères ou sœurs ou descendans d'eux, ce sont ces parens et non pas les père et mère qui sont exclus par les descendans.

(5) Non seulement l'héritier contractuel ou légataire universel prend la part que les frères ou sœurs ou descendans d'eux auraient recueillie *ab intestato*, mais, de plus, il diminue la part de l'enfant naturel, tant à son profit, qu'au profit des père et mère.

naturels qui concourent avec lui, il faut remarquer que les père et mère étant appelés chacun pour 1/4, les frères ou sœurs (1) pour 1/2, et l'enfant naturel également pour 1/2, il y a lieu de procéder, comme on le fait lorsqu'un testateur a excédé l'*as* ; le résultat de cette opération est que les père et mère ont chacun 1/6, les frères ou sœurs 1/3 et l'enfant naturel 1/3 ;

    B. si le *de cujus* a fait un héritier,

        a. la mère,

        b. l'enfant naturel,

        c. l'héritier contractuel ou légataire universel.

En procédant ici de la même manière que dans l'hypothèse précédente, on arrive à ces chiffres : pour les père et mère 5/12, pour l'héritier institué 5/12, pour l'enfant naturel 1/12 (2) (nous renvoyons, au surplus, à la Dissertation dont il a été question ci-dessus, p. 528, note 2).

Le père exclut :

        a. les ascendans paternels du deuxième degré ou d'un degré ultérieur,

        b. les collatéraux de la ligne paternelle autres que frères ou sœurs ou descendans d'eux,

        c. les parens légitimes de la ligne maternelle qui, à défaut de parens dans la ligne paternelle, se trouveraient appelés à recueillir la moitié des biens du *de cujus* afférente à cette dernière ligne,

        d. le conjoint survivant,

        e. l'État.

§ 2. Dans le cas où il n'y a pas de frère ou sœur ou descendant de frère ou sœur,

---

(1) Les descendans de frère ou sœur ont vis-à-vis des ascendans les mêmes droits que les frères ou sœurs ; mais en est-il de même vis-à-vis des enfans naturels ? Voyez ce que nous avons dit dans la note 4 de la p. 532.

(2) Nous supposons dans ce calcul que les libéralités du défunt peuvent réduire le droit de l'enfant naturel à la moitié de ce qu'il aurait eu en l'absence de testament et des dispositions permises par l'art. 764.

Le père vient :

A. pour une portion de biens dont les libéralités **du** *de cujus* ne peuvent le priver (nous avons vu que cette portion est du quart de la succession , sauf réduction en cas de concours avec un ou plusieurs enfans naturels) (1),

à défaut de descendans légitimes (comme dans le cas où il y a des frères ou sœurs ou descendans d'eux),

B. quant aux biens dont le *de cujus* avait le droit de disposer (2),

I. pour la portion afférente à sa ligne (3),

à défaut :

    a. de descendans légitimes ,

    b. d'héritier institué contractuellement ,

    c. de légataire universel ;

II. pour la portion afférente à la ligne maternelle , sauf déduction, s'il y a lieu, de la part à laquelle l'enfant naturel a droit sur cette portion (4),

à défaut :

    a. de descendans légitimes ,

    b. de la mère,

    c. d'ascendans plus éloignés de la ligne maternelle,

    d. d'héritier institué contractuellement,

    e. de légataire universel ,

(1) Voyez ci-dessus la note 3 de la p. 533.

(2) portion qui est plus ou moins forte , selon qu'il y a ou qu'il n'y a pas d'enfant naturel.

(3) Cette portion est un autre quart de la succession , complétant, avec le quart réservé, la moitié de la succession assignée à la ligne paternelle.

(4) La part de l'enfant naturel est encore, dans ce cas, difficile à déterminer ; car , d'un côté, les art. 746 et 753 appellent le père à recueillir la moitié de la succession, (plus , lorsqu'il concourt avec des collatéraux, et non pas avec la mère ou des ascendans de la ligne maternelle, l'usufruit du tiers de l'autre moitié), et d'un autre côté, l'art. 757 semble appeler aussi à la moitié de la succession les enfans naturels , de sorte qu'il ne resterait rien aux collatéraux de la ligne maternelle.

f. de collatéraux de la ligne maternelle (1).

Avec lui peuvent concourir, soit conjointement, soit l'un à défaut de l'autre,

> *a.* la mère, ou bien, à son défaut, un ou plusieurs ascendans plus éloignés de la ligne maternelle, — en prenant, soit (dans le cas où il n'y a pas d'héritier institué par contrat ou par testament) la totalité des biens destinés à la ligne maternelle, déduction faite seulement de la part de l'enfant naturel (2), soit (dans le cas contraire), à titre de réserve (3), la moitié des biens destinés à cette même ligne, c'est-à-dire le quart de toute la succession sauf la réduction nécessaire pour former la réserve due à la postérité naturelle ;

> *b.* l'enfant naturel, — en exerçant son droit tout à la fois sur les biens destinés à la ligne paternelle et sur les biens destinés à la ligne maternelle (4);

> *c.* celui que le *de cujus* a appelé (soit par contrat, soit par testament) à l'universalité de sa succession, — en prenant tout ce qui n'est compris ni dans la réserve du père, ni dans celle de la mère ou, à défaut de mère, d'un ou plusieurs autres

---

(1) Nous ne parlons pas ici des frères ou sœurs ou descendans de frère ou sœur ; car l'absence de ces successibles est une condition de l'hypothèse que nous traitons.

(2) Voyez la note 3 de la page précédente et la note 3 ci-après.

(3) Ceci peut s'appliquer à un ou plusieurs ascendans maternels au second degré, comme à la mère ; attendu que nous parlons dans l'hypothèse où il n'y a pas de frères ou sœurs ou descendans de frère ou sœur.

(4) Nous avons déjà fait apercevoir la question qui s'élèverait si l'enfant naturel rencontrait, dans la ligne maternelle, au lieu d'ascendans (nous n'ajoutons pas ou de frère ou sœur ou descendans de frère ou sœur, parce que nous parlons dans l'hypothèse où il n'y en a pas), des collatéraux vis-à-vis desquels il a droit aux trois quarts, tandis qu'il n'a droit qu'à moitié vis-à-vis de l'ascendant.

ascendans maternels, ni dans la réserve de l'enfant naturel ;

d. le parent collatéral maternel le plus proche (1), — en prenant toute la portion de biens destinée à la ligne maternelle, sous la déduction : 1° de la part à laquelle a droit l'enfant naturel, 2° de l'usufruit du tiers du surplus (2), usufruit que l'art. 754 attribue au père (3) en sus des biens afférens à la ligne paternelle.

ß. Le père exclut complétement (4),

a. l'ascendant (ou les ascendans) de la ligne paternelle à un degré plus éloigné que lui,

b. les collatéraux de la ligne paternelle autres que frères ou sœurs ou descendans de frère ou sœur (5).

c. le conjoint survivant,

d. l'État.

N° IV. *Ascendant légitime (6) au deuxième degré ou à un degré ultérieur.*

Il est exclu :

1° quant à toutes les parties de la succession,

(1) Il ne faut pas oublier que nous parlons toujours dans l'hypothèse où il n'y a pas de frères ou sœurs, ou descendans de frère ou sœur.

(2) L'art. 754 porte : *du tiers des biens auxquels il* (le père ou la mère) *ne succède pas en propriété ;* je ne pense pas que l'usufruit du père (ou de la mère) atteigne la part des biens de l'autre ligne, afférente à l'enfant naturel; le législateur, en faisant cet article, n'avait en vue que le cas du concours du père ou de la mère avec des collatéraux.

(3) La mère, lorsqu'elle ne rencontre dans la ligne paternelle que des collatéraux autres que frère ou sœur ou descendans d'eux, a également droit à l'usufruit du tiers des biens échus à ces collatéraux.

(4) C'est-à-dire que les successibles qui vont être énoncés ne viennent à partage avec lui, ni sur les biens d'une ligne, ni sur les biens de l'autre ligne.

(5) Nous avons déjà fait observer que, lorsque le père concourt avec des frères ou sœurs, (ou descendans de frère ou sœur), ce sont ces successibles, plutôt que lui, qui excluent les autres collatéraux.

(6) Nous supposons qu'il s'agit de l'ascendant paternel, mais tout ce

par des successibles ci-après qui empêchent la division de la succession en deux parties, l'une destinée à la ligne paternelle, et l'autre à la ligne maternelle, savoir :

a. les descendans légitimes,

b. les frères ou sœurs ou descendans de frère ou sœur ;

II° dans l'hypothèse où, à défaut de descendans légitimes et de frère ou sœur ou descendans d'eux, il y a lieu à la division entre les deux lignes,

A. quant aux biens dévolus à la ligne paternelle, savoir :

1° pour la portion de ces mêmes biens qui est assurée à l'ascendant ou aux ascendans paternels les plus proches contre les libéralités du *de cujus* mort sans descendans légitimes, (savoir, moitié de la succession échue à la ligne paternelle, ou 1/4 de la totalité du patrimoine du *de cujus*, sauf la réduction que peut opérer le concours d'enfans naturels prenant leur réserve, pour une partie sur les biens dévolus à une ligne et pour le surplus, sur les biens dévolus à l'autre ligne (1)),

seulement par l'ascendant ou les ascendans paternels plus proches que lui, c'est-à-dire, par le père, s'il s'agit de l'aïeul, par le père ou à défaut de père par l'aïeul, s'il s'agit du bisaïeul, etc. ;

2° pour la portion disponible (c'est-à-dire pour ce qui n'est assuré contre les libéralités du défunt, ni aux ascendans paternels, ni aux enfans naturels),

que nous allons dire de cet ascendant s'applique également à l'ascendant maternel. De même, ce que nous allons dire de l'ascendant au deuxième degré, s'applique : 1° à l'ascendant au 3ᵉ degré, sauf qu'on doit ajouter aux personnes qui l'excluent, l'ascendant au 2ᵉ degré ; 2° à l'ascendant au 4ᵉ degré, sauf qu'on doit ajouter l'ascendant au 2ᵉ degré et l'ascendant au 3ᵉ ; et ainsi de suite.

(1) Dans le cas où l'enfant naturel ne prend pas sa réserve, c'est tout à la fois la réserve des ascendans et le disponible qui se trouvent accrus.

(540)

a. par l'héritier institué contractuellement,

b. par le légataire universel,

c. par tout ascendant paternel plus proche que lui.

B. quant aux biens dévolus à la ligne maternelle,

a. par tout parent réservataire (1) appartenant à cette ligne,

b. par l'héritier institué contractuellement,

c. par le légataire universel.

d. par tout parent légitime non réservataire appartenant à cette même ligne.

Peuvent être en concours avec lui,

A. en ce sens qu'ils partageront avec lui les biens afférens à la ligne paternelle :

a. un autre ascendant de cette ligne placé au même degré que lui (2);

b. un ou plusieurs enfans naturels (dont la part varie conformément à ce qui a été dit ci-dessus),

c. celui que le *de cujus* a appelé, soit par contrat, soit par testament, à l'universalité de ses biens, — ce successible prenant la quotité disponible (3) pendant que l'ascendant et l'enfant naturel prennent chacun sa réserve ;

B. en ce sens qu'ils prennent (4) les biens afférens

______

(1) L'enfant naturel concourt ici à exclure l'ascendant paternel des biens destinés à la ligne maternelle, en prenant sur ces mêmes biens une part qui varie suivant : 1° que le *de cujus* a ou n'a pas manifesté l'intention de restreindre les droits que ses successibles auraient exercés *ab intestato* ; 2° qu'il est en concours avec telle classe de successibles ou avec telle autre.

(2) La part qu'un ascendant unique aurait eue (part qui varie en raison du concours des deux successibles dont il va être question ci-après) se divisera entre tous les ascendans au même degré et dans la même ligne.

(3) sauf le concours de légataires partiaires ou particuliers.

(4) soit concurremment, soit les uns à défaut des autres : les parens

à la ligne maternelle, pendant que l'ascendant paternel prend (seul ou concurremment avec les successibles sus-dénommés) les biens destinés à la ligne paternelle,

les successibles dont l'indication suit :

a. l'ascendant ou les ascendans les plus proches dans la ligne maternelle, en commençant par la mère,

b. l'enfant naturel, pour une part qui varie suivant : 1° qu'il rencontre dans la ligne maternelle des ascendans (nous n'ajoutons pas : *ou des frères ou sœurs ou descendans d'eux*, parce que leur absence, comme celle des descendans légitimes, est une condition de notre hypothèse (ainsi que nous venons de le dire dans la note 4 de la page précédente) ou seulement des collatéraux (1); 2° que le *de cujus* a ou n'a pas laissé un héritier institué (soit par contrat soit par testament),

c. l'héritier institué contractuellement,

d. le légataire universel,

e. le collatéral le plus proche ou les collatéraux les plus proches de la ligne maternelle,

légitimes en ligne collatérale, autres que les frères ou sœurs ou descendans d'eux (dont il ne peut être question ici puisqu'ils excluent l'ascendant du 2e degré ou au-delà, de la succession tout entière), ne viennent qu'à défaut d'ascendant dans leur ligne ; les ascendans au même degré concourent ensemble ; il en est de même des collatéraux au même degré ; l'enfant naturel concourt avec tous les autres successibles ; les parens légitimes non réservataires ne viennent qu'à défaut d'héritiers institués.

(1) *Quid* s'il ne se trouvait dans la ligne maternelle aucun parent au degré successible? L'enfant naturel prendrait-il alors la totalité des biens dévolus à cette ligne, ou bien prendrait-il seulement sur ces mêmes biens une quotité égale à celle qu'il prend sur les biens dévolus à la ligne paternelle? Il s'agit d'interpréter les art. 757 et 758 ; j'ai peine à admettre que l'enfant naturel soit moins bien traité quant à la part qu'il doit avoir sur les biens d'une ligne, lorsqu'il n'y a dans cette ligne aucun parent au degré successible, que lorsqu'il s'y trouve des parens dont l'enfant naturel vient réduire la part ; mais, d'un autre côté, je trouve que l'argu-

Il exclut complétement (1)

    a. les ascendans de sa ligne, moins proches que lui du *de cujus,*

    b. les collatéraux de sa ligne, autres que frère ou sœur, ou descendans de frère ou sœur,

    c. le conjoint survivant,

    d. l'État.

Seconde classe, *Successibles appelés par le* DE CUJUS.

En laissant de côté les modalités *extraordinaires* (2) que peut revêtir la disposition par laquelle un individu se donne un successeur universel, et notamment toute condition autre que la condition intrinsèque : *si tel ne peut ou ne veut succéder* (3), nous ferons remarquer que, sous le point de

ment suivant a bien quelque force : Si un frère utérin ou consanguin détermine la part de l'enfant naturel à l'égard de la succession entière, lorsque, à défaut de frère germain ou de demi-frère appartenant à l'autre ligne, et aussi d'ascendant au 1er degré dans cette autre ligne, il exclut tous les parens de cette même ligne, pourquoi tout autre parent paternel avec qui l'enfant naturel concourt, ne déterminerait il pas la part de cet enfant par rapport à toute la succession, lorsque, à défaut de parens maternels, la moitié destinée à la ligne maternelle se trouve dévolue à ce parent de la ligne paternelle ? Remarquez d'ailleurs que, même dans le cas où la division entre les deux lignes a son effet, on est déjà forcé, pour admettre deux mesures différentes, de ne pas s'attacher strictement à la lettre de l'art. 757.

(1) Nous ne parlerons pas des collatéraux de l'autre ligne placés au-delà du 12ᵉ degré, parce qu'ils ne sont pas successibles.

(2) sauf à examiner plus tard si quelqu'une de ces modalités doit emporter dérogation aux règles qui concernent les dispositions soumises seulement aux modalités *ordinaires.*

(3) La condition: *si tel ne peut ou ne veut succéder* existe implicitement pour toutes les classes de successibles, mais elle s'applique seulement à une partie de la succession, lorsqu'il s'agit d'un parent réservataire ou d'un institué (soit par contrat, soit par testament) concourant avec un parent réservataire : en effet, le premier a droit à sa réserve sans condition, et le second a droit, également sans condition, à tout ce qui n'est pas réservé ; mais l'un ne peut qu'à défaut de l'autre réclamer l'excédant ; il y a plus, l'institué peut, quant à cet excédant, rencontrer, à défaut de des-

vue du rapport de subordination ou de concurrence dans lequel le successible désigné par l'homme sera à l'égard des autres successibles universels, la seule faculté de modifier la condition ci-dessus, est une source de nombreuses variétés; en effet, l'héritier institué occupera un rang différent suivant que le testateur aura dit : *j'institue un tel à défaut de descendans*, ou bien, *j'institue un tel seulement à défaut de parens en ligne directe*, ou bien, *j'institue un tel seulement à défaut de tout parent légitime*, etc.

Nous ajouterons que, lorsque la loi permet à un individu de disposer de tout ou partie de sa succession, elle ne lui impose pas l'obligation de donner à une seule personne tout ce dont il peut disposer ; et que, lorsqu'il use du droit d'appeler plusieurs personnes à concourir, il peut varier les quotités pour lesquelles ces personnes arriveront à partage.

Mais, nous serions conduits bien loin, si nous entreprenions de signaler, non seulement toutes les places que peut occuper dans l'ordre général des successibles universels celui qui est appelé par la volonté de l'homme, mais encore toutes les combinaisons qui peuvent se présenter quant aux quotités pour lesquelles il peut être appelé à partage (1).

---

cendans légitimes, un autre parent réservataire, savoir un ascendant, comme, à défaut d'institué contractuellement, le parent réservataire peut rencontrer un légataire universel.

(1) Pour exemple de modifications apportées, sous l'un et l'autre rapport, à ce qui a lieu ordinairement, nous citerons le cas où, une institution contractuelle ayant été faite avec rétention du droit de disposer soit de la quotité à laquelle la loi fixe la réserve de tel parent soit du total de toutes les réserves, au cas où elles ne pourraient être ou ne seraient pas réclamées, le disposant a, en effet, déclaré, par un contrat postérieur ou par testament, qu'il voulait que cette quotité ou ce total, avec la chance que les réservataires auraient eue d'obtenir tout, si ceux à qui le testateur a donné le disponible ne voulaient ou ne pouvaient pas accepter, appartînt à telle personne à défaut de ces réservataires. — Il est évident que, dans cette hypothèse, non seulement l'héritier institué, qui est nécessairement substitué au parent réservataire, voit s'intercaler entre ce pa-

Nous nous contenterons donc de parler du cas où l'institution d'héritier a lieu purement et simplement, c'est-à dire sans aucune condition, ou du moins sous la seule condition intrinsèque : *si tel ne peut ou ne veut recueillir la succession.* — Mais nous distinguerons l'héritier institué contractuellement de l'héritier institué par testament.

N° I. *Héritier institué contractuellement* (1).

A. Personne ne lui est préférable (2) quant à la portion

rent et lui une personne qui prendra avant lui la place du réservataire, et à laquelle il se trouve par conséquent substitué au lieu de l'être immédiatement au réservataire ; mais, en outre, il peut arriver que deux successibles appelés par l'homme viennent à la succession pour des parts inégales ; en effet, la personne substituée au réservataire, dans le cas où la condition de la substitution se réalise , concourt avec l'institué de la manière suivante : le substitué prend la quotité que le réservataire eût prise , et l'institué prend la quotité disponible ; or le plus souvent la réserve n'est point égale au disponible. — Du reste, chacune de ces deux personnes appelées par la volonté de l'homme est successeur universel , car le substitué au réservataire aura droit au disponible, comme le réservataire y aurait eu droit, sous la condition : *si l'institué ne peut ou ne veut pas le prendre* , et l'institué aura droit à la réserve , *si le substitué ne peut ou ne veut pas la recueillir.*

(1) Nous appellerons ainsi, ou simplement *héritier contractuel*, celui qui, dans l'intention du disposant, doit avoir tout ce que d'autres successibles ne prendront pas. Quoique l'article 1002 suppose qu'un testateur peut employer le mot *héritier* lorsqu'il n'entend faire qu'un successeur partiaire ou même particulier , cependant nous nous servirons ici de ce mot pour distinguer les successeurs appelés à l'universalité, des successeurs particuliers ou partiaires. Nous sommes réduits à prendre ce parti, par l'abus que le législateur a fait de l'expression *successeur à titre universel* (voyez ci-dessus la note 2 de la p. 506). — Au reste, l'institué contractuellement (et l'observation que nous allons faire s'applique également au légataire universel ne profite pas toujours de ce qu'un parent réservataire ne peut ou ne veut pas recueillir sa réserve , ou du moins il ne profite pas toujours de tout ce que le réservataire aurait eu ; ainsi , lorsqu'un descendant légitime manque , ce qu'il aurait eu n'accroît quelquefois que la part d'autres descendans légitimes (ses frères ou sœurs ou descendans d'eux) , quelquefois au contraire elle accroît en même temps la part d'autres descendans et celle de l'héritier institué.

(2) Si ce n'est celui qui aurait été institué contractuellement avant lui.

de biens dont le *de cujus* avait la libre disposition.

B. Il est exclu par les parens ci-après, quant aux diverses portions de biens réservées à ces parens :

a. le descendant légitime,

b. l'enfant naturel ou bien le descendant légitime de l'enfant naturel, venant en vertu de l'art. 759,

c. à défaut de descendant légitime, — le père et la mère (1) légitimes, soit que le *de cujus* ait laissé des frères ou sœurs ou descendans d'eux, ou qu'il n'en ait pas laissé,

d. à défaut, 1° de descendant légitime, 2° de père et mère légitimes, et seulement lorsque le *de cujus* n'a pas laissé de frère ou sœur ou descendant d'eux (2), — l'ascendant ou les descendans légitimes le plus proches dans chaque ligne (3).

Avec lui concourent :

A. en ce sens qu'ils prennent leur réserve tandis qu'il prend le disponible (4),

les divers réservataires que nous venons d'indiquer (5);

(1) Chacun d'eux a sa réserve tout-à-fait distincte; l'institué profite seul de ce que l'un d'eux vient à manquer.

(2) Si le défunt a laissé des frères ou sœurs ou descendans d'eux, ils n'ont pas de réserve, et cependant leur existence empêche l'ascendant d'en avoir une.

(3) L'ascendant, ou les ascendans de la même ligne placés au même degré n'ont jamais pour réserve que la moitié des biens dévolus à leur ligne; et cette réserve ne s'accroît pas dans l'hypothèse où il n'y a aucun parent légitime dans l'autre ligne. Cette observation s'applique au père et à la mère comme aux autres ascendans, mais il y a cette différence entre eux et les autres ascendans, que ceux-ci n'ont de réserve que lorsqu'il n'y a pas de frère ou sœur ou descendant de frère ou sœur, tandis que le père et la mère ont leur réserve, même lorsqu'il existe des frères ou sœurs ou descendans d'eux.

(4) Soit seul, soit conjointement avec un ou plusieurs autres.

(5) Voyez ce que nous avons dit dans la note 1 de la p. 543 du substitué au réservataire.

B. en ce sens qu'il partage avec lui la **quotité disponible,**

un héritier institué par le même contrat (1).

Il exclut :

a. celui qui a été institué par un contrat postérieur ;

b. le légataire universel ;

c. tous parens légitimes non réservataires,

ou bien, si le *de cujus* est né hors mariage, les *parens naturels* (2) appelés à lui succéder (v. art. 765
et 766), à l'exception de ses enfans naturels ou
de leurs descendans légitimes (3) ;

d. l'époux survivant ;

e. l'État.

Nº II. *Légataire universel,* en d'autres termes, *héritier
institué par testament.*

Il vient :

A. quant à la portion de biens que le *de cujus* n'est
pas tenu de réserver à certains parens,

à défaut d'héritier institué contractuellement :

B. quant aux diverses portions de biens réservées,

à défaut, pour chacune de ces portions, du parent ou de la classe de parens (4) à qui elle est

---

(1) et même un successible légitime si, par extraordinaire, l'institution a été faite de manière à associer seulement l'institué à *tel* successible.

(2) L'enfant naturel n'a de parens légitimes que ses descendans nés en
mariage.

(3) Ceux-là concourent avec lui ; car ils ont une réserve.

(4) Nous disons *la classe de parens,* car, ainsi que nous l'avons déjà
vu, lorsqu'un parent réservataire ne peut ou ne veut pas réclamer sa réserve, ce n'est pas toujours l'institué par contrat ou par testament qui
en profite, ou du moins il n'en profite souvent que pour partie. A défaut du
père légitime, le disponible s'accroît de tout ce que ce réservataire aurait
pu réclamer ; mais soit que tous les ascendans d'une ligne réclament la réserve destinée à cet ordre de parens, soit que plusieurs d'entre eux renon-

réservée (et sauf, en certains cas, la substitution d'une réserve en faveur d'une autre classe de parens (1), lorsque les parens de la classe plus favorisée ne veulent ou ne peuvent pas recueillir la réserve faite à leur profit), savoir :

a. de descendant légitime,

b. de père et mère,

c. d'ascendans légitimes à un degré plus éloigné (2),

d. d'enfant naturel, ou descendant légitime d'un enfant naturel.

Avec lui concourent :

A. en prenant la portion de biens dont la loi n'a pas permis au défunt de les priver,

les parens légitimes ou naturels qui viennent d'être indiqués comme réservataires ;

B. en prenant une part égale à la sienne, dans tout ce qui n'est ni réservé par la loi ni donné à titre particulier par le *de cujus*,

celui qui, soit dans le même testament, soit dans un autre testament, est appelé, comme lui, à recueillir l'universalité de la succession, pourvu que l'intention d'avoir plusieurs légataires de l'universalité soit certaine (3).

cent à leur droit, la quotité de cette réserve est toujours la même ; le disponible ne s'accroît pas non plus par la renonciation ou la déchéance d'un enfant légitime, tant que le nombre des parens de cette classe ne descend pas au dessous de trois ; le disponible s'accroît ensuite, mais non de toute la part qu'aurait eue l'enfant qui donne lieu à cet accroissement.

(1) Ainsi, tous les descendans légitimes renonçant, il y a lieu à réserve en faveur des père et mère ; et même, pourvu qu'il n'y ait pas de frères ou sœurs ou descendans d'eux, à défaut de père et mère, il y a lieu à réserve en faveur d'ascendans plus éloignés.

(2) Il faut se rappeler qu'ils n'ont pas de réserve lorsque le *de cujus* a laissé des frères ou sœurs ou descendans de frère ou sœur.

(3) Ne devrait-on pas toujours considérer le second testament dans lequel se trouve une disposition universelle, comme détruisant la disposi-

Il exclut :

a. tous parens légitimes ou naturels non réservataires (1),

b. l'époux survivant,

c. l'État.

Troisième classe, *Parens légitimes non réservataires.*

N° I. *Frère* (2) *légitime* (3), ou bien, *descendant légitime de frère* (4) *venant par représentation.*

Nous supposerons d'abord le cas du double lien ; nous parlerons ensuite des modifications que peut entraîner la circonstance du simple lien.

Il est exclu par

a. le descendant légitime ;

b. l'héritier institué contractuellement ;

lion universelle contenue dans le premier ? C'est une question d'interprétation. Lorsque les deux dispositions sont dans le même testament, il est difficile de croire que la seconde ait été mise avec l'intention de détruire la première, sans que le testateur en ait rien dit. Cette intention est, au contraire, facile à présumer, lorsque les deux dispositions ne sont pas dans le même testament, parce que, malgré l'art. 1026, beaucoup de personnes peuvent regarder comme applicable encore aux dispositions universelles ou du moins à celles qui sont faites sous la dénomination d'*institution d'héritier*, la règle du droit romain : *On ne peut avoir plusieurs testamens* (c'est-à-dire *plusieurs actes contenant institution d'héritier*).

(1) Lorsqu'il s'agit de la succession d'un individu né hors mariage, ceux que l'institué exclut ne peuvent être que les père et mère naturels du *de cujus* et ses frères ou sœurs nés comme lui hors mariage ; car ses enfans légitimes ou naturels et leurs descendans légitimes ont une réserve, et aucun autre parent, pas même le frère ou la sœur né en mariage, n'est appelé à l'universalité de ses biens.

(2) Tout ce que nous allons dire du *frère* s'applique à la *sœur*.

(3) Il n'existe, entre un enfant adoptif et les enfans légitimes de son père adoptif, aucun droit de successibilité à titre universel (v. les art. 350 et 351). Un tel droit existe bien moins encore entre les divers enfans adoptifs du même individu.

(4) Il est évident qu'on doit entendre le *descendant légitime de frère (ou sœur) légitime.*

   c. le légataire universel.

Il concourt avec

   a. les père et mère du *de cujus*, (qui ont chacun droit à 1/4 de la succession, sauf contribution pour former la part de l'enfant naturel),

   b. l'enfant naturel (suivant plusieurs interprètes du Code, sa part n'est pas la même lorsqu'au lieu de concourir avec le frère ou la sœur légitime, il n'est en présence que de descendans de frère ou sœur, quand même ces descendans viendraient par représentation),

   c. un autre frère ou sœur légitime, ou bien les descendans d'un autre frère ou sœur, venant par représentation (1).

Il exclut (2) :

   a. les ascendans (de l'une comme de l'autre ligne), autres que père et mère ;

   b. ses propres descendans (neveux du *de cujus*) ;

   c. les descendans d'un autre frère du *de cujus*, lorsqu'ils ne viennent pas se placer sur la même ligne que lui au moyen de la représentation ;

   d. tous les collatéraux (de l'une comme de l'autre ligne), autres que frères ou sœurs ou descendans d'eux ;

   e. le conjoint survivant ;

   f. l'État.

La circonstance du double lien ne modifie les droits de

---

(1) Si, au moyen de la représentation, il y a concours de frère ou sœur avec des descendans de frère ou sœur décédé, le partage se fait par souches ; il se fait également par souches, si, tous les frères ou sœurs étant décédés, des descendans issus de différens frères ou sœurs arrivent par représentation au degré vacant.

(2) Appliquez ce que nous allons dire, en faisant quelques légères modifications qu'il est superflu d'indiquer, au descendant légitime de frère venant *au degré de frère* par représentation.

successibilité des frères ou sœurs légitimes ou de leurs descendans, que relativement au concours qui s'établit entre ces successibles, et seulement en ce que, lorsqu'il y a des frères ou sœurs de lits différens, le partage, au lieu de se faire simplement par portions viriles ou par souches, commence par une division de la succession en deux moitiés : les frères utérins ou consanguins ou leurs représentans ne viennent à partage que sur une moitié, les frères germains ou leurs représentans viennent sur les deux. — Du reste, le *demi-frère* exclut ceux qu'exclut le frère germain (1), et lui-même est exclu seulement par ceux qui excluent le frère germain.

N° II. *Enfant de frère* (2) *n'arrivant pas à la place d'un frère par le secours de la représentation, ou bien, petit-fils de frère arrivant par représentation à la place d'enfant de frère, mais non à celle de frère.*

Les droits de ce successible ne diffèrent de ceux d'un frère qu'en ce qui suit :

1° dans l'énumération des personnes qui l'excluent, il faut ajouter aux descendans légitimes et à l'institué (soit par contrat, soit par testament) :

    a. le père de ce même successible, frère du *de cujus*,

    b. son oncle, frère également du *de cujus*,

    c. son cousin, neveu du *de cujus*, lorsque ce cousin remonte au degré de frère par le secours de la représentation, tandis que les successible lui-même est supposé ne pouvoir pas invoquer ce secours;

2° au lieu de : *il concourt avec un autre frère ou sœur légitime du de cujus, ou avec les descendans d'un*

____

(1) Ainsi un frère consanguin exclut tous les parens appartenant exclusivement à la ligne maternelle, à l'exception du frère utérin et de la mère.

(2) Appliquez au *descendant de sœur* tout ce que nous dirons du *descendant de frère*.

autre frère ou sœur arrivant sur la même ligne que lui par le secours de la représentation, il faut dire :

« Il concourt avec les descendans d'autres frères ou sœurs
» du *de cujus* placés au même degré que lui ou y arrivant
» par le secours de la représentation et avec ses propres
» frères ou sœurs (1).

5° au lieu de : *Il exclut ses propres descendans, neveux du défunt*, il faut dire :

» il exclut ses propres descendans, petits-neveux (2) du défunt.

Relativement au concours de l'enfant de frère avec l'enfant naturel , nous avons déjà signalé la question difficile qui résulte de ce que l'art. 757 n'a point ajouté après les mots, *frères ou sœurs*, ceux-ci : *ou descendans d'eux :* Nous avons dit (p. 533 et 549) que plusieurs jurisconsultes croient que les enfans de frères , même lorsqu'ils viennent par représentation, n'influent pas comme le frère, mais seulement comme les autres collatéraux, sur la détermination de la part héréditaire de l'enfant naturel.

N° III. *Descendant plus éloigné de frère ou sœur, n'arrivant, par représentation , ni au degré de frère , ni même au degré d'enfant de frère.*

Il est facile de voir, d'après ce que nous venons de dire au N° précédent, les modifications qui doivent être apportées au N° I, selon qu'il s'agira de descendans de frère au 3° degré, ou bien de descendans de frère au 4° degré, et ainsi de suite.

(1) Les enfans de différens frères qui viennent à la succession sans le secours de la représentation, doivent-ils néanmoins partager par souches ? Nous ne croyons pas qu'on puisse soutenir l'affirmative, quoique la lettre de l'art. 745 fournisse un argument pour l'opinion contraire.

(2) Suppléez : ou *petites-nièces.*

N° IV. *Parent légitime en ligne collatérale, autre que frère ou sœur ou descendant de frère ou sœur* (1).

Dans l'exposé qui va suivre nous parlerons comme s'il s'agissait exclusivement d'indiquer, à défaut de qui, et concurremment avec qui, vient à la succession un parent collatéral de la ligne *paternelle*. — Pour rendre tout ce que nous allons dire applicable au parent collatéral de la ligne *maternelle*, il suffira de substituer les mots *mère* ou *maternel* aux mots *père* ou *paternel*, et *vice versá*.

Le parent collatéral autre que frère ou sœur ou descendant de frère ou sœur vient,

A. quant aux biens dévolus à sa ligne,

à défaut de tous les successibles ci-après, savoir :

1° successibles appelés par la loi,

    a. les descendans légitimes,

    b. le père légitime,

    c. les frères ou sœurs légitimes ou bien leurs descendans également légitimes (2),

    d. l'ascendant paternel ou les ascendans paternels autre que le père,

    e. tout collatéral paternel plus proche du *de cujus* ;

2° successibles appelés par le *de cujus* (3),

(1) Nous ferons ici une observation analogue à celle que nous avons faite au N° précédent, savoir, qu'il ne nous paraît pas nécessaire de faire des N°ˢ séparés pour chacun des degrés de parenté en ligne collatérale : ce que nous dirons du collatéral plus proche, s'applique au collatéral du degré suivant, si ce n'est que, dans la liste des successibles qui excluent ce dernier, il y a un successible de plus que dans celle des successibles qui excluent le collatéral du degré précédent.

(2) sans distinction entre les frères germains et les frères simplement consanguins ou utérins.

(3) De ce que les successibles appelés par l'homme sont indiqués ici après ceux qui sont appelés par la loi, il ne faut pas en induire qu'ils viennent seulement à défaut de ces derniers ; nous avons vu qu'au contraire, les successibles appelés par le *de cujus* ont toujours le droit de concourir et souvent celui d'être préférés. Voyez ci-dessus les pages 544 et 545.

(553)

a. l'héritier institué contractuellement ,

b. le légataire universel.

B. quant aux biens dévolus à la ligne maternelle, il
seulement à défaut de tous les successibles de cette ligne , c'est-à-dire non seulement de ceux qui occu-
pent, par rapport à cette ligne , les mêmes rangs
que les successibles dont nous venons de parler,
maisencore de tout parent à un degré plus éloigné
(à moins que ce ne soit au-delà du 12ᵉ degré);
Avec lui peuvent concourir (1) :

A. en prenant part aux biens de sa ligne , et même
aux biens destinés à la ligne maternelle, en supposant
qu'à défaut de parens (2) ils accroissent à la sienne,
a. le parent collatéral au même degré que lui,
b. l'enfant naturel ;

B. en prenant la totalité ou partie des biens dévolus à
la ligne maternelle, tandis qu'il recueille seul ou
conjointement avec d'autres les biens de sa ligne,
a. tout parent maternel en deçà du 13ᵉ degré , bien
entendu dans l'hypothèse où ce parent n'est pas
un frère ou descendant de frère du *de cujus*, car
un frère ou descendant de frère (même lorsqu'il
n'appartiendrait qu'à une seule ligne) exclurait
complétement tous autres collatéraux, au lieu de
concourir avec eux ;

(1) Dans l'énumération que nous allons faire , on ne verra pas figurer
les successibles appelés par la volonté de l'homme, parce que nous avons
annoncé que nous ne nous occuperions que des institutions d'héritier faites
sans modalité extraordinaire, or, dans l'hypothèse d'une institution ordinaire,
l'institué exclut tout parent non réservataire; il est, au reste, facile d'ima-
giner des institutions qui donneraient lieu à concours, nous citerons seulement deux exemples : le *de cujus* a ordonné que Titius vint à défaut de
parens dans une ligne exercer les droits qu'aurait eu un collatéral de cette
ligne ; le *de cujus* a ordonné que Titius vint à la succession conjointement
avec tel parent comme s'il était parent au même degré.

(2) Voyez les observations faites p. 532, note 4, p. 537, note 4 et
p. 541, note 2.

b. l'enfant naturel, pour la portion héréditaire qu'il
enlève aux parens de cette ligne.

Il exclut complétement :

a. les parens de sa ligne à un degré plus éloigné
que lui (1),

b. le conjoint survivant,

c. l'État.

Quatrième classe. *Successibles appelés à raison du lien
de parenté naturelle.*

N° I. *Enfant naturel du* DE CUJUS (2).

Il vient (3) :

A. quant à une portion de biens qui lui est assurée
contre les libéralités du *de cujus* et qui varie en raison
de la qualité et (au moins quelquefois) du nombre
des parens légitimes concourant avec lui (4),

sans qu'il y ait besoin de supposer le défaut, la
renonciation ou la déchéance d'aucun autre successible,

B. quant à une portion supplémentaire, variable aussi
en raison de la qualité et du nombre des parens légitimes avec lesquels il concourt ,

(1) Les parens au-delà du 12ᵉ degré n'ayant aucun droit de successibilité, il ne serait pas exact de dire qu'ils sont exclus par tel autre successible.

(2) Nous supposons que celui-ci n'était pas lui-même un enfant naturel ; pour l'hypothèse contraire , voyez ci-après le N° III.

(3) Sauf la disposition de l'art. 337.

(4) Peut-être faut-il ajouter : *ou qui concourraient avec lui , si le
défunt ne leur avait préféré un successeur universel de son choix.*— Ne
faudrait-il pas alors ajouter également : *et s'ils n'avaient pas renoncé ou
n'avaient pas été déclarés indignes ?* Nous ne le pensons pas.—Du reste,
quant à l'influence exercée par ces successibles sur la part de l'enfant naturel, voyez ce que nous avons dit ci-dessus, p. 528 , note 2 ; p. 530,
note 1 ; p. 532, note 4 ; p. 534, note 5 ; p. 536 , note 4 ; p. 537, note 4 ;
p. 540 , note 5 ; et p. 541, note 2.

à défaut d'héritier institué (soit par contrat, soit
par testament),

C. quant à la totalité des biens du *de cujus*, sauf partage avec un autre enfant naturel,
à défaut

a. de tout parent légitime, soit dans l'une, soit dans
l'autre ligne (1),

b. d'héritier institué (soit par contrat, soit par testament).

Peuvent concourir avec lui, soit conjointement (2), soit
les uns à défaut des autres,

A. successibles appelés par la loi,

a. un autre enfant naturel, ou le descendant légitime d'un enfant naturel prédécédé,

b. tout parent légitime réservataire,

c. l'héritier institué (soit par contrat, soit par testament),

d. tout parent légitime non réservataire, arrivant à
la succession à défaut d'héritier institué.

La division par lignes, qui a lieu toutes les fois que la succession n'est déférée ni à des descendans légitimes, ni à des
frères ou sœurs (3) ou descendans de frère ou sœur, peut,
ainsi que nous l'avons déjà dit, donner à l'enfant naturel,
dans la ligne paternelle, des concurrens d'un autre genre
que ceux qu'il trouve dans la ligne maternelle, par exem-

(1) Ainsi, il ne suffit pas que l'une des deux lignes n'offre aucun parent
au degré successible pour que l'enfant naturel recueille la totalité des
biens dévolus à cette ligne. Mais, voyez ci-dessus, p. 541, note 2, la
question qui s'élève dans ce cas quant à la quotité de sa part héréditaire.

(2) Lorsqu'il y a parent réservataire et héritier institué, il est évident
que l'un et l'autre concourrent en même temps avec l'enfant naturel.

(3) La division par lignes peut avoir lieu dans le cas où ce sont des
frères ou sœurs ou descendans d'eux qui viennent à la succession, mais
c'est seulement à l'effet de déterminer leurs parts respectives lorsqu'ils
sont de différens lits.

ple , tandis que , dans la ligne paternelle, il sera en présence d'un ascendant, il pourra ne rencontrer dans la ligne maternelle que des collatéraux. Nous avons annoncé que la question qui s'élève alors sur la quotité de la portion héréditaire de l'enfant naturel, doit faire, avec plusieurs autres questions du même genre, l'objet d'une Dissertation spéciale.

B. successibles appelés par le *de cujus*,

    a. l'héritier constitué contractuellement ,

    b. le légataire universel.

Il exclut complétement ,

    a. son descendant légitime (1),

    b. le conjoint survivant du *de cujus* (2),

    c. l'État.

N° II. *Descendant légitime* (3) *de l'enfant naturel du* DE *CUJUS.*

Il vient , à défaut de son père (4) , exercer les mêmes droits que lui (5).

Nous ne croyons pas nécessaire d'indiquer ici les légères modifications à apporter au N° précédent.

(1) Nous n'ajoutons pas : *ou naturel*, parce que le descendant né hors mariage n'est pas au nombre des successibles du père naturel de son père ; voyez la note 3 de la p. 552 ci-dessus, et la note 3 de la p. 555 ci-après.

(2) Ne faut-il pas faire ici une exception pour le cas de l'art. 337 ?

(3) Nonobstant la généralité des mots : *descendans* et *postérité*, employés dans les art. 759 et 765, nous pensons que l'enfant naturel ne peut avoir plus de droits sur la succession du père de son père lorsque celui-ci est lui-même un enfant naturel, que lorsqu'il est enfant légitime ; l'art. 756 *in fine* me paraît trop absolu pour qu'on s'en écarte sans une disposition expresse, telle que celle qui se trouve dans l'art. 766.

(4) Appliquez à la mère ce que nous disons du père.

(5) Ne faut-il pas pour cela que la représentation le porte au même rang que son père eût occupé ? S'il se trouvait dans l'un des cas où la représentation n'a pas lieu, les autres enfans (soit légitimes soit naturels) avec qui il voudrait concourir, ne pourraient-ils pas l'exclure ?

Nº III. *Pere naturel du* DE CUJUS.

Il succède à défaut ,

    a. d'enfans, soit légitimes, soit naturels (1), du *de cujus*,

    b. d'enfans légitimes ou autres descendans légitimes (2) d'un enfant (soit légitime, soit naturel) du *de cujus* (3),

    c. d'héritier institué (soit par contrat , soit par testament) (4).

Avec lui concourt (5),

    la mère naturelle.

Il exclut ,

    a. les frères ou sœurs du *de cujus* nés, comme lui, hors mariage (6),

(1) En nous fondant sur les mots : *sans postérité*, de l'art. 765 , nous mettons, au nombre des successibles qui excluent le père naturel, l'enfant naturel du *de cujus*, aussi bien que son enfant légitime. — Pour soutenir l'opinion contraire, il faudrait trouver quelque donnée au moyen de laquelle on déterminerait les parts respectives de l'enfant naturel et du père naturel; or nous n'en trouvons aucune dans notre Code.

(2) Ici le mot *légitime* ne signifie pas simplement, comme dans l'art. 766, qu'il s'agit d'un parent conçu en mariage (ou légitimé); il signifie que la personne ou les personnes intermédiaires qui forment la chaîne de parenté entre le descendant auquel on applique cette épithète et l'enfant (légitime ou naturel) du *de cujus*, ont été également conçues en mariage (ou légitimées).

(3) Le *de cujus* est ici un enfant naturel ; mais ce n'est pas une raison pour que l'enfant naturel de son enfant (soit légitime, soit naturel) puisse être son successible (V. la note 1 de la page précédente).

(4) Il ne nous paraît pas possible d'induire d'aucun article du Code que le père naturel ait une réserve.

(5) Avons-nous besoin de dire qu'en sortant des modalités ordinaires de l'institution d'héritier, on pourrait trouver, pour le père naturel, un autre concurrent que la mère naturelle, savoir : soit un institué à titre de cohéritier du père ou de la mère, soit un substitué à la mère?

(6) Le Code les appelle frères ou sœurs *naturels*. Il est probable que, si, parmi ces frères ou sœurs, les uns ont le même père et la même mère, tandis que les autres ont seulement le même père ou la même mère , il y a lieu à la division par lignes conformément aux art. 733 et 752. — Les frères ou sœurs que le Code appelle *légitimes*, c'est-à-dire, les enfans nés en mariage, soit du père, soit de la mère, soit des père et mère de l'enfant naturel, ne sont point successeurs universels de leur frère ou sœur

    b. les descendans légitimes (1) de ces frères ou sœurs ,

    c. l'époux survivant ,

    d. l'État.

Avant de passer aux frères ou sœurs de l'enfant *naturel* , nous ferons remarquer que le père , même légitime , du père de l'enfant *naturel*, et *à fortiori* tout autre ascendant (2), n'a aucun droit de successibilité à l'égard de cet enfant.

N° IV. *Le frère* (3) naturel (4) *du* DE CUJUS, *enfant naturel, ou bien le descendant légitime* (5) *de ce frère* naturel, *venant par représentation au degré de frère ou sœur.*

Il ne vient qu'à défaut

né hors mariage, ils ont seulement droit, en cas de prédécès des père et mère du *de cujus*, aux biens que celui-ci avait reçus d'eux, ou avait recueillis dans leurs successions (comparez l'art. 766 à l'art. 351).

(1) V. la note 2 de la page précédente et la note 5 ci-dessous.

(2) Nous nous fondons : 1° sur l'art. 756 *in fine* combiné avec le principe de réciprocité généralement admis en matière de succession (tout en reconnaissant qu'il existe une exception à ce principe dans le cas de la note 6 de la page précédente) ; 2° sur le silence gardé dans les art. 765 et 766, quoique ces articles aient été faits avec l'intention, annoncée par la rubrique, de régler tout le système de succession aux enfans naturels.

(3) Appliquez à la *sœur* ce qui va être dit du *frère*.

(4) C'est-à-dire le frère du *de cujus* (enfant naturel), né comme lui hors mariage (V. la note 6 de la page précédente).

(5) Nous ne pensons pas que le descendant *naturel* du frère *naturel* puisse avoir, comme le descendant légitime , droit à la succession du frère naturel de son père ou de sa mère ; la règle générale est que l'enfant naturel n'a aucun droit sur les biens des parens de ses père et mère (art. 756 *in fine*) ; l'intention de faire une exception à cette règle est clairement exprimée par l'art. 766 pour le cas où un enfant naturel réclame la succession d'un autre enfant naturel de son père ou de sa mère ; elle ne l'est pas pour le cas où Titius, enfant naturel de Primus, qui est lui-même enfant naturel de Sempronius, réclamerait, à défaut de Primus, la succession de Secundus, autre enfant naturel de Sempronius. Si l'on avait voulu donner aux descendans naturels des frères ou sœurs *naturels*, le même droit qu'à leurs descendans légitimes, ou du moins une partie de ce même droit, il nous semble qu'on aurait ajouté au mot *descendans*, les mots : *légitimes ou naturels*.

   a. de postérité légitime (1),

   b. d'enfant naturel, ou de descendant légitime d'un enfant naturel (2),

   c. d'héritier institué soit par testament, soit par contrat (3),

   d. des père et mère (naturels).

Avec lui concourt,

   un autre frère ou sœur *naturel* (4), ou le descendant légitime de pareil frère ou sœur, venant par représentation (5) (en supposant que la représentation soit admise dans ce cas).

Il exclut,

   a. le descendant légitime (6) de frère ou sœur *naturel*, lorsque ce descendant n'arrive pas par représentation sur la ligne des frères ou sœurs;

   b. l'époux survivant ;

   c. l'État.

N° V. *Le descendant légitime* (7) *d'un frère* naturel *du* DE CUJUS (*enfant naturel*), *ne venant pas par représentation sur la ligne des frères ou sœurs* naturels.

Il faut appliquer à ce successible ce qui vient d'être dit du frère *naturel*, sauf les modifications suivantes :

(1) Avec l'enfant ou autre descendant légitime pourront concourir des enfans naturels, conformément à l'art. 757.

(2) Nous avons dit, dans la note 1 de la page 557, que l'enfant naturel d'un enfant naturel exclut le père (naturel) de son père.

(3) La note 4 de la page 557 explique pourquoi nous plaçons l'héritier institué avant le père naturel.

(4) Ici et dans le N° suivant, nous employons le mot *naturel* dans le sens que lui donnent les auteurs du Code dans l'art. 766. V. note 6 de la p. 557.

(5) Si le descendant naturel avait, comme le descendant légitime, droit de succéder au frère naturel de son père, nous pensons qu'au moins il ne viendrait pas, par représentation de son père naturel, se placer à côté d'un autre frère naturel du *de cujus*.

(6) Si le descendant naturel était appelé, ce ne pourrait être que pour une part moindre que celle de l'enfant légitime.

(7) Voyez la note 4 de la page précédente.

A. s'il s'agit d'un descendant au premier degré, c'est-à-dire de l'enfant de frère,

1° ajoutez aux personnes qui l'excluent : *les frères ou sœurs naturels du* DE CUJUS, *soit celui dont il est issu, soit d'autres frères ou sœurs dont il est neveu* (1) ; *et le descendant légitime de frère ou sœur naturel, arrivant au degré de frère par le secours de la représentation;*

2° modifiez ce qui concerne le concours, en disant :

au lieu de : *un autre frère ou sœur naturel,*

un autre enfant légitime de frère ou sœur *naturel,* ne venant pas par représentation (2) ;

3° pour ce qui concerne les exclusions :

au lieu de : *descendant légitime de frère ou sœur naturel, et c.,*

dites : descendant légitime de frère ou sœur *naturel,* d'un degré plus éloigné que lui, lorsque ce descendant n'arrive pas, par représentation, soit au même degré que lui, soit même à un degré plus proche.

B. S'il s'agit d'un descendant à un degré ultérieur, on procédera par analogie.

Cinquième classe. *Successibles appelés à cause du lien formé par l'adoption.*

N° I. *Enfant adoptif du* DE CUJUS.

Il a, à l'égard de la succession de son père adoptif, les mêmes droits que l'enfant légitime.

______

(1) Nous n'avons pas besoin de faire remarquer que s'il venait par représentation de son père, il ne serait pas exclu par ses oncle ou tante, mais concourrait avec eux.

(2) Si plusieurs enfans légitimes du même frère naturel viennent en concours avec un ou plusieurs enfans légitimes d'un autre frère naturel, sans que ni les uns ni les autres puissent invoquer le secours de la représentation, le partage se ferait-il par têtes ou se fera-t-il par souches? V. ci-dessus la note 1 de la p. 551.

N° II. *Descendant légitime, au premier degré ou à un degré ultérieur, de l'enfant adoptif du* DE CUJUS.

Il a, à l'égard de la succession du père adoptif de son
père, les mêmes droits qu'il aurait s'il s'agissait du père
légitime (v. ci-dessus, p. 530).

Nous fondons cette opinion, qui n'est pas sans contradic-
teurs, sur l'art. 759; ne concevant pas comment le descendant (1) de l'enfant adoptif serait plus mal traité que le descendant de l'enfant naturel. — Pour soutenir la même opinion,
M. Toullier se fonde sur l'art. 351 : de ce que les descendans
légitimes de l'adopté tiennent la place de celui-ci pour empêcher le droit de retour, il tire cette conséquence, qu'ils doivent également tenir sa place quant au droit de successibilité.
— M. Duranton, qui n'approuve pas cet argument (2),
pense cependant, comme M. Toullier et comme nous, que
le descendant légitime de l'enfant adoptif a droit de successibilité à l'égard du père adoptif : il est, dit-il, dans l'esprit général de notre Code qu'un individu privé de postérité
véritable, puisse s'en donner une fictive *dont les droits
soient les mêmes* (3).

(1) Du reste, cette prérogative ne nous parait accordée qu'au descendant
légitime, quoique l'art. 759 semble mettre sur la même ligne toute espèce
de descendans; en effet, comme nous l'avons vu ci-dessus, l'art. 756 déclare
que l'enfant naturel n'a aucun droit sur la succession des parens de son père;
et, quant à l'enfant adoptif, nous trouvons dans l'art. 350 une disposition
tout-à-fait semblable à celle de l'art. 756.

(2) Le droit de retour est, dit-il, un droit exorbitant : le législateur a
pu le refuser quand il y a des descendans légitimes de l'adopté, sans qu'on
puisse en conclure qu'il a voulu accorder à ces mêmes descendans le droit
de recueillir la succession de l'adoptant; dans le premier cas, il s'agit, pour
les descendans de l'adopté, de ne pas perdre ce dont leur père a été saisi ;
dans l'autre, il s'agirait d'acquérir ce que leur père n'a jamais eu.

(3) Ne pourrait-on pas objecter à M. Duranton, que si le législateur
avait voulu que l'enfant adoptif eût les mêmes droits que l'enfant légitime, il n'aurait pas commencé par dire, dans l'article 350, que l'a-

L'adoption ne nous paraît produire aucune autre classe de successibles universels. Le père adoptif est bien appelé à recueillir les choses par lui données et qui se trouvent en nature dans la succession de l'adopté ou de ses descendans, soit dans le cas où l'adopté meurt avant lui sans laisser de postérité légitime, soit dans le cas où les descendans légitimes de l'adopté, après avoir recueilli sa succession, viennent à mourir avant le père adoptif; et le même droit appartient aux descendans légitimes du père adoptif dans le cas où l'adopté, après avoir survécu à l'adoptant, meurt sans laisser de postérité légitime. Mais nous ne voyons là, pour le père adoptif et pour ses descendans, qu'un droit analogue à celui des légataires *partiaires*.

Sixième classe. *Successibles appelés sans qu'il y ait aucun lien de parenté entre eux et le* DE CUJUS.

N° I. *Conjoint survivant.*

Il est exclu complétement

> *a.* par tous les parens légitimes ou naturels,
> *b.* par les successibles que le *de cujus* a appelés à l'universalité de sa succession (1).

Il ne concourt avec aucun successible universel (2);

dopté n'a aucun droit sur les biens des parens de l'adoptant? Du reste, M. Duranton a raison lorsqu'il repousse l'argument suivant, que font quelques partisans de l'opinion contraire à la nôtre : *L'art.* 350 *ne donne des droits à l'adopté que sur la succession de l'adoptant, or, lorsque l'adopté est mort avant l'adoptant, il n'a pu transmettre à ses descendans des droits dont il n'a pas été saisi.* Seulement notre honorable collègue aurait pu se contenter de dire que ce n'est pas comme exerçant un droit *transmis*, que le descendant de l'enfant adoptif vient (par représentation ou sans représentation) prendre la place de celui-ci.

(4) Nous raisonnons toujours dans l'hypothèse où les dispositions de l'homme ne contiennent pas de modalité extraordinaire; le conjoint survivant ne serait pas exclu par l'institué si le défunt avait expliqué que celui qu'il appelle à sa succession, ne doit venir qu'à défaut de tout successible autre que l'État.

(2) V. le commencement de la note précédente.

Il n'exclut que
l'État (1).

N° II. *État.*

Il est exclu

a. par tous ceux qui excluent le conjoint survivant,

b. par le conjoint survivant.

Il ne concourt avec aucun successible universel (2) ;
Personne n'est appelé à succéder à son défaut (3).

(1) Sauf le cas prévu dans la note 1 de la page précédente.

(2) Un institué appelé à concourir avec lui, ne pourrait pas être un véritable successible universel, car l'État ne manque jamais (V. la note suiv.).

(3) L'État pourrait il répudier la succession ? En général, les administra-
teurs qui le représentent, n'ont pas le pouvoir d'abdiquer ses droits ; au
surplus, en fait, pour éviter les poursuites des créanciers du *de cujus*, il
suffit à l'État de s'abstenir de demander l'envoi en possession. Après l'expiration du délai de trois mois et quarante jours, les créanciers ou légataires
peuvent provoquer la nomination d'un curateur, mais cette nomination
n'enlèvera pas à l'État le droit de se faire envoyer en possession quand il le
voudra et de faire cesser l'administration du curateur à la succession vacante.
Quant à la personne qui se serait mise en possession à titre d'héritier, cette
personne n'acquerra pas le titre d'héritier quelque temps que sa possession
ait duré, mais l'État ne pourra pas détruire les attentes conçues par ceux
à qui sa négligence a donné le droit de considérer le possesseur comme
véritable héritier ; et chacun des biens de la succession pourra être acquis
par la prescription, même par celui qui les possède à titre d'héritier.
— Nous ferons remarquer que lorsque l'État ne veut pas accepter, il lui
reste le droit établi par les articles 539 et 713, de se mettre en possession
des biens de la succession, en considérant ces biens comme vacans ou sans
maître ; mais, tout créancier ou légataire pourrait, en faisant nommer un
curateur à la succession vacante, revendiquer ces mêmes biens. Cette
revendication sera faite au nom de la succession, ou plutôt au nom de
la masse des créanciers héréditaires ; et alors ce n'est qu'après que la
succession aura été liquidée et dans le cas où il y aurait un reliquat après
paiement total des dettes et legs, qu'il se fera une véritable dévolution à
l'État en vertu des art. 539 et 713.

Quelle est, suivant notre droit actuel, l'influence des diverses classes de successibles universels sur le régime de la succession ?

Nous avons dit, p. 522 et suivantes, qu'à cet égard, non seulement les mêmes règles ne peuvent pas être établies pour toutes les classes de successibles universels (1), mais que les successibles appartenant à la même classe peuvent se trouver dans des circonstances diverses, à raison desquelles leur influence sur le régime de la succession devra varier.

Nous avons exposé les considérations (2) dont un législateur doit tenir compte en cette matière.

Maintenant nous avons à reconnaître ce qui a été fait par les auteurs de nos Codes.

Il s'agit de savoir, pour chaque classe de successibles :

I° quels sont, dans les circonstances ordinaires : — (a) l'influence qu'exerce nécessairement, ou que peut exercer, sur le régime de la succession, un successible de cette classe, en supposant qu'il ne concoure avec aucun autre successible universel ; — (b) l'effet du concours de ce même successible, soit avec un ou plusieurs successibles de la même classe, soit avec un ou plusieurs successibles universels appartenant à une ou plusieurs autres classes (3) ;

(1) Quant aux successibles *partiaires*, nous avons (p. 519, 520 et 521) décidé, sans faire aucune distinction, qu'ils ne peuvent avoir le droit de soumettre *ad libitum* la succession au régime de libre disposition ou à celui d'administration restreinte; et, quant aux successibles *particuliers*, nous avons dit que cela ne peut pas même être mis en question.

(2) au moins les plus importantes.

(3) Cette recherche ne se confond pas tout-à-fait avec notre *sixième Question :* ici il s'agit principalement de savoir si, tel successible concourant avec tel autre, l'un d'eux détermine, à l'exclusion de l'autre, le régime de la succession, ou bien, si au contraire chacun d'eux exerce son influence sur la portion héréditaire qui lui est dévolue; là, ce que nous aurons à considérer, ce sont particulièrement les difficultés résultant de ce que plusieurs successibles exercent quelquefois sur la même succession une influence diverse.

II° quelles modifications les règles établies pour les circonstances ordinaires, doivent recevoir en d'autres circonstances plus ou moins rares.

Nous ne trouvons, dans nos Codes, de décisions expresses sur cette matière que pour le cas où la succession est dévolue à un ou plusieurs parens légitimes (1), avec ou sans concours d'un héritier institué (2).

Pour les autres cas, savoir : 1° celui où un héritier institué vient *à l'exclusion* ou *à défaut* de parent légitime (3), 2° celui où la succession est dévolue à un successeur irrégulier, nous n'avons, pour arriver à la solution de la question de savoir, *s'ils ont ou s'ils n'ont pas la même influence que les parens légitimes sur le régime de la succession*, que des inductions à tirer de ce que, sur certains points qui

(1) encore ces décisions n'embrassent-elles pas toutes les circonstances dans lesquelles cette classe de successibles peut se trouver; ainsi le législateur a gardé le silence sur la question de savoir si, plusieurs parens légitimes venant par représentation, chacun d'eux déterminera le régime auquel sera soumise la part de succession qui lui appartient (c'est-à-dire une partie de ce que le représenté aurait recueilli seul), ou bien, s'il faut au contraire étendre à ce cas la disposition des art. 784 et 782; ainsi, les effets du concours d'un parent légitime avec un légataire universel ou avec un enfant naturel, ou tout à la fois avec l'un et avec l'autre, n'ont été réglés que très-imparfaitement; ainsi, enfin, l'on n'a pas même déclaré formellement que, plusieurs parens légitimes au même degré venant à la succession sans le secours de la représentation, chacun d'eux aura, pour une part, le droit de soumettre la succession au régime qui lui paraîtra préférable; du moins a-t-on laissé quelques doutes sur la question de savoir si la part dont il s'agit est la part *virile*, ou bien la part (*héréditaire*) à laquelle le successible aurait droit *ab intestato* (lorsque ces deux parts ne sont pas une seule et même chose), ou bien enfin, la part *émolumentaire* qu'il aura définitivement, eu égard aux dispositions du *de cujus* et à toutes autres circonstances qui peuvent ajouter à sa part héréditaire ou bien au contraire la réduire.

(2) Le concours suppose *ordinairement* qu'il s'agit de parens qui ont une réserve, car, sans cela, l'héritier institué les exclurait. Nous disons *ordinairement* par la raison que nous avons exposée dans la note 1 de la p. 533 (voyez en outre l'art. 904).

(3) Les mots *à l'exclusion* se rapportent aux parens non réservataires, et les mots *à défaut* aux parens réservataires.

se rattachent plus ou moins directement à cette question , ces successibles, ou tels d'entre eux, ont été expresssément soumis aux mêmes règles que les parens légitimes, ou bien, ont été l'objet de règles plus ou moins différentes.

A. *Parent légitime*

(a) *arrivant à la succession sans le concours d'un ou plusieurs autres successibles universels,*

I° *dans les circonstances ordinaires ;*

Nous venons de dire que l'influence des parens légitimes, sur le régime de la succession a été l'objet de dispositions expresses ; en effet, il est évident que cette classe de successible est, sinon exclusivement (1), au moins principalement, l'objet des sections 1 à 3 du chapitre V du titre de notre Code civil relatif aux *Successions.*

Or, il résulte des art. 774, 793, 794, 795, 798 et 800, (qui appartiennent tous, soit à l'une , soit à l'autre de ces trois sections), qu'en règle générale, le parent légitime venant à la succession (2) peut établir *ad libitum* : — soit le régime de disposition libre (sauf les priviléges ou hypothèques que les créanciers héréditaires (3) peuvent acquérir en prenant inscription conformément aux art. 2111 et 2113 ; — soit le régime d'administration comptable, dont les deux effets principaux sont : que les créanciers de la succession ne peu-

(1) Les chapitres III et IV du titre *des Successions*, sont les seuls qui évidemment ne concernent qu'une certaine classe de successibles, savoir : le premier (chap. III), les successibles parens légitimes, et l'autre (chap. IV), les successeurs irréguliers.

(2) Il ne faut pas oublier que nous ne nous occupons en ce moment que de l'hypothèse où le véritable appelé apparaît seul (v. ci-dessus, p. 544); nous verrons plus tard ce qui a lieu, lorsque le fait qui, dans l'hypothèse d'un véritable héritier, soumettrait la succession à tel régime, est émané ou s'est réalisé à l'égard d'un individu qui n'était pas véritablement héritier, mais qui apparaissait comme tel.

(3) Nous verrons plus tard qu'il en est de même des *légataires.*

vent pas acquérir préférence les uns à l'égard des autres (art. 2146), et que l'héritier ne peut aliéner les biens de la succession qu'en remplissant certaines formalités protectrices des droits de ces mêmes créanciers (1).

II° *dans certaines circonstances extraordinaires.*

1° Si le parent légitime appelé à la succession est mineur ou interdit, la succession ne peut être acceptée que sous bénéfice d'inventaire (art. 776). — C'est dans l'intérêt de l'héritier même que l'acceptation pure et simple est alors interdite : l'obligation de payer indéfiniment les dettes (2) étant une condition de ce mode d'acceptation, l'imprudence du tuteur ou du curateur aurait pu avoir des conséquences trop graves pour l'incapable. — Il est évident que, dans ce même cas, cette obligation ne peut pas être une conséquence, soit de l'inobservation des formalités prescrites par les art. 793 et 794, soit du recel ou détournement de quelque effet héréditaire ; car il ne peut y avoir de peine encourue que par celui qui devait remplir, au nom de l'incapable, les formalités dont il s'agit, ou à qui l'on peut reprocher l'omission de quelqu'effet héréditaire dans l'inventaire. Quel sera donc alors le régime de la succession ? Il nous semble que, malgré le fait du tuteur ou curateur, ce ne peut être que le régime bénéficiaire ; seulement on pourrait décider que le mineur devenu majeur (3) est tenu de faire inscrire dans un certain délai la déclaration *qu'il n'est qu'héritier bénéficiaire*, et, si l'inventaire a été omis, de faire tout ce qui est possible pour le remplacer sous peine d'être réputé héritier pur et simple.

2° Quoiqu'en vertu des art. 1026, 1027 et 1031, l'hé-

---

(1) Nous n'avons pas besoin d'en dire ici davantage sur les effets des deux régimes ; nous nous contenterons de renvoyer aux pages 502 et 512 ci-dessus.

(2) sauf la division entre cohéritiers.

(3) ou l'interdit qui aurait recouvré sa raison.

ritier, dans le cas de nomination d'un exécuteur testamentaire, ne puisse avoir complétement, ni les droits de l'héritier pur et simple, ni ceux de l'héritier bénéficiaire, nous pensons que ces articles ne mettent pas cependant obstacle à ce que le parent légitime ait l'option entre les deux régimes; seulement les effets de l'un et de l'autre seront momentanément modifiés. Remarquons, en passant, que, dans ce cas, l'inventaire se faisant à la requête de l'exécuteur testamentaire, l'héritier qui veut réclamer le bénéfice d'inventaire n'a plus d'autre formalité à remplir que la déclaration prescrite par l'art. 793.

(b) *concourant avec d'autres successibles universels.*

Quel est, quant à l'influence du successible parent légitime sur le régime de la succession, l'effet du concours, avec ce même successible, d'un ou plusieurs autres successibles de la même classe ou de successibles universels d'une classe différente?

1° Nous supposerons d'abord qu'il s'agit de successibles de la même classe, et nous commencerons par le cas où ils sont tous dans les circonstances ordinaires (1).

1° Dans cette hypothèse, on ne conçoit pas comment l'un d'eux pourrait avoir, quant à la détermination du régime de la succession, une influence qu'on ne reconnaitrait pas aux autres (2).

Il faut donc décider :

ou bien, que chaque appelé a le droit d'option par rapport à une partie de la succession ;

(1) c'est-à-dire que nous supposerons qu'ils sont tous naturellement capables, qu'ils viennent tous de leur chef et sans le secours de la représentation, etc.; nous supposerons même qu'ils sont tous appelés à prendre une part égale dans la succession.

(2) Mais on aurait pu, comme le faisaient quelques Coutumes, décider que le successible qui accepte purement et simplement exclut celui qui ne veut accepter que sous bénéfice d'inventaire.

ou bien, que, la succession ne devant pas être soumise (1), pour une portion à tel régime, et pour une autre portion à tel autre, il y a lieu de décider que, dans tous les cas où une succession est déférée à plusieurs personnes, si les unes veulent accepter purement et simplement, tandis que les autres ne veulent accepter que sous bénéfice d'inventaire, la succession tout entière sera soumise au régime bénéficiaire (2).

Il est évident que les auteurs de notre Code n'ont pas entendu adopter ce dernier système : l'art. 782 suffit pour le prouver, car cet article est évidemment posé comme une exception, d'où il suit que le contraire de ce qu'il établit doit être considéré comme formant la règle générale.

Nous devons donc admettre que, lorsqu'une succession échue à plusieurs parens légitimes, est acceptée purement et simplement par un ou plusieurs cohéritiers, et sous bénéfice d'inventaire, par un ou plusieurs autres, cette succession est soumise pour partie au régime de libre disposition, et pour partie à celui d'administration comptable.

Mais comment alors les art. 2111 et 2113 recevront-ils leur application ?

Commençons par examiner quel serait l'effet du concours de plusieurs successibles, dans le cas où tous prendraient la même détermination (3).

(1) par la seule volonté du successible, puisque nous supposons les circonstances ordinaires ; nous examinerons plus tard (*cinquième Question*) si elle peut l'être par une autre cause.

(2) Pourrait-on aller jusqu'à imposer l'une ou l'autre acceptation aux appelés qui préféreraient répudier ? L'art. 782 est une disposition exorbitante, assez difficile à justifier, et, par conséquent, il ne faut pas l'étendre à d'autres cas que celui que l'article prévoit ; nous poserons au contraire comme règle générale que chacun des successibles appelés conjointement à une succession, a le droit de répudier, quoique ses co-successibles acceptent. La part qu'il aurait pu prendre accroît alors la part de ceux qui acceptent.

(3) et où, par conséquent, toute la succession serait soumise au même régime, puisque nous raisonnons en dehors des circonstances extraordinaires où les uns n'ayant pas la même influence que les autres, une partie

Les art. 873 et 883 du Code civil sont ainsi conçus :

Art. 873. « Les héritiers sont tenus des dettes et charges
» de la succession, personnellement pour leur part et por-
» tion virile, et hypothécairement pour le tout, sauf leur re-
» cours, soit contre leurs cohéritiers, soit contre les léga-
» taires universels, à raison de la part pour laquelle ils doi-
» vent y contribuer (1). »

Art. 883. « Chaque héritier est censé avoir succédé seul
» et immédiatement à tous les effets compris dans son lot
» ou à lui échus sur licitation, et n'avoir jamais eu la pro-
» priété des autres effets de la succession. »

L'art. 873 a été entendu de diverses manières :

Suivant l'opinion la plus générale, le législateur, en disant
que l'héritier est tenu *hypothécairement* pour le tout, n'a
eu en vue que les créances qui étaient déjà hypothécaires
avant l'ouverture de la succession.

Mais, quelques jurisconsultes prétendent que ces mots :
et hypothécairement pour le tout, signifient que tout créancier de la succession (et non pas seulement les créanciers
hypothécaires du défunt) peut, même après le partage,
sommer l'héritier *détenteur* de payer tout ce qui lui est dû,
ou de délaisser (2) ; puis poursuivre la vente forcée, à l'ef-

---

de la succession peut se trouver soumise à l'un des régimes, tandis que
l'autre partie se trouve soumise au régime différent.

(1) Il faut rapprocher de cet article les articles 1220 et 1221 dans lesquels on trouve ce qui suit :

« ... Les héritiers... ne peuvent demander la dette ou ne sont tenus de la
» payer, que pour les parts dont ils sont saisis ou dont ils sont tenus
» comme représentant le créancier ou le débiteur. »

« Le principe établi dans l'article précédent reçoit exception à l'égard
» des héritiers du débiteur,... dans le cas où la dette est hypothécaire.....
» L'héritier qui possède le fonds hypothéqué à la dette peut être poursuivi
» pour le tout sur le fonds hypothéqué, sauf le recours contre ses cohéri-
» tiers. »

(2) auquel cas le créancier n'aurait plus que son action personnelle
pour la part que l'héritier doit supporter dans la dette. Au reste, il est
évident que le mode de procéder varie suivant que la succession est ac-

fet de recevoir, sur le prix de l'immeuble héréditaire, s'il est suffisant (1), la totalité de sa créance ; c'est-à-dire, agir comme peut agir le créancier hypothécaire contre tout tiers détenteur (v. art. 2169). Ils tirent argument de l'art. 1017, où la même expression : *hypothécairement pour le tout* est employée dans l'énonciation des droits accordés aux légataires contre les héritiers, et où il est impossible qu'elle se rapporte aux hypothèques créées par le défunt. — Comment croire, disent-ils, que le législateur ait parlé de la même manière pour exprimer deux pensées tout-à-fait différentes ? — Ces jurisconsultes ajoutent que l'interprétation vulgaire fait dire au législateur une chose bien superflue, savoir : que l'action hypothécaire a le même effet contre l'héritier détenteur que contre tout autre détenteur... Qui pourrait contester cette vérité ?—Ils font, en outre, remarmarquer que si, dans l'art. 873, le législateur avait voulu seulement déclarer que le principe de la division des dettes ne défend pas l'héritier détenteur contre l'action *in solidum* (2) du créancier hypothécaire, il se serait sans doute exprimé comme il l'a fait dans l'art. 1024 *in fine*. —Enfin, ces mêmes jurisconsultes reprochent à l'interprétation vulgaire d'imputer au législateur une grave omission; en effet, si l'on ne trouve pas dans l'art. 873 une hypothèque accordée à tous les créanciers héréditaires, comme on est forcé d'en voir une accordée aux *légataires* dans l'art. 1017, le législateur a été bien imprévoyant (3) : il a

ceptée purement et simplement ou qu'elle est acceptée sous bénéfice d'inventaire.

(1) Ce n'est pas seulement l'infériorité du prix comparé à la créance qui pourra empêcher que le créancier soit satisfait complètement, mais encore le concours d'autres créanciers ayant droit de venir par contribution avec lui ou même de lui être préférés.

(2) bien entendu jusqu'à concurrence de la valeur des objets hypothéqués, comme l'explique l'art. 1017.

(3) Au reste, lors même que l'art. 873 n'existerait pas, ou bien se refuserait tout à-fait à l'interprétation que nous venons de lui donner, il resterait encore dans notre Code de quoi motiver l'opinion que les créanciers

exposé les créanciers à se voir contester un droit qui cependant leur doit appartenir plutôt qu'aux légataires.

En définitive, ces deux systèmes différeront peu, si, d'une part, on ne prétend pas que le législateur ait entendu accorder plus de droits aux légataires qu'aux créanciers, c'est-à-dire, si l'on n'accorde aux uns et aux autres hypothèque (privilégiée ou simple) qu'en vertu des art. 2111 et 2113, et si, d'autre part, on ne reconnaît aux créanciers le droit de se faire payer intégralement sur un immeuble de la succession, même après le partage, qu'autant que cet immeuble est resté entre les mains des héritiers ou qu'il a été frappé d'inscription en temps utile conformément à l'article 2111.

Dans l'un comme dans l'autre système, il faut décider :

1° *pour le cas où tous les héritiers sont héritiers bénéficiaires,*

(a) qu'aucun d'eux ne peut être poursuivi *personnellement,* si ce n'est, soit à fin de paiement d'une indemnité au cas où il serait en retard de remplir les devoirs imposés à l'héritier bénéficiaire, soit à fin de paiement du reliquat (1).

(b) que, si le régime bénéficiaire n'a point enlevé à chaque

chorographaires du défunt peuvent, comme les légataires, acquérir une hypothèque (et même une hypothèque privilégiée) sur les biens de la succession acceptée purement et simplement, ou sur la portion de ces biens qui échoit par le partage à celui des héritiers qui a accepté purement et simplement. D'abord l'argument *à fortiori* me paraît ici plein de force. Ensuite les art. 2111 et 2113 placés dans la section IV du chapitre II du Titre *des Hypothèques,* sous la rubrique : *Comment se conservent les priviléges,* ont évidemment rempli la lacune de la section précédente. Si dans cette section IV, où le législateur s'est occupé de déterminer les cas où il y a privilége, il n'est pas question des créanciers héréditaires et des légataires ; c'est, sans doute, parce qu'aux yeux du législateur, ces priviléges étaient déjà suffisamment établis ; et, en effet, qu'y avait-il à ajouter aux art. 873, 878, 880, 1012, 1049, si ce n'est : 1° la restriction du privilége au cas d'acceptation pure et simple (c'est l'objet de l'art. 2146, second alinéa), et 2° l'obligation de le rendre public, à quoi il a été pourvu par les art. 2111, 2113.

(1) On pourrait induire de l'art. 1033 que les cohéritiers bénéficiaires sont à cet égard tenus *in solidum.*

créancier le droit de saisir et de faire vendre la chose de son débiteur, c'est contre la succession entière représentée par tous les héritiers bénéficiaires que les poursuites doivent être dirigées ;

(*c*) que chacun des héritiers bénéficiaires peut, en déclarant qu'il abandonne les biens héréditaires, se soustraire à la charge d'administrer la succession.

2° *pour le cas où tous les héritiers sont héritiers purs et simples,*

(*a*) que chaque héritier peut être poursuivi *personnellement* pour sa part héréditaire (1), sans que le créancier ait à s'inquiéter si l'actif égale le passif ;

(*b*) que chaque cohéritier a la libre disposition des immeubles échus dans son lot, sauf les hypothèques qui peuvent grever ces immeubles.

Mais, les deux systèmes amènent des décisions très-opposées sur plusieurs points importans dont nous allons nous occuper.

En effet, si l'art. 873 n'a en vue que les créanciers qui étaient déjà créanciers hypothécaires avant l'ouverture de la succession, et que, loin d'étendre l'art. 1107 aux créanciers héréditaires, on le considère comme modifié par les art. 2111 et 2113, le principe de la division des dettes produira tous ses effets, les créanciers pourront bien acquérir hypothèque et même privilége, en vertu des art. 2111 et 2113, sur les biens échus à ceux des héritiers qui ont accepté purement et simplement, mais ces biens ne seront affectés (en vertu de ces articles) que jusqu'à concurrence de la part héréditaire de chaque détenteur, et même, dans le cas d'acceptation bénéficiaire, le cohéritier ne pourrait être tenu des dettes que pour sa portion virile, de sorte que, si après avoir

---

(1) C'est-à-dire, que s'il est appelé au quart de la succession, il sera tenu du quart de chaque dette. Nous préférons le mot *héréditaire* au mot *virile*, parce que des parens légitimes venant en concours ont quelquefois des parts inégales.

payé cette portion, il lui restait un excédant d'actif, cet excédant ne pourrait être exigé par les créanciers héréditaires alors même que les biens échus à un autre héritier n'auraient pas suffi pour payer la part de cet héritier dans les dettes héréditaires. — Ce système offre, sans doute, quelque danger en ce que le partage pourrait donner à l'un des successibles des immeubles dont la valeur excéderait beaucoup la part de ce successible dans la dette héréditaire, tandis que les autres, qui précisément se trouveraient insolvables, auraient toute ou presque toute leur part en argent ou effets mobiliers qu'il est si facile de faire disparaître ; mais, c'est aux créanciers à intervenir au partage pour qu'il ne s'opère point en fraude de leurs droits (1).

Si l'on admet, au contraire, qu'en vertu des art. 873 et 1017, les créanciers du défunt et les légataires ont sur les biens de la succession une hypothèque en vertu de laquelle l'héritier détenteur peut être contraint à payer chaque dette en totalité, le principe de la division des dettes devient presque illusoire, il n'a plus d'effet qu'à l'égard des biens meubles, l'art. 2111 n'a plus d'utilité que pour le cas où un créancier de l'héritier se serait inscrit avant le créancier héréditaire (2), et l'art. 2113 est tout-à-fait sans application.

Dans le cas où l'on considérerait l'art. 1017 comme non abrogé ou modifié, sans toutefois oser l'étendre aux créanciers, ces derniers ne pourraient, même en agissant hypothécairement en vertu des art. 2111 et 2113, demander à

______

(1) Que faudra-t-il décider si, par suite d'une licitation non circonscrite entre les héritiers, un immeuble héréditaire a été adjugé à un tiers ? La fiction de l'art. 883 peut-elle être étendue à ce cas, ou bien l'article 883 n'a-t-il eu en vue que le cas où les biens héréditaires passent de la masse des héritiers à un seul d'entre eux ? Nous examinerons cette question en traitant du *privilége des copartageans*.

(2) L'inscription prise en vertu de l'art. 2111 assurera au créancier la préférence sur les légataires ; sans cet article, je ne vois pas sur quel texte on se fonderait pour accorder au légataire, même inscrit, la préférence sur un créancier inscrit avant lui ; quant au principe : *bona non intelliguntur*, etc., on va voir ce que nous pensons de son applicabilité.

chaque héritier que sa part héréditaire. Mais, en saisissant ce que le légataire aura reçu et dont il se trouvera devenu plus riche, les créanciers ne pourraient-ils pas obtenir indirectement ce qu'ils ne peuvent obtenir directement, c'est-à-dire qu'une portion de créance excédant la part de tel héritier, soit cependant payée sur les biens héréditaires échus à cet héritier ? Je ne le crois pas, la part de biens qui échoit à l'un des cohéritiers ne lui échoit que grevée d'une part correspondante dans les dettes ; pour le surplus le cohéritier est comme un tiers à qui le défunt aurait aliéné quelqu'un de ses biens.

Nous n'avons pas besoin de dire que le premier système est celui que nous avons adopté.

B. Il s'agit maintenant de savoir ce qui arrive lorsqu'une partie des héritiers a accepté purement et simplement, et l'autre partie, sous bénéfice d'inventaire.

Si le principe de la division des dettes et créances a conservé son empire, il est évident que ce que nous avons dit tout à l'heure de la succession entière acceptée purement et simplement, s'applique à la part héréditaire de l'héritier qui a accepté de cette façon (tandis que ses cohéritiers acceptaient bénéficiairement) ; et que, *vice versa*, il faut appliquer à la part héréditaire de celui qui a accepté bénéficiairement ce que nous avons dit de la succession entière acceptée de cette façon.

Au contraire, si les créanciers et légataires ont une hypothèque en vertu de laquelle l'un des cohéritiers peut être tenu de payer la part de son cohéritier, il faudra décider qu'à la vérité, cette hypothèque ne peut (à cause de l'article 2146) avoir effet sur les biens échus à l'héritier bénéficiaire, mais qu'en vertu de cette même hypothèque, l'héritier pur et simple pourra être poursuivi sur les biens héréditaires pour la part de ses cohéritiers comme pour la sienne propre.

Il est facile de voir ce qui arrivera en supposant que

l'hypothèque de l'art. 2107 n'appartienne qu'aux légataires (1).

Passons aux *circonstances extraordinaires* :

(*a*) Les art. 781 et 782 sont ainsi conçus :

Art. 781. « Lorsque celui à qui une succession est échue » est décédé sans l'avoir répudiée ou sans l'avoir acceptée » expressément ou tacitement, ses héritiers peuvent l'accep» ter ou la répudier de son chef. »

Art. 782. « Si ces héritiers ne sont pas d'accord pour » accepter ou pour répudier la succession, elle doit être ac» ceptée sous bénéfice d'inventaire. »

Ces articles donnent lieu à des questions difficiles dont l'examen nous éloignerait trop de notre sujet. Nous nous contenterons de faire observer qu'ils sont une preuve que le législateur a senti qu'il ne fallait pas ajouter à l'inconvénient de la division des créances, celui de la variété de position du créancier par rapport aux diverses parties de la même créance.

(*b*) On ne saurait induire d'aucun article du Code que, dans le cas où la succession, acceptée au nom du mineur ou de l'interdit, se trouve, à ce titre, soumise au régime bénéficiaire, les cohéritiers de l'incapable n'aient pas le droit d'accepter purement et simplement : il paraît, au con·

(1) Dans tous les systèmes, ce concours d'héritiers dont les uns acceptent sous bénéfice d'inventaire, tandis que les autres acceptent purement et simplement, présente, il faut en convenir, de graves difficultés ; peut être eût-il mieux valu décider, comme on l'a fait dans le cas particulier dont nous allons parler ci-après, que, lorsque les héritiers ne s'accordent pas, la succession est soumise au régime bénéficiaire; ou bien que l'héritier qui accepte purement et simplement fait la loi aux autres, non pas en ce sens qu'il puisse, comme l'établissaient quelques Coutumes, placer par là ses cohéritiers dans la nécessité de se soumettre à l'obligation de payer les dettes *ultra vires*, ou bien de renoncer complétement; mais, en ce sens, que l'héritier acceptant purement et simplement sera seul représentant du défunt et que ses cosuccessibles ne seront plus que des créanciers de la succession comme les légataires universels en concours avec des parens légitimes.

traire, que le législateur s'est résigné à supporter, **dans ce cas comme** dans celui où c'est la volonté seule **des co-**successibles qui produit la pluralité de régime, **les incon-**véniens de cette pluralité.

(*c*) On ne trouve également aucun article du Code qui donne à celui des cohéritiers à qui la loi défère une **plus** forte part (par exemple au frère germain en concours avec le père seul ou avec la mère seule du *de cujus*), le **droit de** déterminer le régime de la succession entière.

II. Examinons maintenant si l'influence du successible parent légitime est modifiée, lorsqu'un légataire universel (1) ou un enfant naturel est appelé (2) à la succession **concur-**remment avec lui. Le parent légitime fixe-t-il le régime de la succession, même pour la part à laquelle a droit le léga-taire universel ou l'enfant naturel, ou bien, au contraire, cette part est-elle soustraite à l'influence de l'héritier?

(*a*) D'abord, *quant au légataire universel*, nous **pensons** que le parent légitime en concours avec lui conserve son influence sur la totalité de la succession, et que le légataire universel est vis-à-vis du parent légitime, non pas une es-pèce de cohéritier ayant un droit de la même nature **que le** sien (3), mais, comme le légataire particulier ou partiaire, un véritable créancier (4); et nous tirerons de là cette

(1) Malgré sa vocation éventuelle à l'universalité, le légataire universel concourt avec le parent légitime : 1° dans le cas d'institution ordinaire, si le parent légitime a une réserve ; 2° même lorsque le parent légitime n'a point de réserve, si l'institution a été faite en ce sens que l'institué est seulement placé sur la même ligne que tel parent ou telle classe de parens légitimes.

(2) et *a fortiori* lorsque l'un et l'autre sont appelés.

(3) C'est ce que nous avons déjà dit du légataire *partiaire* (Voy. p. 549).

(4) Il ne faut pas en conclure que le droit du légataire universel res-semble sous tous les rapports au droit du créancier héréditaire; entre ce dernier droit et celui du légataire particulier il n'y a pas non plus une ressemblance complète, et personne cependant n'hésite à considérer le légataire particulier comme un créancier?

Nous ne concevons pas le terme moyen adopté par M. Toullier qui re-fuse au légataire universel (et aussi à l'enfant naturel) l'action de partage

conséquence que sa condition varie suivant que le successible parent légitime aura accepté purement et simplement ou sous bénéfice d'inventaire.

Nous fondons notre opinion sur les considérations suivantes :

1° L'article 1004 refuse implicitement (1) la *saisine* au légataire universel qui vient à la succession en concours avec un parent légitime, or, quand même on réduirait les effets immédiats de la saisine (2) au droit de se mettre en posses-

proprement dite (car c'est bien refuser cette action que d'accorder au parent légitime le droit de composer la *lotie* du légataire; quand même on lui imposerait la nécessité de faire cette opération de manière que le légataire reçoive une part proportionnelle des diverses espèces de biens trouvés dans la succession) et qui cependant reconnaît au légataire universel (et à l'enfant naturel) le droit d'agir contre les tiers, c'est-à-dire, de faire déclarer nulles les aliénations consenties par l'héritier, non seulement dans le cas où, ces aliénations étant maintenues, il ne serait plus possible de payer le légataire (ou l'enfant naturel) mais même lorsqu'il serait simplement impossible de composer sa *lotie* conformément à ce qui vient d'être dit. Peut-être M. Toullier n'a-t-il entendu accorder action contre les tiers, que par application de l'art. 1167; plusieurs passages de son livre se prêtent en effet à cette manière d'entendre son système : par exemple, lorsqu'il distingue si le légataire ou l'enfant naturel se sont ou ne se sont pas fait connaître avant que les tiers eussent traité avec l'héritier parent légitime.

(1) en disant que le parent légitime est saisi de *tous* les biens, ce qui n'est au surplus qu'une conséquence de l'art. 724 qui l'oblige à acquitter *toutes* les charges.

(2) Les interprètes du Code civil sont loin d'être d'accord sur ce qu'il faut entendre par *saisine* en matière de succession :

Quelques-uns indiquent comme principal effet de la *saisine* la transmission du droit d'accepter ou répudier une succession, transmission qui s'opère, d'un appelé à succéder à ses héritiers, lorsque l'appelé est mort sans avoir exercé ce droit et même lorsqu'il est mort sans avoir su que la succession lui était dévolue. — Comment n'ont-ils pas vu qu'aujourd'hui cette transmission a lieu à l'égard de toute espèce de successibles, tandis que la *saisine* est, dans la pensée du législateur, une prérogative de certains successibles !

D'autres, notamment M. Malpel (p. 347 de son *Traité des successions*); ont dit que le principal effet de la saisine consiste en ce que, même avant d'avoir été en contact avec les choses possédées par le défunt, l'héritier est investi des droits que celui-ci devait à la *possession*. — Mais comment s'ision sans encourir telle ou telle peine (1), nous demandons si ce refus de saisine n'entraîne pas cette conséquence, que le successible non saisi ne peut jamais avoir la libre disposition des biens héréditaires, ou en d'autres termes, ne peut pas accepter la succession purement et simplement, d'ou résulte cette conséquence ultérieure, qu'il ne peut pas *ad libitum* soumettre la succession au régime d'administration comptable, c'est-à-dire, de *statu quo*, ou à celui de

maginer que la *saisine*, que tous les auteurs présentent comme jouant un grand rôle en matière de *succession*, et dont le Code s'occupe au titre des *successions*, tandis que le titre de la *proscription* ne présente pas même une seule fois le mot *saisine*, ne serait qu'une modification peu importante, je dirai même, plus nominale que réelle, d'une règle relative à l'usucapion ou aux actions possessoires !

L'opinion qui nous paraît la plus plausible, c'est que le législateur en disant : *tels successibles sont saisis*, a entendu deux choses, savoir :

4° que ces successibles ont le droit de se mettre en possession des biens du défunt et d'exercer ses actions (de quelque nature qu'elles soient), sans être assujétis à aucune formalité préalable que pourrait réclamer l'intérêt d'héritiers plus proches (qui se présenteront peut-être un jour), ou même l'intérêt des créanciers de la succession ; tandis que les autres successibles ne peuvent entrer en possession qu'après avoir rempli certaines conditions , telles que l'annonce au public de l'ouverture de la succession , l'inventaire des biens qui la composent, et même la prestation d'une caution , etc. ;

2° que toute personne ayant quelque droit à exercer contre la succession trouve, dans le successible à qui la loi accorde la saisine, un légitime contradicteur, même avant que ce successible ait pris possession des biens héréditaires ; tandis que les successibles non saisis ne représentent l'héritier qu'après qu'ils ont rempli les formalités dont il a été question ci-dessus ; de sorte que les personnes qui ont quelque action à exercer contre la succession ne l'exerceraient pas valablement contre un successible de cette seconde classe , et doivent, ou tâcher de découvrir un successible de la première, ou bien faire nommer un curateur à la succession vacante.

(1) Je ne connais que l'art. 772 où il soit question d'une peine encourue, par le successible non saisi, qui, au lieu de demander la délivrance ou l'envoi en possession, qui s'est emparé des objets héréditaires. Mais s'il faut que le successible qui évince justifie d'un dommage éprouvé, il y aura souvent impunité. Ne pourrait-on pas déférer le serment estimatoire, et condamner celui qui est entré irrégulièrement en possession *quanti adversarius in litem juraverit.*

disposition libre, que nous avons appelé ci-dessus *régime de préférence* (1).

2° Le même art. 1004 veut que le légataire universel demande la délivrance au successible parent légitime (2), or cette expression *délivrance*, dans le Code et dans les écrits des anciens jurisconsultes, est presque toujours employée pour exprimer l'événement qui transporte le droit de propriété d'une personne à une autre, et non lorsqu'il s'agit simplement de mettre un propriétaire en possession de sa chose (3); ainsi on ne dit pas que le dépositaire doit délivrer la chose déposée au déposant qui la réclame.

3° On ne conçoit pas pourquoi l'action donnée à un légataire qui aurait, à l'égard des choses héréditaires, un droit pareil à celui du parent légitime, s'appellerait *action en délivrance* au lieu de s'appeler *action de partage.*

4° L'art. 873 dit que les héritiers (et il est évident que le lé-

(1) V. ci-dessus, p. 502, 542 et 566.

(2) Ce n'est qu'en parlant du parent légitime *réservataire* que les rédacteurs du Code ont imposé au légataire universel l'obligation de demander la délivrance ; mais la nécessité de cette demande est évidemment une conséquence de la saisine qui est accordée par l'art. 724 aux héritiers légitimes sans distinction entre les réservataires et les non réservataires ; il faudrait une disposition expresse pour faire exception à cette règle ; or, nous voyons bien par l'art. 1006 que les légataires universels enlèvent la *saisine* aux parens légitimes non réservataires en même temps qu'ils les excluent; mais nous ne voyons pas qu'il en soit ainsi lorsque, en conséquence d'une modalité extraordinaire de l'institution, ils ne font que concourir avec eux. A la vérité, l'art. 1011 fournit un argument contre cette opinion : à défaut d'héritier réservataire, c'est au légataire universel que le légataire particulier ou partiaire doit demander la *délivrance*, et on ne conçoit pas comment il en serait ainsi, si le légataire universel n'était pas plus saisi dans ce cas que dans celui où il concourt avec des parens réservataires, car celui qui est *chargé* de faire la délivrance ne peut être tenu de la demander lui-même. Nous répondrons que le législateur a écrit l'art. 1011, préoccupé de ce qui arrive habituellement, savoir que les parens légitimes non réservataires ne viennent qu'à défaut de légataire universel.

(3) Il est étonnant que, malgré les mots : *droit à la chose*, dont le législateur s'est servi dans l'art. 1014, quelques jurisconsultes aient invoqué cet article pour soutenir qu'au moins le légataire d'un objet particulier est propriétaire avant la délivrance.

gislateur a voulu parler des parens légitimes appelés à la succession) sont tenus des dettes et charges de la succession personnellement pour leur portion *virile* (et hypothécairement pour le tout), sauf leur recours, soit contre leurs cohéritiers, soit contre les légataires universels, à raison de la part pour laquelle ils doivent y contribuer. On ne saurait douter qu'en écrivant ces mots : pour leur portion *virile*, le législateur n'ait eu dans la pensée une distinction entre la part pour laquelle un héritier légitime, venant à la succession concurremment avec d'autres successibles, est tenu envers les créanciers (1), et celle pour laquel'e il doit contribuer, avec ces autres successibles, à l'acquittement des dettes et charges de la succession? Mais, si les tiers sont autorisés à considérer le parent légitime ou les parens légitimes comme représentant le défunt à l'exclusion des légataires universels (et *a fortiori* des enfans naturels et des légataires partiaires), il s'en suit que les légataires universels ne sont pas alors, au moins vis-à-vis des tiers, saisis d'une portion du passif de la succession (2); et comme les art. 724 et 1220 ont

(1) Faut-il ici comprendre sous le nom de *créanciers* les légataires particuliers ou même partiaires? Nous le pensons : la fin de l'art. 1009 nous paraît devoir s'entendre dans le même sens que le commencement, c'est-à-dire comme signifiant simplement que sur la portion de l'actif qui profiterait intégralement au légataire universel, s'il n'y avait ni dettes ni legs particuliers ou partiaires, il faut payer : 1° une semblable portion des dettes et 2° la totalité des legs; ce qui peut, ainsi que nous l'expliquerons ci-après, s'opérer de deux manières, savoir : avant la délivrance, ou après.

(2) Il ne faudrait pas cependant induire de là que les légataires universels ne peuvent pas être poursuivis personnellement par les créanciers ou par les autres légataires : ils ne peuvent pas être poursuivis comme débiteurs directs et à titre de représentans du défunt, mais ils peuvent l'être en vertu de l'art. 1166, lorsqu'ils ont reçu de l'héritier leur part des biens héréditaires avant que la succession ait été liquidée (voyez ci-après, p. 592); car cette part des biens doit supporter une part proportionnelle des dettes et la totalité ou du moins une partie des legs particuliers ou partiaires, conformément aux principes posés dans les art. 926, 927 et 1009; en recevant la délivrance, les légataires universels ont contracté envers l'héritier l'obligation de le mettre à l'abri de l'action des

évidemment lié la transmission des droits de propriété et des créances du défunt à la transmission de ses obligations, nous pouvons tirer de ce qui précède cette conséquence : que les légataires universels, ne sont point copropriétaires ou cocréanciers de l'héritier légitime, mais sont seulement des créanciers de cet héritier (1); ce qui, comme nous l'avons déjà dit, emporte cette conséquence ultérieure : qu'ils n'ont, dans l'hypothèse qui nous occupe, aucune influence sur la détermination du régime de la succession.

Nous savons bien qu'on a prétendu échapper à l'argument tiré de l'art. 873, en considérant les derniers mots de cet article : *sauf leur recours*, etc., comme se rapportant seulement à la fin de la phrase précédente : *et hypothécairement pour le tout ;* mais, sans nous prévaloir de ce que la ponctuation de l'édition officielle du Code civil est en opposition avec cette interprétation, nous dirons que la rédaction de l'article y répugne complétement ; en effet, si, dans la pensée du législateur, la portion *virile* et la portion *contributoire* eussent été une seule et même chose, pourquoi n'aurait-il pas dit : *sauf, dans ce dernier cas, leur recours contre, etc... à raison de la portion virile de chacun d'eux ?*

4° Dans l'art. 2111, on n'a fait aucune distinction entre les légataires universels et les autres légataires, et cependant, si les premiers devaient être considérés comme des cohéritiers des parens légitimes appelés à la succession, on ne conçoit pas comment ni à quelle fin ils pourraient prendre inscription sur les biens héréditaires pour sûreté de leur legs : ce ne serait pas pour éviter les effets de l'aliénation ou de l'affectation hypothécaire consentie par les héritiers

---

créanciers ou légataires particuliers ou partiaires. — Il faut en dire autant des légataires *partiaires* considérés à l'égard du légataire universel (art. 1011, 1012 et 1013).

(1) encore faut-il qu'il ne répudie pas et ne réclame pas le bénéfice d'inventaire.

parens légitimes , car, dans l'hypothèse où nous nous plaçons pour un instant , cette aliénation ou affectation ne vaudrait que pour la part de ces héritiers (et encore sauf l'art. 883) ; serait-ce pour le cas où les parens légitimes feraient disparaître les meubles, et où les intérêts du légataire se trouveraient compromis alors même qu'on lui adjugerait tout ce qui reste dans la succession ? mais le légataire, que l'on veut considérer comme cohéritier, pourrait aussi s'emparer des biens héréditaires, et cependant les parens légitimes ne sont certainement pas tenus de prendre inscription en vertu des art. 2111 et 2113.

Les deux dernières considérations que nous venons d'exposer et les articles du Code sur lesquelles elles s'appuient, s'appliquent évidemment au cas où le légataire universel concourt avec un parent légitime non réservataire, aussi bien qu'à celui où il concourt avec un réservataire.

(b) *Quant aux enfans naturels*, la plupart des considérations que nous avons invoquées pour établir que le légataire universel n'a pas, comme l'héritier légitime. avec qui il concourt, le droit d'influer sur le régime de la succession, et qu'au contraire la totalité de la succession demeure, malgré le legs universel, soumise à l'influence du parent légitime, militent pour faire refuser ce même droit d'influence aux enfans naturels et parconséquent pour faire considérer ces enfans comme de simples créanciers de l'héritier légitime et non comme ses *cohéritiers.*

Ainsi :

1° la saisine leur est refusée (par l'art. 724); non pas, à la vérité, aussi explicitement qu'elle l'est aux légataires (par l'art. 1004), mais cependant de manière à ne laisser aucun doute à ce sujet (1);

2° ils sont, comme les légataires, dans la nécessité de de-

(1) En effet, comment croire que les héritiers légitimes soient passibles de *toutes* les dettes, sans être investis de *tous* les droits du défunt?

mander la délivrance (1) : aucun article ne le dit en termes formels, comme le fait l'art 1004 pour les légataires ; mais, cela résulte clairement des art. 724, 760 et 761 (2).

3° Les art. 724 et 873 fournissent, à l'égard des enfans naturels, absolument le même argument qu'à l'égard des légataires universels, pour soutenir que le concours de ces successibles avec l'héritier légitime n'empêche pas celui-ci de représenter complétement (3) le défunt.

On peut, en outre, faire valoir les considérations suivantes :

La loi refuse formellement à l'enfant naturel le titre d'*héritier* (art. 756) ; or, de quelle prérogative a-t-on voulu le priver, si ce n'est du droit de s'emparer sans formalité des biens du défunt, et du droit de continuer sa personne (c'est-à-dire, d'être réputé propriétaire de ce qui appartenait au défunt, et créancier de ce qui lui était dû) ? Dès lors, son droit peut-il être autre chose qu'une créance contre ceux qui représentent le défunt ou plutôt contre la succession elle-même ?

Le projet de Code avait expressément déclaré que le droit de l'enfant naturel n'était qu'une *créance ;* si ce mot a été retranché, ce n'est pas parce qu'on a entendu traiter l'enfant naturel mieux que ne le faisait le projet : il est évident que tel n'est pas l'esprit des amendemens qui ont été faits en cette matière ; il est probable que, au contraire, on a craint que le mot *créance* ne donnât lieu à une interprétation trop favorable aux enfans naturels, c'est-à-

(1) et le fait de délivrance ne s'applique guère qu'au cas où il s'agit d'une créance.

(2) A la vérité ces mots de l'art. 756 : *droit sur les biens*, semblent indiquer un droit *réel* plutôt qu'une créance ; mais ces mots ne doivent pas être pris plus rigoureusement que le mot *gage* de l'art. 2093.

(3) bien entendu dans l'hypothèse où il n'a pas de cosuccessible absolument semblable à lui ; autrement, ce que nous disons de l'héritier parent légitime doit s'appliquer à la masse des parens légitimes concurrement appelés.

dire qu'on ne fût tenté de mettre ces successibles sur la ligne des créanciers héréditaires, ce qui leur donnerait le droit de réclamer la préférence sur les parens légitimes. —

Quant à l'argument qu'on tire de l'art. 757 pour prétendre que le droit de l'enfant naturel est un droit analogue au droit de l'enfant légitime, nous dirons que, dans cet article, le législateur ne s'est aucunement occupé de déterminer la nature du droit de l'enfant naturel, mais seulement d'en faire connaître l'étendue relativement à la fortune du *de cujus*; à cette fin, il donne à l'enfant naturel une quote part de ce que le parent légitime eût recueilli sans ce concours, mais il a soin de dire que néanmoins l'enfant naturel n'est pas héritier.

Presque toutes les propositions que nous venons d'exprimer sur la nature du droit successif, soit du légataire universel, soit de l'enfant naturel, sont admises par M. Toullier; ainsi (1) :

Il déclare formellement que ces successibles n'ont pas le droit d'exercer une action de partage *proprement dite* contre les parens légitimes avec qui ils concourent (voyez tome IV, p. 245); d'où il suit qu'ils n'ont pas le droit d'exiger que le sort désigne les biens qui doivent leur appartenir (tome IV, p. 246, 247 et t. V, p. 411); ce droit, dit-il, supposerait

(1) Ce jurisconsulte place, à cet égard, sur la même ligne, non seulement l'enfant naturel et le légataire universel, mais aussi le légataire partiaire (dont nous nous sommes occupés ci-dessus, p. 517 à 520).— C'est au sujet de l'enfant naturel qu'il donne à son système tous ses développemens, en déclarant, de temps à autre, que le légataire à titre universel est soumis aux mêmes règles que l'enfant naturel (V. tom. IV, p. 246 à 249).—A la page 411 du tom. V, il dit expressément que le légataire universel, lorsque l'effet de son legs se trouve réduit par la présence d'héritiers réservataires, ne peut que *demander la délivrance*, et il ajoute qu'on ne pourrait pas dire qu'il y a *délivrance* faite par l'héritier, si c'était le sort qui déterminât les biens formant la part du légataire universel. Or c'est là le point capital de son système ; ce qu'il dit ensuite, d'accord avec nous, sur la nature des droits de l'enfant naturel et du légataire universel, n'est que la conséquence du principe que nous venons d'énoncer.

un droit égal à celui du parent légitime ; or, l'art. 1004, en déclarant que le légataire universel en concours avec un parent réservataire, doit demander la délivrance , et l'article 756, en déclarant que l'enfant naturel n'est pas héritier, ont évidemment voulu que ces successibles ne marchassent pas d'un pas égal avec les parens légitimes.

Si M. Toullier accorde au légataire universel et à l'enfant naturel le droit d'assister à la levée des scellés, à l'inventaire et à l'estimation des biens, et même, dans le cas où il existe plusieurs héritiers, à la formation des lots, et, dans tous les cas, à la composition des *loties* qui sont destinées à être délivrées au légataire universel ou à l'enfant naturel, c'est seulement comme moyen d'éviter que l'on agisse en fraude de leurs droits, et encore M. Toullier a-t-il soin de déclarer que tous les frais causés par l'intervention de ces successibles seront supportés par eux (tome IV, p. 245).

Enfin, M. Toullier (même tome, p. 246) applique au parent légitime chargé de faire la délivrance la maxime *electio debitoris est;* et il établit en principe (même tome, p. 249) que l'héritier légitime peut, même depuis la demande en délivrance, vendre valablement les biens héréditaires.

Mais, M. Toullier fait au système opposé des concessions que nous ne pouvons approuver (1) ; ainsi :

Il décide (tome IV, p. 249) que si l'héritier, par les ventes qu'il a faites, s'est mis hors d'état de délivrer au légataire universel la quote part des biens héréditaires à laquelle ce dernier a droit, les ventes pourront être annulées jusqu'à concurrence de cette quote part (2) ; attendu, dit-il, que

____

(1) Il abandonne même complétement le système que nous venons d'exposer, 1° lorsque, aux pages 248 et 250, il approuve un arrêt qui a considéré l'enfant naturel comme *copropriétaire* des biens héréditaires, et lorsqu'il reconnaît à ce successible un *jus in re*, en le comparant au légitimaire de l'ancien droit (lequel légitimaire pouvait révendiquer les biens qui auraient dû lui être délivrés à titre de *légitime*) ; 2° lorsque, p. 246, 249, il accorde à l'enfant naturel le droit de provoquer le partage.

(2) sans doute en commençant par les dernières aliénations ; comme dans le cas où il y a lieu à réduire des donations pour former la réserve.

l'héritier n'a pas pu transporter à autrui plus de droits qu'il n'en a lui-même (1).

Il va même plus loin à la p. 250, où il dit que *l'enfant naturel est, dès l'instant de la mort de son père ou de sa mère, propriétaire de la portion de biens que la loi lui attribue*, et p. 251, où, après avoir reconnu que le légataire universel n'est pas héritier, il ajoute : *cependant, si, avant qu'il ait formé sa demande en délivrance, l'héritier aliène les biens compris dans le legs, le légataire peut faire annuler l'aliénation et forcer le tiers acquéreur à les lui délaisser* (2).

Nous ne comprenons rien à ce système mixte ; il nous faudrait des textes bien formels pour croire que le législateur a eu l'intention de l'établir; or nous ne trouvons dans M. Toullier qu'une très bonne volonté de concilier son opinion primitive avec quelques arrêts contraires et qu'il eût mieux fait de négliger , car nous n'y avons vu aucun argument de quelque force.

Il ne suffit pas d'avoir établi que le légataire universel et l'enfant naturel, lorsqu'ils sont en concours avec un successible parent légitime (3), doivent être considérés comme

(1) M. Toullier fait cependant une distinction entre le cas où l'héritier a agi de bonne foi, c'est-à-dire ignorant qu'il y eût un enfant naturel (ce qui suppose qu'il a agi avant la demande de celui-ci), et le cas où il a agi sachant bien qu'un enfant naturel était appelé à prendre part à la succession. Au premier cas, M. Toullier pense que la vente ne doit être annulée qu'autant que l'insolvabilité de l'héritier empêche l'enfant naturel d'obtenir de lui la valeur en argent ou autrement, des biens héréditaires qui auraient dû lui être délivrés; mais, dans le second cas , il n'exige pas cette condition d'insolvabilité pour accorder à l'enfant naturel le droit de faire déclarer nulles les aliénations consenties par l'héritier.

(2) On voit que l'auteur ne fait plus dépendre ce droit, comme à la p. 249, de la circonstance que l'héritier ne pourrait pas désintéresser le légataire. — Peut-être, dans ce passage, M. Toullier n'a-t-il eu en vue que le légataire particulier d'un corps certain. Dans ce cas-là même, le droit de revendication ne me paraît pas à l'abri de toute objection.

(3) L'enfant naturel n'est également qu'un simple créancier lorsqu'il concourt avec un légataire universel saisi de la succession.

de simples créanciers, et non comme des cohéritiers du parent légitime ; il est évident qu'ils forment une classe particulière de créanciers et que leurs droits vis-à-vis de l'*héritier* ne peuvent être tout-à-fait les mêmes que ceux des créanciers ordinaires ; nous ne pouvons donc nous dispenser d'expliquer dès à présent (1) comment les légataires universels et les enfans naturels, dans l'hypothèse dont nous nous occupons en ce moment (2), arrivent à l'exercice de leurs droits, soit dans le cas où l'héritier a accepté sous bénéfice d'inventaire , soit dans le cas où il a accepté purement et simplement ; et comment, dans ce dernier cas, les inscriptions autorisées par les art. 2111 et 2113 peuvent intervenir pour assurer ces mêmes droits.

Il s'agit de considérer dans ses détails le fait de *délivrance* en tant qu'il s'applique spécialement à la matière des *successions*.

La *délivrance* est en général l'acte par lequel une personne met une autre personne en possession d'une chose c'est-à-dire lui procure les moyens, à titre de propriétaire, de jouir et de disposer, en droit et en fait, de cette chose.

Nous n'avons point à nous occuper ici de la délivrance des legs particuliers, mais seulement du cas où il s'agit soit d'un legs de l'universalité ou d'une quote part de la succession, soit des droits successifs d'un enfant naturel en concours avec des parens légitimes ou avec un légataire universel.

Dans ce cas-là même, la délivrance offrira peu de difficultés si l'actif de la succession ne se compose que d'argent ou de corps certains, et n'est grévée, ni de dettes ou charges héréditaires, ni de legs : *délivrer* une

____

(1) quoique cela nous fasse entamer un sujet (le *privilége des légataires*) que nous avons considéré comme devant être séparé de celui que nous traitons maintenant.

(2) c'est-à-dire dans l'hypothèse du concours d'un légataire universel ou d'un enfant naturel avec des successibles parens légitimes.

partie de la succession, ce sera simplement mettre le légataire ou l'enfant naturel en possession, soit de deniers trouvés dans la succession, soit d'un certain nombre de corps héréditaires, soit d'une certaine portion de ceux qui sont divisibles (1), soit enfin du prix ou d'une portion du prix provenu de la vente de tout ou partie des corps héréditaires (2).

Mais, lorsque l'actif de la succession renferme des créances, lorsque, à côté de l'actif, on trouve des dettes héréditaires, des legs particuliers ou autres charges, et surtout lorsque, à côté de l'héritier, il se présente non seulement un légataire universel, ou bien un enfant naturel, mais l'un et l'autre en même temps, et de plus un légataire partiaire, la délivrance à faire au légataire universel, à l'enfant naturel et au légataire partiaire, c'est-à-dire la délivrance d'une ou plusieurs quote-parts (3) de

(1 L'héritier a-t-il à cet égard un libre choix? Nous pensons qu'il est permis à l'héritier pur et simple de garder les objets qui peuvent avoir pour lui un prix d'affection ; mais, hors de là, la délivrance doit embrasser une partie de chaque espèce de biens dont se compose la succession. L'héritier, afin d'éviter toute contestation, fera bien de s'entendre avec les légataires universels (et même avec les légataires partiaires) ou les enfans naturels, pour former des lots qui seront tirés au sort; mais il n'y a pas pour lui nécessité de procéder ainsi, et s'il offre telle *lotio* (pour employer l'expression de M. Toullier) composée conformément à la règle que nous venons de poser, le légataire ne pourra pas la refuser. Il ne s'agit donc pas ici d'un véritable partage, et par conséquent l'art. 883 ne serait pas applicable.

(2) Comment sera-t-il procédé à cette vente? Il est évident qu'il faut distinguer s'il s'agit d'un héritier bénéficiaire ou d'un héritier pur et simple.

(3) Il n'y a jamais lieu à délivrance de toute la succession ; car lorsqu'il n'y a point d'héritier légitime, c'est-à-dire de parent légitime acceptant, le légataire universel se trouve saisi (nous avons vu que dans le cas où par l'effet d'une modalité extraordinaire de l'institution, l'héritier institué concourt avec des parens légitimes non réservataires, ce sont encore ces derniers qui ont la saisine). — Si, lorsque la saisine appartenait à un autre, le légataire a agi, comme s'il eut été véritablement saisi, ce qu'il aura fait vaudra vis-à-vis des tiers, et nous ne voyons pas même de quelle peine il sera tenu envers le parent à qui il aurait dû demander la

la succession nous paraît offrir des difficultés sérieuses (1).

En effet, on conçoit deux modes de délivrance (2).

ou bien l'héritier, après avoir constaté ce qu'il y a d'actif et ce qu'il y a de dettes, calcule quel doit être en définitive l'émolument des diverses classes de légataires et de l'enfant naturel, puis, après avoir payé les dettes, il donne (3) à chacun ce qui lui revient.

ou bien, après avoir constaté le montant de l'actif et des dettes, et reconnu ce qui doit revenir en définitive aux diverses classes de légataires et à l'enfant naturel, il délivre en nature au légataire universel et à l'enfant naturel des biens héréditaires formant la quote part que leur attribue la loi ou le testament (4), en imposant (par cela même) à l'un et à l'autre l'obligation de payer une quote part semblable dans les dettes (5) et en imposant de plus au premier l'obligation de payer tous les legs.

délivrance. C'est encore une lacune de notre législation. Ce qu'il y aurait de mieux à faire, ce serait d'assujétir toujours à la délivrance ou à l'envoi en possession : 1° les héritiers institués (dont le titre peut être faux ou révoqué), et 2° tous les parens collatéraux.

(1) indépendamment de celles que présente la détermination de la quotité disponible.

(2) Je n'entends pas rappeler ici la distinction établie ci-dessus entre l'*action en partage* et l'*action en délivrance*; je n'entends pas non plus parler de la distinction qu'ont faite quelques personnes entre la délivrance *de droit* et la délivrance *de fait*. La demande en délivrance *de droit*, qui ne peut être qu'une action à l'effet de faire reconnaître son droit, me paraît une chose superflue : ce serait même une absurdité dans certains cas, en effet, le Code dit que la délivrance sera faite au légataire *à titre universel*, c'est-à-dire *partiaire*, par le légataire *universel*; mais, s'ils sont nommés par le même testament, conçoit-on que l'un d'eux ait plus besoin que l'autre de faire reconnaître son droit?

(3) en se conformant, s'il y a lieu, à la règle posée dans la note 1 de la page qui précède; c'est-à-dire que, lorsqu'il y a possibilité de fournir aux légataires universels ou partiaires leur part en biens semblables à ceux qu'il garde pour lui-même, l'héritier doit le faire.

(4) sans déduire du legs universel le legs partiaire.

(5) Mais le légataire universel a la faculté de se débarrasser d'une partie de cette quote-part en délivrant lui-même au légataire partiaire la quotité à laquelle celui-ci a droit.

(591)

Quel que soit celui de ces deux modes de délivrance que le législateur impose ou que l'héritier adopte, une première opération est presque toujours nécessaire, c'est de déterminer de quelle somme doit définitivement devenir plus riche chacun des appelés à la succession.

En effet, si le testateur a excédé la quotité disponible, il faut, pour appliquer l'art. 926, savoir quelle eût été la valeur de chaque legs abstraction faite de la réserve ; et, lors même que le testateur n'a pas excédé la quotité disponible, il faut encore connaître le montant des dettes, car il n'y a rien à donner aux légataires, si les dettes absorbent tout l'actif (1).

Commençons donc par expliquer cette opération préliminaire.

Un exemple vaudra mieux que des principes abstraits : nous supposerons que le *de cujus* a laissé :

un enfant légitime (2),

un enfant naturel,

un légataire universel,

un légataire partiaire du 1/4 de la succession,

un légataire particulier de 14,400 fr.,

des créanciers pour une somme de 18,000 fr.

et que l'actif de la succession s'élève à 162,000 fr.

(1) Nous pensons que les légataires ne peuvent jamais soutenir que l'héritier est tenu indéfiniment à leur égard. On ne conçoit pas comment les légataires universels ou partiaires pourraient venir à partage sans qu'il y ait constatation de l'actif, or cette constatation exclut l'idée de l'obligation indéfinie de l'héritier. Quant aux légataires particuliers, pourquoi seraient-ils mieux traités que les légataires universels ou partiaires ? Tout ce que l'on peut faire, pour les uns comme pour les autres, c'est d'admettre la preuve *par commune renommée*.

(2) Si l'on suppose un autre parent légitime réservataire, les opérations ci-après seront les mêmes ; c'est l'opération préliminaire, ayant pour objet la détermination de la part de l'enfant, qui offrira des difficultés différentes et peut-être encore plus graves. — S'il s'agit d'un parent légitime non réservataire, la *délivrance* devient beaucoup plus simple, les difficultés relatives à la réduction des legs disparaissent. Nous traiterons plus loin

Il faut d'abord se fixer sur la quotité de l'enfant *naturel*; or, d'après ce que nous avons dit dans la note 2 de la p. 528, cette réserve est, dans l'espèce, des 5/36.

Celle de l'enfant légitime, qui eût été de 1/2, est réduite par la présence d'un enfant naturel à 15/36.

Le total des réserves est donc de 20/36.

Il faut ensuite déterminer la valeur à laquelle chaque légataire aurait droit s'il n'y avait pas d'héritier réservataire.

Or, lorsque le testateur, après avoir institué un légataire universel, dispose d'une quotité de ses biens, il y a lieu de croire que son intention est que le legs universel soit diminué de cette quotité par le concours du légataire partiaire (1); ainsi, dans notre espèce, où, à défaut de ce concours (et en supposant qu'il n'y eût pas de parent réservataire), le légataire aurait eu tout l'actif héréditaire moins la totalité des dettes et la totalité du legs particulier (2), c'est-à-dire 162,000 — 18,000 — 14,400 = 129,600, la part du légataire partiaire sera du 1/4 de cette quantité, c'est-à-dire de 40,500 — 4,500 — 3,600 = 32,400, et celle du légataire universel sera des 3/4 de cette même quantité, ci : 121,500 — 13,500 — 10,800 = 97,200.

Occupons-nous maintenant des réservataires.

Nous avons vu que le total des réserves s'élève aux 20/36 de l'actif, ci : 90,000, qui supportent une quote-part

(*cinquième et sixième Questions*) des cas où plusieurs héritiers saisis concourent.

(1) Ce cas-là ne peut pas se comparer à celui où le législateur donne à l'enfant naturel le 1/3, la 1/2 ou les 3/4 de la *portion héréditaire* qu'il aurait eue s'il eût été légitime, car c'est telle quotité de *la succession* qui est donnée au légataire partiaire.

(2) Quoique l'art. 1009 porte que tous les legs particuliers sont à la charge du légataire universel, je n'hésite pas à croire que l'obligation d'acquitter les legs particuliers pèse sur le légataire partiaire en proportion de ce qu'il prend d'actif; en effet, s'il y avait deux colégataires universels, il est évident qu'ils concourraient au paiement des legs particuliers; il doit en être de même ici, seulement la proportion est différente.

égale des dettes, ci 10,000, de sorte que l'émolument net des réservataires doit être 80,000, dont 60,000 pour l'enfant légitime et 20,000 pour l'enfant naturel.

C'est cette somme qu'il s'agit de leur procurer en réduisant l'émolument des légataires, lequel émolument, à défaut de parens réservataires, aurait été :

pour le légataire universel . . .	97,200,
pour le légataire partiaire. . . .	32,400,
pour le légataire particulier. . .	14,400,
total. . .	144,000.

Comme l'art. 926 veut que la réduction frappe proportionnellement tous les legs quels qu'ils soient (1), voici de quelle manière nous opérerons cette réduction;

Nous dirons :

Si, sur la totalité des legs, c'est-à-dire, sur la totalité de la succession (2), prélèvement fait des 18,000 fr. de dettes, ci : 162,000 — 18,000 = 144,000, il faut retrancher 80,000, combien faut-il retrancher :

1°	sur	97,200	?
2°	sur	32,400	?
3°	sur	14,400	?
		144,000	?

Nous arrivons à ce résultat :

Sur le legs universel de 97,200 il y a à faire une réduction de. . . . . 54,000 de sorte que ce legs ne sera plus que de. 43,200

Totaux	97,200	54,000	43,200

(1) Il est évident que dans l'article 926, comme dans plusieurs autres, l'expression *legs universel* embrasse le legs d'une *quote-part* (que le Code appelle ordinairemeut legs *à titre universel* et que nous appelons legs *partiaire*) comme le legs de l'universalité.

(2) La totalité de la succession est absorbée, puisque le défunt a fait un légataire *universel*.

Report 97,000   54,000   43,200
Sur le legs partiaire de 32,400
il y a à faire une réduc-
  tion de . . , ... 18,000
de sorte que ce legs ne
  sera plus que de 14,400
Sur le legs particulier
  s'élevant à 14,400
il y a à faire une réduc-
  tion de. 8,000
de sorte que ce legs ne
  s'élève plus qu'à 6,400
                                    ____
                    Totaux   144,000   80,000   64,000

Les 63,333 retranchés aux légataires seront répartis en-
tre les réservataires dans la proportion de $\frac{15}{36}$ à $\frac{5}{36}$,
          c'est-à-dire, d'une part, 60,000
                    et d'autre part, 20,000

RÉSUMÉ.

L'actif de 162,000 sera ainsi réparti :

Les créanciers,   18,000
Un enfant légitime,   60,000
Un enfant naturel ,   20,000
Le légataire universel .   43,200
Le légataire partiaire ,   14,400
Le légataire particulier ,   6,400
                                    ____
                    Total   162,000

Voyons maintenant, si, dans les circonstances ordinaires (1), l'héritier parent légitime est obligé de don-

____

(1) De ce que nous allons dire de l'influence du régime de la succession sur le mode de délivrance des legs, nous croyons pouvoir tirer

ner la préférence à l'un des deux modes de délivrance que nous venons de distinguer, ou bien s'il a le choix entre eux (1).

Nous croyons qu'il faut à cet égard, comme à tant d'autres, distinguer l'héritier bénéficiaire de l'héritier pur et simple :

(*a*) L'héritier bénéficiaire étant, en quelque sorte, le mandataire de toutes les personnes (soit créanciers, soit légataires) qui ont à prendre quelque chose dans la succession, nous pensons qu'il doit, autant que possible, éviter que tels de ces ayant-droit soient exposés à perdre, par le fait de tels autres ce qui leur est dû ; or, par le second mode de délivrance, les créanciers, les légataires particuliers et même le légataire partiaire (à moins qu'on ne décide qu'il reçoit sa part de l'héritier lui-même, comme le légataire universel), sont exposés à voir le légataire universel dissiper les biens héréditaires remis entre ses mains (2) ; c'est donc le premier mode que l'héritier bénéficiaire doit suivre, en remplissant en même temps certaines formalités dont l'héritier pur et simple est dispensé, et qui forment un supplément de garanties en faveur des divers intéressés (3).

(*b*) Quant à l'héritier pur et simple, il nous paraît avoir le choix entre les deux modes. Mais la prudence (4) doit souvent l'engager à donner la préférence au second (5). En effet, l'hé-

cette conséquence que le premier mode est imposé à tout successible qui ne peut pas être héritier pur et simple.

(1) Nous aurons à traiter plus tard la même question par rapport au légataire universel saisi.

(2) Ils n'ont pas la ressource du privilége ou de l'hypothèque des art. 2111 et 2117, puisque nous supposons que l'héritier n'a accepté que sous bénéfice d'inventaire.

(3) Voy. les art. 796, 805, 806, 807 et 808 du Code civil.

(4) Du reste, le second mode étant plus favorable au légataire universel, l'héritier pourra lui faire accepter, comme condition de l'adoption de ce mode, certaines mesures conservatoires, telles que la prestation d'une caution.

(5) Les inscriptions prises par les créanciers en vertu des art. 2111 et

ritier pur et simple, en mettant dans les mains du légataire universel ou de l'enfant naturel les valeurs nécessaires pour payer une part des dettes et la totalité des legs, fait, à la vérité, naître, en faveur des créanciers et légataires, le droit de s'adresser à ces successibles , mais il ne cesse pas d'être lui-même personnellement obligé. Cette proposition ne nous paraît souffrir aucune difficulté quant aux dettes de la succession. Quant aux legs , il est vrai que, malgré la généralité du mot *charges* employé dans l'art. 724, plusieurs jurisconsultes ont soutenu une opinion contraire, en se fondant sur l'art. 1009 *in fine;* mais nous pensons que cet article signifie seulement que tous les legs particuliers viennent en diminution du legs universel : si l'on convient que le légataire universel n'est obligé qu'autant qu'il détient des biens héréditaires, cela implique cette conséquence que l'héritier est tenu envers les légataires particuliers au moins tant qu'il possède les biens sur lesquels les legs doivent être payés, qu'il resterait *définitivement* obligé envers eux si le légataire universel venait à répudier son legs, et qu'il ne peut les renvoyer à agir contre le légataire universel qu'en prouvant qu'il a remis à celui ci toute la quotité disponible. — Pourquoi l'héritier ne serait-il pas tenu de prouver aussi qu'il a pris toutes les précautions nécessaires pour que les intérêts des créanciers et des légataires ne fussent pas compromis (1) ? Si l'on accorde cela, on est bien près de reconnaître qu'il demeure obligé malgré la remise.

2113 , et, quant aux meubles , la demande en séparation formée en vertu de l'art. 878, rapprochent d'ailleurs le second mode du premier ; car c'est alors le juge, et non l'héritier, qui détermine à qui seront attribués, soit le prix des biens frappés d'inscription, soit les sommes trouvées dans la succession ou le prix des objets mobiliers.

(1) L'art. 808, second alinéa, fournirait un argument pour soutenir que l'héritier n'a aucune précaution à prendre lorsque les créanciers ne sont pas opposans ; mais je crois que, dans cet article, les mots *créanciers opposans* signifient *créanciers connus*.

B. *Légataire universel*

(a) arrivant sans le concours d'autre successible universel,

1° *dans les circonstances ordinaires.*

Nous n'hésitons pas à décider que, dans cette hypothèse, le légataire universel a le droit de déterminer à son choix le régime de la succession, c'est-à-dire qu'il a l'option entre l'acceptation pure et simple et l'acceptation bénéficiaire (1).

Nous reconnaissons qu'aucun texte ne confère expressément cette option au légataire universel, et qu'il est douteux que le législateur ait pensé à d'autres successibles que les parens légitimes, lorsqu'il a fait le chapitre V du titre *des Successions;*

Mais,

1° de ce que le législateur accorde dans certains cas au légataire universel la saisine (2), dont l'élément principal est le droit de se mettre en possession des biens héréditaires sans remplir la formalité de l'inventaire ou de l'envoi en possession, on peut induire que ce successible a le droit (3) d'accepter purement et simplement, sinon dans toutes les circonstances où la saisine lui appartient (4), au moins

---

(1) Il a aussi le droit de répudier, et ce, non seulement dans l'hypothèse dont nous nous occupons maintenant, mais dans toutes les hypothèses où il peut être appelé à succéder. Nous n'avons pas dans notre droit d'*héritier nécessaire.*

(2) Le légataire est-il saisi lorsque le défunt a laissé des héritiers à réserve, mais que ces héritiers ont répudié ou ont été déclarés indignes ? Nous pensons qu'on peut dire du légataire universel, relativement à ce cas, ce qu'on dit du parent légitime qui se trouve primé par un autre parent dans l'ordre de successibilité. Mais nous attendrons pour nous expliquer à ce sujet, que nous soyons arrivés à nos *troisième et quatrième Questions.*

(3) Il faut se rappeler ici ce que nous avons dit, à la pag. 547, de l'erreur où l'on tombe, si l'on considère la qualité d'héritier pur et simple plutôt comme une peine que comme un avantage.

(4) car ce droit est quelquefois refusé à ceux qui ont la saisine : voyez ci-dessus, p. 567 et 576.

dans une partie, et nous pouvons même dire, dans la plupart, de ces circonstances;

2° le silence gardé par le législateur, dans le titre *des Donations et Testamens*, sur une foule de questions qui se présentent aussi bien à l'égard de l'héritier choisi par l'homme, qu'à l'égard de l'héritier désigné par la loi, donne lieu de croire que ce qui n'avait point été d'abord dans la pensée du législateur, il l'a voulu plus tard, savoir, qu'on étendît aux successions testamentaires les règles établies dans le titre des *Successions ;* et cela posé, on peut dire que le législateur a cru que la généralité du mot *successions* le dispensait de dire que les dispositions du titre portant cette rubrique s'appliquent au successeur appelé par l'homme comme au successeur appelé par la loi.

2° dans certaines circonstances extraordinaires.

Les circonstances qui peuvent priver le légataire universel de son droit d'option, sont en général les mêmes circonstances dans lesquelles ce droit est refusé au successible *parent légitime.* Nous n'avons pas besoin de les signaler de nouveau ; nous nous contenterons de renvoyer aux pages 567 et 568 ci-dessus.

Mais, nous devons parler ici d'une circonstance qui, affectant tout à la fois les droits de l'héritier légitime et ceux du légataire universel, n'aurait pu être bien comprise avant l'explication de la condition ordinaire de ce dernier ; cette circonstance, c'est l'*éventualité* de l'institution d'héritier, dans l'hypothèse où la succession *ab intestato* est dévolue à un parent non réservataire.

Nous pensons que, ni le légataire conditionnel, ni le parent légitime ne peuvent avoir, dans ce cas, bien entendu, pendant que la condition est en suspens, le droit de soumettre les biens héréditaires au régime de libre disposition. Si le parent légitime qui se trouve dans cette position extraordinaire n'est pas assujéti aux formalités de l'en-

(599)

voi en possession (formalités dont l'exigence est d'ailleurs presque dépourvue de sanction), au moins doit-il, comme le parent légitime *mineur* ou *interdit*, remplir la formalité de l'inventaire; on pourrait même punir, dans ce cas, le défaut d'accomplissement de cette formalité d'une peine qu'il n'est pas possible d'appliquer au mineur, savoir l'obligation indéfinie au paiement des dettes (1).

Si la condition est arrivée ou défaillie sans que jusqu'à présent le parent légitime ait accepté ou répudié, et sans qu'il y ait eu nomination d'un curateur, ou bien acceptation par un héritier apparent, le légataire, au cas de l'accomplissement de la condition, et l'héritier légitime, au cas de défaillance, auront le droit d'option dans toute son étendue, comme ils l'auraient eu dès l'ouverture de la succession s'il n'y avait pas eu de condition.

Il est évident que le légataire universel grevé de restitution est, vis-à-vis de l'héritier fidéicommissaire, dans la même position où l'héritier légitime est vis-à-vis du légataire universel sous condition.

Enfin, comme la discussion qui vient à s'élever entre plusieurs personnes sur la question de savoir, laquelle est véritablement appelée à succéder, présente chacune de ces personnes aux yeux du public comme n'ayant plus qu'un droit contestable et en quelque sorte conditionnel, il nous semble que les tiers ne sont alors autorisés à considérer ni l'une ni l'autre de ces personnes comme ayant le droit de libre disposition. Ce cas rentrant dans l'objet de notre *cinquième Question*, nous ne nous en occuperons pas davantage ici.

---

(1) Le défaut d'accomplissement des formalités exigées de l'héritier qui ne veut être que bénéficiaire, pourrait même être invoqué par l'un des créanciers héréditaires contre les autres, et pourrait l'être par tous contre le légataire universel lorsque celui-ci a tardé à se faire connaître (Voy. ce que nous dirons à ce sujet en traitant nos *troisième et quatrième Questions*.

(b) *concourant avec un ou plusieurs autres successibles universels.*

Pour le cas où le légataire universel concourt avec des parens légitimes, soit réservataires, soit non réservataires, nous renvoyons à ce que nous avons dit ci-dessus p. 577 à 583 (1).

L'enfant naturel nous paraît placé à l'égard du légataire universel saisi, absolument dans la même position où il est à l'égard du parent légitime, lorsque c'est à un successible de cette classe , soit réservataire, soit non réservataire , qu'appartient la saisine (2).

Quant au concours entre plusieurs légataires universels, nous n'hésitons pas à dire qu'il produit absolument les mêmes résultats que le concours entre parens légitimes.

Avant de passer aux successeurs irréguliers nous ferons remarquer que tout ce que nous avons dit du légataire universel est applicable à l'héritier institué contractuellement.

C. *Successeurs irréguliers.*

Les successions dévolues à des successeurs irréguliers ne peuvent être soumises qu'au régime d'administration comptable ; par conséquent, il n'y a pas lieu, dans cette hypo-

______

(1) L'art. 1006 porte que le légataire universel est saisi lorsqu'il n'y a pas d'héritiers auxquels une quotité des biens soit réservée par la loi ; en s'attachant à la lettre de cet article, on pourrait croire que le léga. taire est saisi quoiqu'il concourre avec des héritiers légitimes, si ceux-ci ne sont pas réservataires ; mais il est évident que le législateur, en écrivant l'art. 1006 , n'a pensé qu'aux modalités ordinaires , et il est probable que, même lorsqu'il n'est pas réservataire, le parent légitime conserve la saisine ; au moins faudrait-il dire qu'elle appartient alors tout à la fois et à l'héritier de la loi et à l'héritier institué.

(2) Comment l'enfant naturel en concours avec un légataire universel pourrait-il avoir ou partager la saisine , et par suite le droit d'établir le régime de libre disposition des biens héréditaires, tandis qu'il doit demander l'envoi en possession (dont l'administration comptable est une conséquence), même lorsqu'il ne vient qu'à défaut de parens non réservataires, lesquels sont exclus par le légataire universel ?

thèse, à l'application des art. 2111-2113 (1) : les inscriptions hypothécaires seraient nulles en vertu de l'art. 2146.

Pour justifier cette proposition, nous sommes encore privés de textes formels, mais on trouve en sa faveur un puissant
argument dans les art. 769, 770 et 773 qui exigent que les
successeurs irréguliers se fassent envoyer en possession (2) et
fassent inventaire ; car, il est évident que le législateur ne
peut avoir eu l'intention d'accorder la libre disposition des
biens à ceux qui n'inspirent pas assez de confiance pour
qu'on leur permette de prendre possession des biens héréditaires avant d'avoir averti les parties intéressées, par
des publications, et dressé un inventaire exact de tout
ce qui compose l'hérédité.

Il est vrai que, dans les art. 771 et 773, en imposant aux
successeurs irréguliers (l'État excepté) l'obligation de faire
emploi du mobilier ou de donner, pour en assurer la restitution, une caution (obligée seulement pour le cas où la
succession serait revendiquée dans les trois ans), le législateur semble n'avoir eu en vue que les rapports du successeur irrégulier qui s'empare de la succession, avec d'autres
successibles préférables à lui et qui pourraient venir un jour
la réclamer (3). Mais ne peut-on pas tirer de l'art. 771 un ar-

(1) sans préjudice de ce qui pourrait avoir été fait *précédemment* avec
un héritier apparent ou avec un véritable héritier restitué depuis (voyez nos
Questions troisième et quatrième).

(2) L'enfant naturel venant en concours avec d'autres successibles,
doit demander la délivrance.

(3) Qu'est-ce que l'auteur de l'art. 772 a eu en vue en parlant de *dommages-intérêts*, serait-ce le cas où des tiers qui ont traité avec le successeur irrégulier, seraient dispensés de rendre les objets héréditaires (soit en
vertu du principe qui valide les actes faits avec l'héritier apparent, soit,
au moins, comme ayant prescrit par 10 ou 20 ans) ? Mais, il nous semble
que le tiers doit s'imputer de n'avoir pas vérifié si celui qui se donne
comme successeur irrégulier a rempli les formalités voulues. Peut-être
faut-il appliquer l'article 772 aux fruits perçus par le successeur irrégulier,
ce qui entraînerait cette conséquence, que le successeur qui a rempli les
formalités gagne les fruits, à moins qu'on n'établisse d'ailleurs sa mauvaise foi. C'est, au surplus, ce que décide l'art. 138 pour un cas moins

gument *a fortiori*, ainsi conçu : « Il est impossible de sup-
» poser que le successeur irrégulier, gêné comme il l'est
» par l'article et soumis à l'obligation de faire inventaire et
» de demander l'envoi en possession, ait l'intention d'être
» tenu *ultra vires*, or les héritiers légitimes qui veulent
» échapper à cette condition, ne le peuvent qu'en perdant
» la libre disposition des biens ; donc les successeurs irré-
» guliers doivent être également privés de cette libre dispo-
» sition. » La conséquence de cet argument serait qu'il y a
lieu à appliquer aux successeurs irréguliers l'art. 2146 et
toutes les règles prescrites par les art. 803 à 809 pour l'administration de l'héritier bénéficiaire (pour autant qu'elles
sont compatibles avec l'art. 771) ; seulement, l'État nous
paraît devoir être dispensé de la caution de l'art. 807 même
pendant les trois ans, comme il l'est de la caution exigée
par l'art. 771. En effet, l'État ne peut jamais être réputé
insolvable, et il répond de ses agens ; c'est à lui à prendre,
à l'égard de ceux-ci, toutes les sûretés nécessaires.

Du reste , de ce que les successeurs irréguliers n'ont pas
le droit de soumettre la succession au régime de libre disposition , il ne faudrait pas en conclure qu'aucun d'eux ne
puisse s'obliger indéfiniment au paiement des dettes, soit par
des faits illicites, soit même par une simple déclaration de
volonté ; nous prions le lecteur de se rappeler ce que nous
avons dit à ce sujet, p. 519 ci-dessus.

En terminant cette exposition des principes de notre
Droit relativement à l'influence des diverses classes de successibles sur le régime de la succession , nous croyons devoir examiner si ces principes découlent des considéra-

favorable que celui dont nous nous occupons (où le successeur n'a pas
même su qu'il eût jamais existé une personne qui lui serait préférable en
supposant son existence actuelle), c'est-à-dire, pour le cas où il a existé
un successible par qui ou au nom de qui la succession pourrait être réclamée par préférence à celui qui en a pris possession, mais où cette
existence est contestée.

tions que nous avons indiquées ci-dessus comme devant diriger le législateur, ou bien si elles reposent sur d'autres considérations.

Nous ferons remarquer d'abord qu'en conférant à tous les parens légitimes, quelque éloignés qu'ils soient du *de cujus*, le droit de *saisine*, et par suite le droit de soumettre la succession au régime de libre disposition, tandis que ces deux droits sont refusés à l'enfant naturel et à l'époux survivant (1), le législateur paraît avoir été beaucoup plus touché de l'avantage de resserrer le lien de famille par la manifestation d'une grande confiance attachée à la qualité de parent, que de l'inconvénient signalé à la p. 523, savoir, le danger (2) pour le parent plus proche, qui n'aura appris que tard l'ouverture de la succession, de ne plus trouver que des dettes à payer (3).

Lorsque l'enfant naturel concourt avec des enfans légitimes, on trouve un second motif pour donner la préférence aux derniers quant à la détermination du régime de la succession, c'est que leur part héréditaire est plus forte que celle de l'enfant naturel (4).

---

(1) Ils le sont également à l'État, mais par des considérations tout autres que celles qui les ont fait refuser aux deux premières classes de successibles irréguliers.

(2) Ce danger aurait dû faire refuser également la saisine et, par suite, le droit de disposition libre, aux parens légitimes placés au delà du premier degré.

(3) C'est ce même désir de resserrer le lien de famille et d'offrir une compensation pour les charges légales, ou du moins morales, que la parenté impose, qui a fait accorder la priorité, dans l'ordre de successibilité (sauf l'espèce de légitime de l'art. 757, aux parens légitimes quelque éloignés qu'ils soient sur l'enfant naturel, dont l'état est d'ailleurs ordinairement plus contestable. En effet, l'enfant naturel est souvent privé de la possession d'état qui est la preuve la plus sûre de l'état des personnes. (A la vérité, le droit de l'héritier institué peut aussi être exposé à plus de controverses que l'état d'un parent légitime, et cependant l'héritier institué l'emporte sur les parens légitimes non réservataires).

(4) Celui qui n'a qu'une faible part dans une communauté ne doit pas avoir dans l'administration des biens communs, un droit égal à celui de-

Quant à l'époux survivant, on a pensé, sans doute, qu'étant primé par tous les parens, il y avait trop de probabilités qu'un héritier préférable à lui se fera un jour connaître, pour qu'on pût se dispenser de l'assujétir aux formalités de l'envoi en possession, et par suite au régime d'administration comptable (v. p. 523, le 3°).

Il est évident que, si l'État est assujéti aux formalités de l'envoi en possession, et, par suite, de l'administration restreinte, c'est parce qu'on n'a pas voulu qu'il fût exposé dans aucun cas à payer au-delà de son émolument ; or la saisine et l'administration libre emportent l'obligation de payer indéfiniment les dettes du défunt (1).

Le principe qui, en cas de concours des parens légitimes avec des légataires universels (2), réserve aux premiers le droit de déterminer le régime de la succession, est justifié par cette considération, qu'il importe de restreindre le nombre des personnes qui influent sur le régime héréditaire, d'où il suit que dans le cas où les successibles qui concourent ne sont pas tous absolument dans la même position (3), on peut réserver la prérogative dont il s'agit à ceux qui, dans leur intérêt propre ou dans l'intérêt public, justifient, à un titre quelconque, cette préférence ; soit par exemple, à raison de l'attente raisonnable qu'ils ont conçue du vivant du *de cujus* (p. 519), soit à raison de la notoriété plus grande, ou du moins de la plus facile constatation, de la circonstance ou du fait qui sert de base

ses communistes, parce qu'il peut y avoir danger qu'il ne veuille en abuser.— Si cette considération n'a pas empêché le législateur de donner la saisine au parent réservataire même lorsqu'il est en présence d'un héritier institué qui prend souvent dans la succession une part plus forte que lui, c'est que la personne du réservataire inspire un intérêt que n'inspirent pas d'autres successibles et notamment l'enfant naturel.

(1) Faut-il ajouter : *et même les legs?* Nous avons déjà touché un mot de cette question.

(2) Et *a fortiori*, avec des légataires partiaires.

(3) Voy. pag. 519, 520, au n° 2, et 521, au n° 4.

à leur droit de successibilité (p. 520), ou bien encore, à raison de la probabilité que l'option aura lieu plus promptement (p. 520 , n° 2, *in fine*), ou bien enfin, à raison de la possibilité pour tel des co-successibles de recueillir la part de l'autre, sans qu'il y ait réciprocité en faveur de celui-ci (p. 520, n° 3).

Il y a encore une raison pour ne point accorder au légataire (1) venant en concours avec un parent légitime, le droit d'établir *ad libitum* (bien entendu pour sa part dans la succession), le régime de disposition libre ou le régime d'administration comptable , c'est que le choix, par le légataire, du premier de ces régimes, entraînerait pour lui le droit d'exiger une part dans chaque immeuble, ou le tirage au sort si la division n'est pas possible ; or , le parent légitime peut tenir beaucoup à des propriétés de famille, et , lorsque tant de causes enlèvent les citoyens à leur pays natal et dépeuplent les campagnes au profit des villes, il est bon d'entretenir un sentiment qui est favorable aux exploitations rurales , et qui vient à l'appui de l'esprit de famille ; le légataire, au contraire, n'a aucune raison d'attachement aux propriétés patrimoniales du testateur ; et il pourrait abuser du titre de copropriétaire pour faire acheter fort cher au parent légitime la mise au lot de ce dernier de telle ou telle chose héréditaire.

§ 2 (2). Nous venons de voir quelle puissance (plus ou moins étendue en raison de certaines circonstances) appartient aux diverses classes de successibles quant à la détermination du régime de la succession. — Nous avons à examiner maintenant comment cette puissance agit, et ce que les créanciers (3) peuvent faire pour hâter le terme de

(1) La considération que nous allons présenter s'applique jusqu'à un certain point aux enfans naturels, car ils sont ordinairement élevés hors de la maison paternelle.

(2) Le § 1 est à la page 544.

(3) Nous avons déjà dit que les légataires ont à cet égard le même droit

l'incertitude où les jette le retard apporté par l'héritier dans l'exercice de son droit d'option (1).

Avant d'entreprendre cette nouvelle recherche (2), nous avons trois choses à faire observer, savoir :

1° qu'en règle générale (3), une succession ne peut passer d'un régime à un autre : à quelque époque qu'arrive l'événement qui a la puissance de produire tel ou tel régime, la succession sera réputée avoir été soumise à ce régime depuis son ouverture, et elle y restera soumise indéfiniment ;

2° que l'événement qui aurait pu produire tel régime, s'il était arrivé à telle époque, ne produira aucun effet à une époque postérieure, parce que, dans l'intervalle : ou bien le sort de la succession aura été fixé (4) ; ou bien la

que les créanciers héréditaires. (*Quid* des autres créanciers de la succession ?)

(1) On sait que cette option embrasse quelquefois trois parties, quelquefois seulement deux. — Nous avons posé la question d'une manière **trop** restreinte à la p. 514, car ce n'est pas seulement dans le cas où l'appelé à la succession a, indépendamment du droit de répudier, le choix entre les deux régimes, c'est aussi lorsque l'appelé ne peut qu'accepter sous bénéfice d'inventaire, ou répudier, que les créanciers peuvent être dans un état d'incertitude d'où il leur importe de sortir ; la question est mieux posée aux p. 502 et 512.

(2) Ce § n'étant qu'une subdivision de notre *première hypothèse*, nous ne nous occuperons ici que du cas où le véritable appelé est connu et où nulle autre personne n'a une possession contraire.

(3) Nos *Questions troisième et quatrième* ont pour objet de faire connaître les exceptions ou modifications dont cette règle est susceptible.

(4) Nous verrons (*seconde hypothèse*) que cela peut arriver, soit par la nomination d'un curateur à la succession vacante, soit lorsqu'un héritier *apparent* a accepté avant que le véritable héritier exerçât sa puissance par rapport à la détermination du régime héréditaire. On peut mettre sur la même ligne le jugement qui tient un successible pour héritier pur et simple faute par lui de rapporter la preuve de sa renonciation ou de son acceptation bénéficiaire ; car ce jugement n'est qu'une base de la présomption que le successible entend être héritier pur et simple ; il ne faut pas le confondre avec un jugement qui déclarerait que le successible a fait acte d'héritier.

capacité naturelle du successible aura été changée (1); ou bien il aura été remplacé (2) par un autre successible (3);

3° que la détermination du régime au quel une succession va être soumise, est un fait qui intéresse le public et qui, en conséquence, ne doit être efficace qu'autant que le public peut être présumé avoir connu (4) les événemens qui sont doués, sous la condition de publicité, de la puissance de produire cette détermination (5).

En expliquant ces événemens (6), nous aurons constamment à tenir compte de cette double considération de temps (7) et de publicité. — Nous avertissons nos lecteurs

(1) sain d'esprit au moment où la succession s'est ouverte, il a été depuis frappé d'interdiction.

(2) soit parce qu'il a répudié, soit parce qu'il a été exclu comme indigne. — Dans le cas où le successible est mort sans avoir pris parti, il n'est pas remplacé, mais continué par ses successeurs, néanmoins voyez ci après nos *Questions* 2° et 3°.

(3) *Vice versá*, l'événement qui n'aurait produit aucun effet à telle époque, peut être efficace en arrivant à une époque postérieure; par exemple, l'acceptation pure et simple, qui, étant faite dans les premiers temps qui ont suivi l'ouverture de la succession, eût été nulle, parce que l'appelé de qui elle serait émanée était alors mineur ou interdit, sera valable, si elle est faite postérieurement, lorsque la minorité ou l'interdiction aura cessé.—*Quid* de l'acceptation faite par un légataire universel avant que l'héritier réservataire ait renoncé, ou bien par un parent au second degré avant la renonciation du parent qui le précède dans l'ordre de successibilité? *Quid* de l'acceptation faite par l'institué conditionnellement avant que la condition soit arrivée? *Quid* de l'acceptation pure et simple faite par un héritier légitime *non réservataire*, pendant qu'une institution d'héritier était en suspens?

(4) Le public est réputé avoir connu un événement, lorsque certaines mesures exigées pour donner de la publicité à cet événement ont été exécutées. (V. nos *Questions* 5e et 6e.)

(5) mais qui ne la produisent pas, ou ne la produisent qu'imparfaitement, si la publicité manque. (V. nos *Questions* 5e et 6e.)

(6) Les uns sont le fait des créanciers, les autres sont indépendans d'eux. Il ne serait pas possible de traiter exclusivement de ce que les créanciers ont à faire, car cela dépend de ce qui se fait sans eux.

(7) Les moyens offerts à un créancier, pour sortir d'incertitude, doivent évidemment être établis en raison de l'étendue et de la durée de la faculté d'option qui appartient au successible en présence de qui ce créan-

que, lorsque nous dirons , dans les pages qui vont suivre , que le successible appartenant à telle classe peut amener tel régime en faisant tel acte , ou bien que le créancier peut produire tel effet en agissant de telle façon à l'égard d'un successible de telle classe , nous avons toujours en vue le successible qui appartient à telle classe *au moment où tel acte est fait*, et non pas un successible qui a cessé de lui appartenir. Nous supposons, en outre, que l'acte dont il s'agit a acquis, ou est réputé avoir acquis , la publicité nécessaire.

Donner une exposition claire de chacun des événemens qui peuvent influer, plus ou moins directement, sur le régime de la succession , et en même temps des diverses circonstances de temps et de publicité qui modifient les effets de ces événemens , serait déjà une tâche difficile , quand même les divers accidens de notre *première hypothèse* ne nous forceraient point à chaque instant à anticiper sur le terrain des deux autres.

Ce mélange accroît beaucoup la difficulté de notre exposition.

Nous espérons cependant parvenir à nous faire bien comprendre, en traitant d'abord (N° 1er) de ce qui peut être fait pour ou contre le parent légitime (1) connu du créancier comme véritable appelé à la succession ; en examinant ensuite (N° 2e) comment les règles que nous aurons posées s'appliquent au légataire universel ; et enfin (N° 3e) , en recherchant comment ces règles se modifient, soit lorsque le parent légitime (ou le légataire universel) est mineur ou interdit au moment où il fait l'acte qui , de la part d'un capable , aurait

cier se trouve : si le droit d'option ne devait avoir qu'une très-courte durée , ne serait-il pas inutile de permettre au créancier , à l'effet de forclore le successible , une procédure dont le terme pourrait souvent n'arriver qu'après l'expiration du délai fixé pour l'exercice du droit d'option ? Il faudra donc, avant d'expliquer les moyens de forclore, tenir compte de toutes les circonstances qui peuvent éteindre le droit d'option.

(1) Nous renfermons ici sous cette dénomination le parent adoptif.

pour effet de fixer le régime de la succession, soit dans quelques autres circonstances (1).

Le cas où la succession se trouve dévolue à des successeurs irréguliers (2), et spécialement à l'État, appartient à notre *troisième hypothèse.*

Nous n'avons pas besoin de répéter ce que nous avons dit aux pages 568 et 569, savoir que, lorsque plusieurs successibles sont appelés conjointement dans les mêmes circonstances à la succession, chaque successible exerce son influence exclusivement sur la part de succession qui lui est échue, cette part formant, pour ainsi dire, une succession distincte ; de sorte que les actes faits à l'égard de l'un des successibles, ou émanés de l'un des successibles seulement, ne doivent avoir aucun effet à l'égard des autres : ces actes ne pouvant fixer la position du créancier qu'à l'égard du successible par ou contre qui ils ont été faits, et relativement aux biens qui lui sont échus.

Mais, nous ferons remarquer qu'avant de s'inquiéter si le successible, sous l'influence du quel la succession se trouve placée, est un parent légitime, s'il est capable, etc., il est une mesure que les créanciers de la succession (et les légataires) feront bien de prendre *à tout événement,* toutes les fois qu'ils n'auront pas été prévenus par une acceptation sous bénéfice d'inventaire émanée du véritable appelé (3),

(1) par exemple, celle où un successible mort sans avoir pris qualité, se trouve représenté par plusieurs héritiers qui ne s'accordent pas. — Le cas où une institution d'héritier est suspendue par une condition, appartient plutôt à notre *seconde hypothèse.*

(2) Nous croyons devoir comprendre dans cette classe les successeurs aux enfans naturels, à l'exception toutefois de leurs descendans *légitimes ;* nous nous fondons sur la rubrique du chap. IV du titre des *Successions.*

(3) ou d'un individu généralement considéré comme tel ; car nous verrons que ce qui est fait par ou contre l'individu qui est en possession du titre d'héritier (au moins après que certaines formalités ont été remplies ou qu'un certain temps s'est écoulé, et sauf les conséquences de la mauvaise foi), vaut comme s'il était le véritable appelé.

c'est de prendre inscription (1) sur les immeubles de la succession (2).

Il est évident que cette *mesure conservatoire*, qui n'aura d'effet qu'autant que la succession sera acceptée purement et simplement, peut être prise pendant que le successible à qui ce mode d'acceptation est permis, délibère ; en effet,

(1) *à valoir à l'égard de quiconque finira par accepter la succession purement et simplement.* C'est, peut-être, aussi bien en vue du cas où l'inscription est prise avant que le successible connu ait pris qualité (et afin de n'être pas dans la nécessité de changer l'inscription dans le cas où, l'héritier connu venant à répudier, la succession se trouvera dévolue à un autre), qu'en vue du cas où le créancier ne connaît pas les successibles de son débiteur, que le législateur a permis, par l'art. 2149, de prendre inscription sur les biens d'un défunt sans indiquer les noms, prénoms des héritiers (mais en indiquant ceux du défunt).— Jusques à quand l'inscription pourra-t-elle avoir lieu de cette manière? Il n'y a pas de doute que le créancier ne doive avoir ce droit tant qu'il n'y a pas d'appelé qui ait pris qualité : d'abord, il lui serait impossible de faire autrement si les appelés lui sont restés inconnus malgré les informations qu'il a dû prendre au lieu de l'ouverture de la succession ; ensuite, tant que le premier appelé n'a pas pris qualité, on ne sait pas si les inscriptions serviront contre lui ou contre un autre. — Mais lorsque l'appelé a accepté purement et simplement, le créancier peut-il encore s'inscrire sur le défunt? Il nous semble que le législateur aurait dû ordonner à l'héritier de se faire inscrire comme propriétaire, obligation à laquelle on aurait pu donner une sanction (sans préjudice de l'inscription d'office que devrait faire la régie en percevant les droits de succession), en déclarant que jusque-là l'héritier ne peut ni vendre, ni hypothéquer ; dans ce système, il eût été tout simple de décider que, jusqu'à l'accomplissement de cette formalité, les créanciers ne sont tenus d'indiquer dans leurs inscriptions que leur débiteur décédé. Dans l'état actuel de la législation, comme il serait ordinairement difficile de prouver au créancier qu'il a connu l'acceptation pure et simple, nous ne voyons pas comment on pourrait fixer un terme à la faculté accordée par l'art. 2149. C'est encore une des lacunes de notre loi hypothécaire.—Si l'appelé n'a accepté que sous bénéfice d'inventaire, comme il n'y a pas, dans le régime que ce bénéfice établit, de préférence à acquérir, il ne peut être question de prendre inscription (à moins qu'on n'adopte l'opinion, que nous avons combattue ci-dessus, que le régime de la succession peut être changé au préjudice des créanciers par l'abdication du bénéfice d'inventaire).

(2) V. ci-dessus, p. 480 et suivantes.

sans cela, on pourrait reprocher au législateur d'avoir resserré l'exercice de la faculté d'option dans un espace si court, que les créanciers seraient exposés à perdre leur prérogative par la plus petite négligence ou par une de ces préoccupations que de graves événemens, soit publics, soit privés, produisent si souvent.

N° 1. Nous devons nous occuper d'abord du cas où les créanciers (et légataires) se trouvent en présence d'un parent légitime, majeur et sain d'esprit.

Il ne faut pas oublier que nous parlons dans l'hypothèse où le successible (à l'égard duquel s'élève la question de savoir quels événemens, faits par lui ou avec lui, peuvent opérer la détermination du régime de la succession) est connu des créanciers comme véritable appelé, et où il n'existe pas de possession contraire aux droits de cet appelé, soit en faveur d'un successible à un degré ultérieur, soit en faveur d'un non-successible.

Aux événemens qui produisent immédiatement la détermination du régime héréditaire se rattachent essentiellement ceux qui ne font que modifier, détruire ou transporter d'une personne à une autre le pouvoir d'opérer cette détermination.

Les uns et les autres se divisent en deux classes, suivant qu'ils découlent plus ou moins de la volonté du successible.

Nous nous occuperons d'abord des événemens qui ont lieu le plus fréquemment, je veux dire : de l'*acceptation pure et simple* et de l'*acceptation bénéficiaire*, événemens de la première classe, qui produisent la détermination du régime héréditaire, et de la *répudiation*, événement de la même classe, qui fait seulement cesser l'influence du successible, en la transportant sur un autre successible, ou en produisant la vacance de la succession.

Nous parlerons ensuite de la *forclusion* et de la *prescription* établie par l'art. 789, événemens de la seconde classe (1), par lesquels le successible devient héritier pur et simple.

____

(1) On pourrait être tenté de les ranger dans la 1re classe, en considé-

Enfin , nous traiterons de l'*exclusion pour cause d'indignité* (1), de la *déchéance*, et de l'*usucapion du titre d'héritier* (2); tous événemens , soit de la première , soit de la seconde classe , qui ne font que détruire ou modifier l'influence qui appartenait ou était réputée appartenir à tel successible avant leur réalisation.

Pour compléter notre théorie de la détermination du régime héréditaire, nous aurons encore à parler des actes faits par ou avec l'héritier apparent (3), ce sera le principal objet des nos *Questions* 3ᵉ et 4ᵉ.

(*a*) *Acceptation pure et simple* et *acceptation bénéficiaire*. Le successible dont il s'agit, dans ce Nᵒ 1ᵉʳ, peut, *ad libitum* , amener : soit le régime de disposition libre, en acceptant purement et simplement, soit le régime d'administration comptable, en acceptant sous bénéfice d'inventaire.

(*b*) *Répudiation*. Il peut en outre répudier ; et dans ce cas,

ou bien l'héritier renonçant est remplacé : soit 1° par un successible semblable à lui et placé dans les mêmes circonstances (4); soit 2° par un parent légitime placé dans les circonstances extraordinaires dont nous avons parlé ci-dessus ; soit 3° par un légataire universel qui acquiert la sai-

rant le silence gardé par le successible, comme une preuve de sa volonté de demeurer saisi de la qualité d'héritier pur et simple ; mais il faut convenir que cette volonté n'est pas la principale cause de la puissance attribuée à ces événemens.

(1) bien entendu , lorsqu'elle arrive avant que l'héritier ait accepté.

(2) Nous renverrons à l'*hypothèse* suivante la *prescription de l'art.* 790, qui suppose incertitude sur la priorité de rang. — Il ne peut pas être question ici de l'*éviction*, parce qu'elle ne s'opère évidemment qu'à l'égard d'un héritier qui a accepté ; voyez nos 3ᵉ et 4ᵉ *Questions*.

(3) Le seul fait de possession d'un héritier apparent peut modifier l'influence du véritable appelé , en obligeant le créancier à mettre en cause tont à la fois le possesseur et le véritable appelé. Voyez notre *seconde hypothèse* , indiquée p. 514.

(4) Ce successible peut être : ou bien un parent au même degré qui concourait avec lui, ou bien , à défaut, un parent placé au degré subséquent.

sine au moment où le parent légitime ne peut plus l'avoir.
soit 4° par un successeur irrégulier ;

ou bien il n'y a pas d'héritiers connus et aucun successeur
irrégulier ne s'est présenté.

Dans le premier cas, il faut appliquer au nouveau successible, ce que nous avons dit et ce qui nous reste à dire
du premier.

Nous verrons, dans les N.ᵒˢ 2 et 3 ci-après, ce qui arrive,
par rapport au régime de la succession dans les 2ᵉ et 3ᵉ cas.

Quant au 4 cas, ce n'est guère autre chose que la dernière des trois hypothèses que nous avons distinguées à la
p. 514, et dont nous aurons à nous occuper ci-après.

Il n'entre pas dans notre sujet d'expliquer ici tout ce qui
concerne les effets et les conditions, soit de l'*acceptation
pure et simple*, soit de l'*acceptation bénéficiaire*, soit de la
répudiation ; ces événemens sont assez connus. Nous passons à la *forclusion* qui l'est beaucoup moins.

(*d*) *Forclusion.* Le parent appelé à succéder ne peut pas
conserver indéfiniment le droit d'option que la loi lui accorde ; la position des créanciers serait trop fâcheuse, surtout à cause du système, adopté par notre législateur, de
faire remonter au jour de l'ouverture de la succession les
effets de l'événement qui vient en déterminer le régime,
quelque tardif que soit cet événement.

Le législateur a établi une sorte de transaction entre les
intérêts des créanciers et ceux des successibles parens légitimes, en autorisant les premiers à mettre les seconds en
demeure (1) d'exercer le droit d'option, et en accordant à

(1) Au moyen d'une demande judiciaire tendant à ce que le successible
soit déclaré héritier pur et simple. Le créancier (ou le légataire) dont
le droit est exigible, peut en même temps conclure à ce que l'héritier
soit condamné au paiement. — Quelques personnes, s'attachant à la
lettre de l'art. 800, ont prétendu qu'il fallait absolument que la demande qui doit amener la *forclusion*, fût de nature à emporter une condamnation proprement dite.... Mais alors un créancier à terme ou conditionnel ne pourrait donc pas sortir d'incertitude ! D'autres personnes
prenant un terme moyen, disent qu'il suffirait de demander que la

ceux-ci des délais suffisans pour constater les forces de la succession et pour délibérer.

Le délai pour constater les forces de la succession , en d'autres termes, pour faire inventaire, est de trois mois (1), et le délai pour délibérer , de quarante jours, à partir de l'expiration des trois mois ou de l'inventaire fait en temps utile (2).

Le successible assigné avant l'expiration du premier ou

signature du défunt fût reconnue. D'autres enfin ont pensé que les créanciers dont la créance n'est pas exigible, pourraient, après avoir pris inscription en vertu des art. 2144 et 2143, demander simplement qu'il fût jugé avec l'héritier que les biens héréditaires sont régulièrement frappés du privilége ou de l'hypothèque. Mais, si les titres exécutoires contre le défunt sont exécutoires contre l'héritier (art. 877), à quoi bon faire déclarer qu'une inscription prise contre la succession doit avoir effet contre tel successible ? — Tout cela a été imaginé pour rester fidèle à la lettre de l'art. 800, qui suppose un *jugement de condamnation*. Ne vaut-il pas mieux considérer comme jugement de condamnation , celui qui déclare tel individu *héritier pur et simple?* En faisant cette déclaration, le tribunal *condamne* cet individu à se conduire comme héritier pur et simple?

(1) L'art. 795 dit d'une manière générale que le délai accordé, au parent (légitime) appelé à succéder, pour faire inventaire , court du *jour de l'ouverture de la succession;* nous verrons tout à l'heure que , selon toute apparence , en écrivant cet article , le législateur n'a pensé qu'au parent placé au 1er rang dans l'ordre de successibilité. Au reste , dans ce cas-là même , l'art. 795 ne doit pas se prendre à la lettre ; car l'art. 799 prouve que le tribunal peut, quoique l'inventaire n'ait pas été fait dans le délai de 3 mois, ne pas prononcer immédiatement la *forclusion;* et l'une des causes indiquées comme pouvant déterminer le tribunal à agir ainsi , c'est la justification que *le successible n'a pas eu connaissance du décès.*

(2) M. Chabot pense que, lorsque l'héritier n'a pas fait inventaire dans les trois mois, il peut encore le faire durant les 40 jours suivans accordés pour délibérer. Si M. Chabot veut dire que le tribunal pourra ne pas déclarer héritier pur et simple, le successible qui produirait un inventaire fait après les 3 mois, il a raison ; et même il ne va pas assez loin, car ce n'est pas seulement lorsque cet inventaire tardif se placera dans les 40 jours qui suivront l'expiration des 3 mois , que le successible pourra le produire utilement ; il en sera de même à quelque époque que l'inventaire soit fait. Mais, il ne faut pas confondre la disposition de l'art. 800, qui fixe la limite du droit des successibles, avec celle de l'art. 798, qui détermine le pouvoir du juge.

du second délai (suivant la distinction que nous venons d'é-
tablir), a une *exception dilatoire* ; ce qui signifie que, sur
sa demande (1), le tribunal doit surseoir à statuer jusqu'après l'expiration des délais, qu'il prolonge même, s'il
le juge convenable.

Si le successible n'a pas fait inventaire dans les trois mois,
ou bien si, ayant fait inventaire dans ce délai, il a laissé
écouler, depuis l'inventaire, quarante jours sans prendre
qualité, le tribunal ne pourra plus être arrêté par cette exception dilatoire (2); mais le successible évitera encore
d'être déclaré héritier pur et simple, si, avant que le tribunal soit arrivé au moment de prononcer la *forclusion*, il
produit un inventaire et manifeste régulièrement (3) l'intention de n'être qu'héritier bénéficiaire.

Si l'acte judiciaire qui a déclaré le successible héritier
pur et simple, peut être remis en question (4), le successible trouvera, dans les délais de la procédure tendant à la
réforme de cet acte, un nouveau moyen de satisfaire à
l'obligation de produire cet inventaire et cette manifestation de volonté pour éviter le jugement de for-

(1) S'il ne propose pas l'exception, comme il a été valablement assigné,
le tribunal pourra statuer immédiatement.

(2) Mais, comme nous l'avons dit tout à l'heure, il aura la faculté
d'accorder ou refuser un nouveau délai, en mettant, s'il y a lieu, à la
charge du successible les frais occasionés par le retard.

(3) Faut-il qu'il rapporte une expédition de la déclaration faite au
greffe, ou bien suffirait-il qu'il fît cette déclaration au tribunal lui-même ?

(4) Cet acte est évidemment sujet à opposition, car l'héritier peut ne
pas avoir été régulièrement assigné.... Mais, je ne conçois pas qu'il soit
sujet à *appel*, ni à *requête civile* ou autre voie réformatrice des jugemens
proprement dits ; en comparant cet acte à un *præjudicium*, peut-être
se rapprocherait-on trop encore de l'opinion de ceux qui, dans l'art. 800,
veulent voir un jugement proprement dit ; car un *præjudicium* sup-
posait un fait à vérifier, et ici il n'y a pas même de vérification soumise au
tribunal.—Que déciderons-nous si on a joint une demande en condamnation à la demande tendant à ce que l'héritier soit déclaré héritier pur et
simple ? Faut-il dire que la deuxième demande communique alors ses
caractères à la première ? Je ne le pense pas ; le tribunal devra prononcer

clúsion ; de sorte qu'on ne peut être sûr qu'un successible est définitivement héritier pur et simple en vertu de l'art. 800, que lorsque le jugement de forclusion est rendu, ou bien en le supposant sujet à réforme, lorsqu'il a été confirmé ou est devenu inattaquable (1). Dans l'un comme dans l'autre cas, le successible forclos est réputé héritier pur et simple et la succession est soumise au régime de libre disposition, à partir du jour du décès du *de cujus;* en supposant, bien entendu, pour ce qui intéresse les tiers, que le jugement de forclusion n'ait pas été précédé d'un autre événement (2) qui aurait déjà fixé à leur égard le régime de la succession.

Telle est la procédure au moyen de laquelle les créanciers (et légataires) peuvent sortir d'incertitude à l'égard du régime de la succession. Il est évident que l'*acceptation,* soit *pure et simple,* soit *bénéficiaire,* qui aurait empêché que cette procédure commençât, la fait cesser, lorsque le successible n'accepte que depuis qu'elle se poursuit ; car ces événemens (j'entends l'*acceptation pure et simple* et l'*acceptation bénéficiaire*) font précisément ce à quoi elle tend, c'est-à-dire fixent le régime de la succession. — La *répudiation* arrivée avant le jugement de forclusion fait également cesser la procédure commencée et met le créancier dans le cas d'en entreprendre une nouvelle : laquelle sera tout-à-fait semblable à la première, si le successible renonçant fait place à un successible de la même classe et environné des mêmes circonstances ; mais qui sera plus ou moins différente, suivant que le créancier

la forclusion par un premier dispositif, dont le sort sera indépendant du dispositif ayant pour objet la deuxième demande.

(1) L'interprétation que je viens de donner à l'art. 800 appartient à mon savant et honorable collègue M. *Valette;* il doit voir, comme moi, dans le jugement dont parle cet article, plutôt une simple prononciation de forclusion, qu'un jugement proprement dit portant condamnation.

(2) ou d'un événement pareil, arrivé avec un héritier apparent.

se trouvera dans l'une ou l'autre des positions **qui sont** l'objet de nos *seconde* et *troisième hypothèses.*

(e) *Prescription de l'art.* 789.

« La faculté d'accepter ou de répudier une succession, se » prescrit par le laps de temps requis pour la prescription la » plus longue des droits immobiliers (1). »

Nous connaissons jusqu'à cinq interprétations, plus ou moins diverses, de cette disposition de notre Code civil.

Trois de ces interprétations sont bien tranchées : elles correspondent aux trois branches de la faculté accordée à l'héritier saisi ; les deux autres ne sont que des modifications de l'une ou l'autre des premières.

Nous allons les exposer toutes ; en suivant l'ordre dans lequel elles sont, si je puis m'exprimer ainsi, entrées en circulation.

1° Suivant M. Delvincourt, dont l'opinion a été suivie par la plupart des premiers interprètes du Code, le successible qui a laissé passer trente ans sans avoir, ni réclamé le bénéfice d'inventaire, ni répudié la succession, est héritier pur et simple vis-à-vis des personnes qui ont intérêt à ce qu'il soit considéré comme tel, et successible renonçant vis-à-vis de celles qui ont intérêt à ce qu'il soit considéré comme devenu étranger à la succession (2).

2° A cette opinion succéda celle (3) qui considère la qua-

---

(1) C'est dans l'art. 2262 que nous trouvons cette prescription la plus longue : elle exige 30 années.

(2) Les partisans de cette opinion n'ont pas aperçu de cas où quelques personnes auraient intérêt à ce que le successible fût réputé héritier bénéficiaire, sans cela, ils auraient probablement décidé que le successible était héritier bénéficiaire vis-à-vis de ces personnes.

(3) On trouve déjà cette opinion dans les *Pandectes françaises*, publiées en 1804.—Elle paraît admise dans le *Répertoire* au mot *Renonciation* § 3, mais elle est expressément rejetée au mot *Héritier*, section II, § I, où l'illustre auteur de cet ouvrage expose savamment les dispositions diverses des coutumes et les principes de l'ancienne jurisprudence française, sur la question de savoir ce qui résulte de ce que, durant un temps plus ou moins long, l'habile à succéder n'a ni répudié ni accepté (soit purement et simplement, soit sous bénéfice d'inventaire).

(618)

lité d'héritier pur et simple comme imprimée irrévocablement et à l'égard de tout le monde , au parent légitime (1) qui a laissé écouler trente années sans exercer son droit d'option, c'est-à-dire, qui n'a, ni répudié, ni accepté, quoiqu'il n'ait pas non plus pris la qualité d'héritier pur et simple ou fait quelque acte supposant cette qualité.

3° Dès 1824, mon honorable collègue M. Malpel, doyen de la faculté de Droit de Toulouse, avait émis (2) l'opinion, adoptée depuis par M. Duranton, que l'habile à succéder devient après trente ans tout-à-fait étranger à la succession (3) : « Il doit être considéré, dit M. Malpel, comme n'ayant ja- » mais été appelé à la recueillir; il ne peut donc plus l'accep- » ter; et l'on peut dire qu'il ne peut pas non plus la répudier, » en vertu de cette maxime : *quod quis, si velit, habere non* » *potest, repudiare non potest.*» — Dans cet état des choses, il n'est pas plus permis aux créanciers héréditaires (et *à fortiori* aux légataires) de poursuivre le successible comme héritier pur et simple, qu'il n'est permis au successible lui-même d'agir en cette qualité contre les personnes obligées envers le défunt ou contre les détenteurs soit de l'hérédité soit des corps héréditaires.

4° M. Chabot a pensé que la *prescription de l'art,* 789 n'enlevait au successible que le droit de répudier , et qu'en conséquence, après trente ans de silence, le successible a encore, à moins que d'autres événemens ne l'en aient privé , la faculté d'option entre l'acceptation pure et simple et l'acceptation bénéficiaire.

5° La dernière opinion (que nous ne connaissons que par M. Duranton, qui du reste la repousse) n'est qu'une modification de la première, dont elle s'écarte seulement en ce

-----

(1) Il ne faut pas oublier que nous ne parlons pas ici du parent *mineur* ou *interdit.*

(2) *Traité des successions* , p. 695.

(3) sauf cependant les actes qu'il a pu faire comme habile à succéder (voyez l'art. 796 du C. civil).

que le successible n'aurait perdu le droit de revendiquer l'hérédité qu'à l'égard de ses co-successibles ou des successibles au degré ultérieur (1), de sorte qu'après les trente ans, un premier appelé serait, à l'égard des parens appelés à son défaut, dans une position presque semblable à celle où se trouve, d'après l'art. 790, le successible qui a répudié (2): il ne pourrait pas exercer la pétition d'hérédité contre les successibles (3); mais, il pourrait exercer cette action contre tous autres détenteurs de l'hérédité; et, lorsqu'il ne se trouvera pas exclu par l'acceptation des premiers, il sera, vis-à-vis des créanciers ou débiteurs de la succession, précisément dans le même état où il était avant l'expiration des trente ans.

I. Pour rejeter la première opinion, nous ne nous appuierons pas, comme on le fait communément (voyez M. Chabot, p. 97), sur la prétendue indivisibilité de la qualité d'héritier ; on verra ci-après (5ᵉ et 6ᵉ *Questions*) ce que nous pensons à cet égard.

Mais nous dirons que cette opinion soumet le successible saisi à des chances trop fâcheuses. C'est bien assez qu'en admettant, comme nous le faisons ci-après, la deuxième opinion, nous soyons forcés de reconnaître que le texte de la loi et les inconvéniens qui résulteraient du système

---

(1) Faut-il entendre par là seulement les parens qui suivent immédiatement celui dont il s'agit, ou bien tous les parens légitimes au degré successible ?

(2) Sa position sera meilleure en ce que l'art. 790 ne donne, au successible renonçant, le droit de revenir que pendant un certain délai, de sorte que, ce délai expiré, ce successible ne pourrait plus inquiéter qui que ce soit en qualité d'héritier, tandis qu'au contraire, suivant l'opinion que nous exposons maintenant, l'héritier est éternellement héritier, sauf le cas où il se trouve évincé par un co-successible ou successible au degré ultérieur.

(3) soit qu'ils aient accepté avant les trente ans, soit qu'ils n'aient accepté que depuis, pourvu que leur acceptation ait eu lieu avant que lui-même eût enfin manifesté l'intention d'être héritier.

contraire, exigent que la *prescription de l'art.* 789 ait uniformément pour point de départ un événement que le public est présumé connaître, mais qui cependant peut être quelquefois inconnu (1). L'idée de priver des avantages de la succession le successible qui n'a pas déclaré son option dans les trente ans, en lui imposant cependant toutes les charges attachées au titre d'héritier, est quelque chose de monstrueux, et certainement cette idée ne serait venue à personne sans la rédaction ambiguë de l'art. 789 ; or, nous ferons voir ci-après que ce n'est qu'au premier aperçu que cet article peut être jugé favorable à l'opinion que nous combattons : en l'examinant bien, il conduit à un résultat tout contraire (2).

Ne connaissant, en faveur de cette opinion, aucun argument autre que celui qu'on a tiré de la lettre de l'art. 789, nous ne croyons pas devoir nous en occuper davantage.

II. Voici les motifs qui nous déterminent à adopter la deuxième opinion :

1° Établir une prescription, ce n'est, en général (3),

---

(1) De sorte que le successible saisi est exposé à se trouver, à son insu ou du moins en l'absence d'une résolution bien méditée de sa part, irrévocablement investi de la qualité d'héritier pur et simple, ce qui peut être ruineux pour lui, lorsque les dettes du défunt excèdent son actif.

(2) En effet, l'article parle d'une seule faculté et non de plusieurs : c'est la *faculté d'opter entre l'acceptation et la répudiation* (le Code dit : la *faculté d'accepter ou de répudier*) qui se prescrit. Ce ne sont pas deux facultés (*celle d'accepter* et *celle de répudier*) qui se prescrivent, chacune de son côté : celle-ci, à l'égard de telles personnes, et celle-là, à l'égard de telles autres.

(3) Les *prescriptions à l'effet d'acquérir,* qu'il vaudrait mieux appeler *usucapions*, ont, en général, une seconde base : la faveur que méritent les attentes formées par le possesseur. Nous disons *en général*, parce que l'ancienne *usucapio pro herede* des Romains reposait plutôt sur le besoin d'empêcher, dans l'intérêt des créanciers, et peut-être aussi afin que le culte des dieux lares ne fût pas interrompu, que les hérédités demeurassent longtemps vacantes.

autre chose que déclarer qu'après un certain laps de temps, une certaine conjecture a acquis une telle force qu'il ne doit plus être permis de la combattre (1); or quelle est la conjecture qu'on a dû former dès le moment de l'ouverture de la succession, et qui, aux yeux du public, s'est accrue d'année en année? C'est que celui à qui la succession est déférée entend être aussi complétement que possible le représentant du défunt. Sans doute, cette conjecture, au lieu de se renforcer, diminuerait si le public savait que le successible ne fait aucun acte d'héritier; mais comment le public peut-il connaître ce rôle négatif du successible (2)?

(1) Il peut se faire cependant qu'elle soit quelquefois contraire à la vérité; avant de l'adopter le législateur a dû mettre en balance l'inconvénient de léser quelques personnes, avec l'avantage de donner au public plus de sécurité et de diminuer les procès.

(2) M. Duranton convient qu'au moment de l'ouverture de la succession et même long-temps encore après, il y a présomption d'*acceptation pure et simple;* sans cela, dit-il, on ne saurait justifier les art. 798 et 800; mais il ne conçoit pas qu'on présume encore la volonté d'accepter purement et simplement lorsque le successible a laissé écouler trente années sans toucher aux biens héréditaires. — Nous ferons remarquer que, d'un autre côté, on peut dire que, plus il s'est écoulé de temps sans que le successible ait renoncé ou accepté sous bénéfice d'inventaire, plus il y a lieu de croire qu'il ne veut pas faire usage de ces deux moyens de répudier la qualité d'héritier pur et simple qui lui a été, en quelque sorte, conférée sous cette double condition résolutoire, la *renonciation* et l'*acceptation bénéficiaire.* — Mais, dira-t-on, ce raisonnement peut être bon lorsque le successible a connu son droit à la succession, il ne l'est plus lorsqu'il l'a ignoré, son silence alors ne prouve rien. Nous examinerons tout à l'heure cette objection qui se lie à l'importante question de savoir si les décès et autres événemens en vertu desquels une personne est appelée à succéder, sont réputés connus. — En supposant que le successible ait connu son droit, décidera-t-on que c'est au créancier à prouver qu'il en a usé en faisant acte d'héritier pur et simple, ou bien n'est-ce pas plutôt au successible à prouver qu'il n'a pas eu la volonté d'accepter? Il serait bien souvent impossible au créancier d'établir à cet égard la vérité, car il s'agit d'un fait qui n'est pas le sien, tandis que l'héritier n'aura à prouver que son propre fait, et par une déclaration sur un registre public, il peut se mettre en garde contre toute difficulté d'établir la preuve de ce fait. — On dira peut-être que les créanciers peuvent aussi quand il leur plaît

2.º En supposant que des conjectures opposées l'une à l'autre se soient formées relativement à la volonté du successible, on doit croire : 1.º que le législateur a entendu dispenser de la preuve celui à qui elle serait fort difficile, et l'imposer au contraire à celui qui peut la faire facilement et même la préparer à l'avance de manière à prévenir les attentes contradictoires et par conséquent les procès auxquels ces attentes pourraient donner lieu ; 2.º qu'il a voulu accorder la préférence à la conjecture qu'un plus grand nombre de personnes a intérêt à soutenir. Or, on ne peut nier que, d'une part, ce qui arrive le plus souvent étant l'acceptation pure et simple, le plus grand nombre doit conjecturer cette acceptation (1), et que, d'autre part, il est bien plus facile au successible d'établir (par exemple, par une déclaration faite sur un registre public) la preuve de sa volonté de répudier ou de n'être qu'héritier bénéficiaire, qu'il ne l'est aux créanciers de découvrir, soit des écrits (privés ou même notariés) dans lesquels l'héritier a pris qualité, soit ce qu'on appelle des actes d'héritier.

Avant de passer aux argumens de textes qui viennent à l'appui de cette *seconde opinion*, nous devons répondre à une objection grave que nous avons déjà fait pressentir en parlant de la première : *vous prouvez assez bien, dira-t-on, que le créancier, ou plutôt le public en général, doit être préféré au successible négligent, mais la plupart de vos raisonnemens ne s'appliquent pas au cas où le successible n'a pas connu son droit de successibilité (2), et cependant il vous est impossible, vous l'avez reconnu ci-*

assigner en *forclusion*. Nous répondrons tout à l'heure à cette objection : voyez ci-après la note 2 de la p. 632.

(1) C'est sans doute parce que le législateur a pensé que le public supposerait la volonté d'accepter purement et simplement, qu'il n'a point exigé de formalité à l'effet de rendre cette acceptation publique, tandis qu'il a exigé une sorte de publicité pour la renonciation, et pour l'acceptation bénéficiaire.

(2) Nous parlerons plus loin du cas où il est incapable.

dessus, de ne pas prendre un point de départ uniforme pour la prescription ; or, quelque public que soit par sa nature l'événement qui formera ce point de départ, il arrivera des cas particuliers où le successible ignorera plus ou moins longtemps que la prescription a commencé à courir contre lui.

Nous convenons de la nécessité de donner à la prescription de l'art. 789 un point de départ uniforme (1) ; ce point de départ doit être un événement dont le public puisse être réputé avoir eu connaissance, et dès-lors il ne doit pas être permis au successible d'en alléguer l'ignorance ; nous reconnaissons en même temps qu'il peut se faire que le successible n'ait pas connu l'événement, de sorte que notre système présente véritablement cet inconvénient, que quelquefois un successible se trouvera à son insu grevé de charges excédant de beaucoup l'actif de la succession et qui pourront être ruineuses pour lui.

Mais nous répondrons à cette objection (dont nous ne contestons pas la gravité), que le législateur n'a souvent que le choix des maux : que la circonstance dont on vient de parler se présentera rarement, tandis que les inconvéniens du système qui permettrait, dans chaque affaire, de mettre en question le point de départ de la prescription, seraient des inconvéniens de tous les jours ; et nous ajouterons que ces derniers inconvéniens sont d'ailleurs évidemment plus graves que les premiers.

3° L'art. 724 porte que l'héritier légitime est saisi de plein droit des biens de la succession, sous l'obligation d'en acquitter toutes les charges. Sa condition est donc *provisoirement* celle de l'héritier pur et simple. A la vérité il peut répudier ou accepter sous bénéfice d'inventaire : mais s'il ne fait ni l'un ni l'autre, il demeure héritier pur et simple. Si l'on n'admet pas l'interprétation que nous avons déjà

____

(1) M. Duranton est à cet égard d'accord avec nous, tome VI, p. 582.

donnée de l'art. 789 (1), savoir que l'héritier, après trente ans de silence, n'a perdu que le droit d'opter entre ces trois partis : rester héritier pur et simple, devenir étranger à la succession ou devenir héritier bénéficiaire ; il faut au moins reconnaître que le droit d'accepter bénéficiairement et le droit de répudier sont éteints ; or, que s'ensuit-il? que l'héritier saisi ne peut plus faire arriver ni l'une ni l'autre de ces deux conditions résolutoires de la saisine : et par conséquent qu'il reste sous le coup de l'art. 724 non modifié par les art. 775, 785 et 793. Si l'on nous dit : *Mais il ne peut pas non plus accepter purement et simplement*, nous répondrons : cela est vrai, mais aussi il ne s'agit pas pour lui d'*accepter :* on pouvait, jusqu'à un certain point, dire qu'il acceptait, alors qu'il pouvait répudier ; maintenant qu'il est devenu irrévocablement héritier pur et simple, il n'y a plus lieu à acceptation (2).

(1) Contre cette interprétation on invoque l'art. 790. On prétend d'abord trouver dans cet article la preuve que les auteurs du Code ont reconnu un *droit d'accepter* pris isolément, et non pas seulement une *faculté d'opter entre l'acceptation ou la répudiation.* Ensuite on en tire cet argument : *Qu'aurait fait l'exercice du droit d'accepter ? Il aurait rendu le successible héritier pur et simple ou héritier bénéficiaire ; — déclarer que ce droit est prescrit, c'est donc comme si l'on disait que le successible ne peut plus devenir ni héritier pur et simple, ni héritier bénéficiaire, en d'autres termes, qu'il est devenu tout-à-fait étranger à la succession ;* mais, ne voit-on pas que l'art. 790 a pour objet un cas tout particulier, il s'agit, dans cet article, d'un successible qui avait perdu la saisine en annonçant au public qu'il ne voulait pas être héritier ; loin de fournir un argument contre notre interprétation de l'article précédent, cet article ne pourrait-il pas servir de base au raisonnement suivant : Si trente ans de silence font présumer que l'héritier qui s'était dessaisi ne veut pas profiter du droit de rentrer dans la succession, ils doivent également faire présumer que l'héritier saisi n'entend pas profiter du droit de se dessaisir. Voyez au surplus ci-après (*seconde hypothèse*) ce que nous disons de la *prescription de l'art.* 790 : établie pour un successible qui a perdu la saisine cette prescription ne peut s'étendre à ceux qui ne l'ont jamais eue.

(2) M. Duranton dit : *Vous retournez contre les successeurs saisis une disposition introduite en leur faveur ;* nous répondrons que ce n'est pas retourner une disposition contre la personne en faveur de qui elle a été in-

L'argument que nous venons de tirer de l'art. 724, est confirmé par les art. 799 et 800, car il résulte de ces articles que le successible saisi doit être condamné comme héritier pur et simple toutes les fois qu'il ne rapporte pas un acte d'acceptation bénéficiaire (nous ajouterons, en suppléant à l'art. 800 : *ou bien un acte de répudiation*); or, si l'art. 789 lui ôte après 30 ans le droit d'*accepter* (il serait plus vrai de dire qu'il ôte au successible le droit de faire une manifestation quelconque), le successible ne pourra plus faire, et par conséquent ne pourra plus rapporter, ni un acte de répudiation, ni un acte d'acceptation bénéficiaire ; par conséquent, il devra être condamné, comme il l'eût été auparavant faute de rapporter l'un ou l'autre de ces deux actes.

M. Duranton répond à cet argument que, si dans les 30 ans l'héritier peut être condamné faute de produire un acte d'acceptation, ce n'est pas parce qu'il est héritier, mais parce qu'il est apte à le devenir en acceptant.

Il faudrait donc alors appliquer les art. 798 et 800 au parent légitime qui a renoncé et qui se trouve dans le cas de l'art. 790, car ce successible est aussi *apte à devenir héritier*, quoiqu'il ne soit plus saisi ; il faudrait même appliquer ces articles aux successeurs irréguliers.

M. Duranton fait en outre l'objection suivante :

« Si, avant l'expiration des 30 ans, le parent saisi est ré-
» puté héritier pur et simple *parce qu'il n'a pas renoncé*, et
» qu'après les 30 ans, il soit encore réputé héritier pur et
» simple *faute d'avoir renoncé*, la prescription ne produit donc
» aucun effet ? »

trodnite, que d'exiger de cette personne qu'en recueillant les bienfaits d'une institution elle en supporte les conséquences. — Nous ferons remarquer, en passant, que M. Duranton a tort de dire que la saisine est accordée aux parens légitimes *afin qu'ils puissent transmettre leurs droits lorsqu'ils viennent à mourir sans avoir exercé leur droit d'option.* — Mon honorable collègue reconnaît ailleurs que les successeurs irréguliers, qui ne sont pas saisis, transmettent également leurs droits, et que les légataires universels qui ne le sont pas toujours, ainsi que les autres légataires qui ne le sont jamais, les transmettent également.

Je réponds qu'avant l'expiration des 30 ans , en même temps que le successible était réputé héritier pur et simple, on lui reconnaissait le droit de répudier et celui d'accepter sous bénéfice d'inventaire; mais, après les 30 ans, il ne peut plus détruire la présomption en vertu de laquelle les articles 797, 798, 799 et 800 du Code civil, 174 et 187 du Code de procédure, considèrent comme régulières les poursuites dirigées contre lui (1) ; car, de quelque manière qu'on interprète l'art. 789, il est certain que cet article signifie que le successible ne peut plus faire arriver la condition résolutoire qui le rendra tout-à-fait étranger à la succession ou du moins héritier bénéficiaire (art. 714, 795 et 800); en effet, suivant notre interprétation , il a perdu la faculté d'opter, et suivant l'interprétation commune, il a perdu la faculté de répudier et celle d'accepter (ce qui doit s'entendre : de la faculté d'accepter sous bénéfice d'inventaire quant à l'héritier saisi, et de toute espèce d'acceptation , quant au successible non saisi (art. 790); il reste donc irrévocablement dans la position où il s'est trouvé avant l'expiration des 30 ans, c'est-à-dire investi de la qualité d'héritier pur et simple (art. 795 et 800) (2).

M. Duranton ajoute : *Si l'on a entendu que le successible resterait héritier pur et simple, pourquoi n'a-t-on pas dit simplement que le successible, qui garde le silence pendant 30 ans , perd la faculté de répudier et celle d'accepter sous bénéfice d'inventaire ?*

Je réponds : 1° que, sans doute, cela eût été plus clair; mais enfin l'art. 790 est assez clair lorsqu'on veut bien n'y voir que

_____

(1) sans fixer aucun délai après lequel il n'en serait pas ainsi; il est vrai que l'art. 800 ne fixe pas non plus de délai après lequel on n'aurait plus le droit de faire inventaire. La difficulté est d'établir que ce délai est fixé dans l'art. 789 : si on voit dans cet article une prescription du droit d'accepter, il faut expliquer comment ces mots pourraient ne concerner que l'acceptation bénéficiaire.

(2) bien entendu, lorsqu'il s'agit d'un héritier capable; le mineur ou l'interdit se trouve investi de la qualité d'héritier bénéficiaire s'il s'agit d'un mineur ; l'héritier non saisi de l'art. 790 demeure en dehors de l'hérédité.

ce qui s'y trouve, c'est à-dire la prescription appliquée *à une seule faculté, celle d'opter entre l'acceptation et la répudiation*; la rédaction de cet article ne devient sujette à critique que lorsqu'on lit : *la faculté d'accepter et la faculté de répudier se prescrivent*; en effet, en lisant ainsi l'article, d'une part on est conduit à dire que le successible ayant perdu la faculté de renoncer demeure héritier (argument de l'art. 785) et d'autre part qu'ayant perdu la faculté d'accepter, il n'a plus aucun droit à la succession (argum. des art. 775 et 777); d'autre part, si l'on entend par *faculté d'accepter* seulement la faculté de réclamer le bénéfice d'inventaire, il faut convenir que le législateur s'est servi d'une expression trop générale. Mais, qui oblige à voir dans l'art. 789 ce qui n'y est pas ? Au reste, la rédaction vicieuse qu'on veut substituer à celle du Code pourrait encore s'expliquer : on pourrait dire que le législateur ayant pensé au cas de l'art. 790, a voulu embrasser les deux sortes d'acceptation ; l'acceptation bénéficiaire, quant aux héritiers saisis, et l'acceptation pure et simple, ou plutôt une sorte d'acceptation toute particulière (1), quant au successible de l'art. 790 et à ceux qui se trouvent dans le cas de lutter de diligence avec lui.

Nous trouvons un autre argument de texte dans l'article 784 :

Cet article porte que *La renonciation ne se présume pas;* nulle part il n'est rien dit de semblable de l'acceptation ; n'est-ce pas le cas d'invoquer la maxime (2) *Qui dicit de uno, negat de altero ?* A la vérité, on pourrait dire qu'en écrivant l'art. 784, le législateur a pensé aux acceptations *tacites;* mais, lorsqu'on admet l'induction tirée d'un fait du successible en remplacement d'une manifestation ex-

---

(1) Cette acceptation, qui mériterait mieux ce nom que les actes par lesquels un héritier saisi perd le droit de répudier, donne lieu à une difficulté sérieuse : Pendant combien de temps le successible de l'art. 790 a-t-il le droit de réclamer le bénéfice d'inventaire ? Les délais de l'art. 795 peuvent-ils courir contre lui avant qu'il soit revenu sur sa renonciation ?

(2) Cette maxime est une vérité d'expérience.

presse de sa volonté , pourquoi n'admettrait-on pas l'induction tirée de son silence prolongé (1) ? Le législateur nous donne lui-même un exemple de cette assimilation dans l'art. 1115. On objecte à la vérité, que, si le législateur avait voulu admettre plus de deux modes d'acceptation , il l'aurait dit dans l'art. 778 , comme il a dit dans l'art. 1115 qu'il y avait trois modes de ratification des obligations contractées par violence... Mais n'est-on pas, malgré ce raisonnement , forcé de voir un troisième mode d'acceptation dans l'art. 800 ? Dès-lors qu'est-ce qui empêche d'en trouver un quatrième dans l'art. 789 ? D'ailleurs le législateur a peut-être répugné à appeler *acceptation* ce qui a lieu dans le cas des art. 789 et 800.

Enfin , on peut argumenter de ce que l'art. 789 est placé dans la section consacrée au droit de répudiation, pour prétendre que le législateur a eu en vue dans cet article , plutôt une prescription du droit de renoncer, qu'une prescription du droit d'accepter; mais l'argument est faible, car le législateur parle expressément de la *faculté d'accepter.*

III. En faveur de la 3ᵉ opinion, on argumente d'abord de l'inconvénient que présente la 1ʳᵉ (et aussi la seconde, mais à un moindre degré), savoir, que, dans l'hypothèse où l'on donne à la *prescription de l'art.* 789 un point de départ uniforme (or, les textes , dit-on avec raison , ne permettent pas de faire autrement (2)) , un successible est exposé à se

____

(1) Ceci répond à l'objection tirée de l'art. 775 : il est vrai que *nul n'est héritier qui ne veut*, mais celui qui laisse expirer trente ans sans répudier le titre dont il est saisi est réputé vouloir le conserver à toujours. A la vérité, cette réponse suppose que la prescription ne court que du jour où le successible a su que la succession lui était déférée... Mais si le législateur regarde l'*ouverture de la succession* et les autres événemens en vertu desquels elle est déférée comme des faits notoires, on respectera ce principe tout en faisant courir la prescription du jour où ces événemens sont arrivés.

(2) Si les textes pouvaient se prêter à une interprétation contraire, il faudrait bien se garder d'admettre cette interprétation, car elle présenterait des inconvéniens bien plus graves que ceux dont on argumente ici.

trouver grevé de charges énormes à son insu ou à cause d'une légère négligence.

Nous croyons avoir réduit cette objection à sa juste valeur; nous ne nous en occuperons pas davantage.

On argumente encore d'un autre inconvénient qu'offrirait, dit on, la 2ᵉ opinion, savoir : que les droits du 1ᵉʳ appelé ne s'éteignant, suivant cette opinion, que par une *renonciation*, s'il plaît au 1ᵉʳ appelé de ne pas renoncer ou si l'acte de renonciation demeure inconnu (ce qui peut arriver lorsque le domicile du défunt n'était pas bien fixé), les successibles d'un degré ultérieur ne pourront jamais prendre possession de l'hérédité *avec certitude de la conserver* (1) ; tandis que, dans la 3ᵉ opinion, il arrive une époque où la mauvaise volonté des successibles plus proches, ou l'ignorance de la renonciation qu'ils ont faite, ne fait plus obstacle à ce que les successibles à un degré ultérieur recueillent la succession sans avoir à craindre qu'elle soit plus ou moins prochainement revendiquée par des successibles d'un degré plus proche. — Mais cet argument est sans force, s'il est vrai (comme nous espérons l'établir) que l'héritier placé à un degré inférieur peut forcer celui ou ceux qui le précèdent à *accepter ou répudier*, savoir : le successible du 1ᵉʳ degré , dès qu'il s'est écoulé trois mois et quarante jours depuis l'ouverture de la succession ; le successible du second degré, lorsqu'un délai pareil s'est écoulé depuis la renonciation du 1ᵉʳ appelé, ou depuis l'expiration du 1ᵉʳ délai ; et ainsi de suite (2).

Ajoutons que, lors même qu'on pourrait nous contester

---

(1) s'ils prennent cependant possession, l'*usucapion* pourra les mettre à l'abri de la pétition d'hérédité, comme elle mettrait à l'abri de cette action toute autre personne qui se serait emparée de l'hérédité.

(2) Nos adversaires pourraient admettre notre *action en déchéance*, car elle n'est pas inconciliable avec leur opinion ; mais alors ils nous donneraient un moyen de plus pour établir l'inutilité de la prescription de l'art. 1789, *entendue comme ils l'entendent*.

l'existence de ce droit de *déchéance*, il ne s'ensuivrait pas que la 5e opinion eût un grand avantage sur la nôtre sous le point de vue de la sécurité offerte au successible ultérieur qui a pris ou voudrait prendre la qualité d'héritier dédaignée par l'héritier plus proche. Il est vrai que, dans cette opinion, le possesseur a deux boucliers contre la pétition d'hérédité, tandis que, le droit de *déchéance* étant refusé, notre opinion n'en offre plus qu'un, savoir : l'*usucapion* (qui appartient au successible ultérieur comme au non-successible); mais, à moins qu'on ne décide que la *prescription de l'art.* 789 court en même temps contre les successibles de tous les degrés (ce qui est sujet à de graves objections dont nous nous occuperons plus tard), cette prescription ne pourra guère être utile qu'au successible du 2e degré ayant à se défendre contre le successible du 1er; en effet, elle n'exige alors que 30 ans, et l'on conçoit que le successible du 2e degré ayant pris possession nécessairement quelque temps après l'ouverture de la succession, n'ait pas encore usucapé lorsque le successible antérieur perdra son droit par la prescription dont il s'agit. Mais, un successible précédé de deux autres ne serait à l'abri de la pétition d'hérédité qu'après 60 ans; et ainsi de suite (1);

---

(1) Il faudrait 330 ans pour mettre le parent du 12e degré à l'abri de la pétition d'hérédité du parent du 14e degré. Les successibles irréguliers ne pouvant être mieux traités que les parens légitimes, le premier d'entre eux, c'est-à-dire l'enfant naturel, ne pourra entrer en possession de l'hérédité avec juste sujet de croire qu'elle ne sera pas revendiquée par le parent légitime du 12e degré, que 330 ans après l'ouverture de la succession. Et si l'on admet qu'un successeur irrégulier conserve aussi son droit de successibilité pendant 30 ans après l'époque où il a pu l'exercer (et, en effet, ne voit-on pas pourquoi la privation de la saisine entraînerait à cet égard une différence entre les successibles irréguliers et les parens légitimes), l'époux survivant ne pourra posséder la succession sans crainte d'une pétition d'hérédité, que 360 ans après la mort de son conjoint. Enfin, ce n'est qu'après 390 ans que l'État exercera avec sécurité son droit de successibilité. Ces résultats ne sont-ils pas absurdes? ne doivent-ils pas surtout paraître tels à ceux qui prennent à la lettre ce que le législateur a dit de son système de succession *ab intestato*, savoir qu'il reposait entièrement sur le

or, des délais si longs rendaient évidemment illusoire la protection qu'on a prétendu accorder à l'un, ou la punition qu'on a voulu infliger à la négligence de l'autre ; car l'*usucapion* aura presque toujours été acquise avant que le temps exigé pour la *prescription de l'art.* 789 arrive à son terme.

Les partisans de cette 3e opinion se fondent principalement sur la maxime : *nul n'est héritier qui ne veut* : l'habile à succéder peut bien, disent-ils (1), encourir en cette seule qualité, l'obligation de payer les frais de poursuites, faute d'avoir fait son option dans les 3 mois et 40 jours ; mais c'est l'acceptation seule qui fait un héritier pur et simple, ou, en d'autres termes, qui impose au successible l'obligation de payer les dettes héréditaires et les legs.

Ne peut-on pas répondre : 1° que cette prétendue nécessité de l'acceptation pour faire un héritier pur et simple, est inconciliable avec l'art. 724 qui porte que *l'héritier légitime est saisi de plein droit des biens du défunt sous l'obligation d'acquitter toutes les dettes et charges de la succession* ; 2° que l'art. 800, qui fait résulter l'*acceptation pure et simple* (2) du jugement de *forclusion*, suppose, en employant les mots *qui le condamnent,* qu'on a pu, en commençant le procès, prendre déjà des conclusions dans lesquelles l'héritier était présenté comme obligé envers le créancier poursuivant.

principe de l'affection présumée ? Après le premier appelé, ceux qui seront dans le cas de prendre avec sécurité possession de l'hérédité seront presque toujours des personnes que le *de cujus* n'a pas connues et souvent même des personnes étrangères à sa famille. Avons-nous besoin de faire remarquer que, si un successible répugne à prendre une succession avant que le droit du successible précédent soit éteint, il y aura des personnes peu scrupuleuses qui s'en empareront pour la dilapider.

(1) M. Duranton, p. 78 et 589.

(2) Le commencement de cet article est rédigé de manière à faire croire qu'il ne s'agit que de la perte du droit de réclamer le bénéfice d'inventaire, et non de celle du droit de répudier ; mais, les mots : *en qualité d'héritier pur et simple,* que l'on trouve à la fin, prouvent que le jugement de forclusion enlève complètement au successible son droit d'option.

On peut invoquer comme objections contre cette 3ᵉ opinion presque tous les argumens que nous avons fait valoir pour l'opinion précédente ; ainsi l'on dira :

1° Le législateur a évidemment entendu que le successible fût réputé héritier pur et simp'e (et non pas qu'il fût réputé avoir renoncé à la succession), car les prescriptions à l'effet d'éteindre des droits ou facultés, ne sont, en général, que la consécration, comme vérité légale, de ce qui était le plus vraisemblable au moment où la prescription s'accomplit, et certes , on ne contestera pas que l'*acceptation* ne soit plus ordinaire et, par conséquent, plus vraisemblable que la *répudiation*. Du reste, l'art. 784 est tout-à-fait rédigé dans ce sens ; il dit que *la répudiation ne se présume pas ;* n'est-ce pas dire que *l'acceptation est, au contraire, présumée ?*

2° Un autre motif pour croire que le législateur a préféré donner gain de cause au créancier qui prétend que le successible est héritier pur et simple, contre le successible qui prétend avoir répudié la succession, c'est qu'il est très-facile au successible d'éviter que la présomption *qu'il a voulu être héritier pur et simple*, acquière force de présomption légale, c'est-à-dire, soit réputée vérité (1) ; il n'a qu'à faire une déclaration au greffe ; tandis que la présomption que l'*héritier n'a pas voulu accepter* serait souvent bien difficile à détruire par le créancier, car il ne pourrait jamais préparer à l'avance la preuve contraire à cette présomption (2).

3° Enfin, lorsque le législateur croit devoir établir, à l'effet de diminuer les procès , une présomption sur un

____

(1) après un certain laps de temps.

(2) Il est vrai qu'au moyen de l'action en *forclusion*, dont nous parlerons ci-après, le créancier peut éviter qu'un jour la qualité du successible devienne un objet de doute et par suite une cause de procès. Mais il faut pour cela que le créancier connaisse l'héritier ; or, il est bien plus facile que le créancier ignore que son débiteur a laissé pour héritier telle personne, qu'il ne l'est qu'un successible ignore que la succession lui est déférée.

p[...]ourrait devenir fréquemment un objet de con-
tr[...] doit, en général, préférer l'opinion qui, selon
tou[...]e, est celle qu'un plus grand nombre de
per[...]t intérêt à invoquer ; or, d'une part, nous
voyons [...]es créanciers héréditaires intéressés à prétendre que l'hérédité a été acceptée, et, de l'autre, l'héritier seul ayant intérêt à soutenir qu'il a répudié.

Si après avoir examiné l'*opinion troisième* dans l'hypothèse où c'est l'héritier qui veut s'en prévaloir, et par conséquent dans l'intérêt des créanciers de la succession ou
des successibles d'un degré subséquent, nous voulons la
considérer dans l'hypothèse opposée, nous dirons que si
l'héritier pouvait, à quelque époque que ce soit, avoir besoin de prouver qu'il a accepté la succession, le législateur
aurait eu soin d'ouvrir un registre destiné à recevoir les
déclarations d'*acceptation pure et simple*, au lieu d'ouvrir
un registre pour les *répudiations* ; car la preuve d'un *acte
d'héritier* peut se perdre, et si le successible est obligé après
les trente ans, de prouver qu'il a accepté avant l'expiration de
ce délai, il serait bon qu'il eût un moyen de se mettre à l'abri
de la disparition des preuves (1).

Il est vrai que, si un registre était ouvert pour les déclarations d'acceptation pure et simple, l'absence de déclaration sur ce registre ne devrait pas priver les créanciers du
droit de prouver (en tant qu'ils n'en veulent tirer que des
conséquences *personnelles*) que l'héritier a fait acte d'héritier ; mais, s'ils veulent que l'héritier soit réputé vis-à-
vis du public ce qu'il s'est constitué vis-à-vis d'eux, ils
doivent faire en sorte que son acceptation pure et simple
devienne publique ; c'est ce qu'ils obtiennent en faisant

---

(1) Les écrits, surtout les écrits privés, dans lesquels il a pris la qualité
d'héritier, peuvent être détruits ou égarés, les témoins d'un *acte d'héritier* peuvent mourir avant l'époque où l'on aurait besoin de leur témoi-
gnage, etc.

rendre un jugement de *forclusion*, sauf à l'héri[tier à pré]-venir ce jugement et à en éviter les frais, e[n faisant l]a déclaration et en la signifiant au créancier.

IV. La quatrième opinion a été imaginé[e par des p]ersonnes qui auraient sans doute adopté la sec[onde], si elles n'avaient été frappées de l'objection (suffisamment discutée ci-dessus), qu'*un successible pourrait* (1), *sans avoir même su qu'il fût appelé à la succession, se trouver soumis à des charges capables d'entraîner sa ruine.*

Quoique nous ayons pensé qu'il fallait se résigner à l'inconvénient que cette objection signale, parce que des inconvéniens plus graves résulteraient du système qui, à défaut d'acceptation dûment justifiée et antérieure au terme de trente ans, ferait du successible une personne tout-à-fait étrangère à la succession, voyons ce qu'on peut dire pour ou contre cette opinion :

On invoque en sa faveur l'art. 800 qui, dit-on, ne fixe d'autre limite au droit d'accepter sous bénéfice d'inventaire que l'acceptation pure et simple ou un jugement qui condamne le successible comme héritier pur et simple. Mais on ne compte donc pour rien l'art. 789? Soit qu'on entende cet article en ce sens, qu'il ne prive le successible que de la *faculté d'opter*, soit qu'on y trouve la prescription de *deux facultés* : la *faculté d'accepter* et *la faculté de répudier*, toujours est-il que cet article rend nul tout *acte d'acceptation* (2) (comme aussi tout acte de répudiation)

(1) attendu que, pour éviter d'autres inconvéniens qui seraient encore plus graves, on est forcé de donner à la prescription qui rend irrévocable la qualité d'héritier pur et simple, un point de départ uniforme : l'ouverture de la succession.

(2) Cela se comprend parfaitement quant à l'acceptation bénéficiaire, mais quant à l'acceptation pure et simple, il est évident qu'elle ne peut pas détruire les *actes* d'où l'on induisait auparavant la volonté d'accepter, elle enlève seulement à ces actes leur puissance d'induction, et cela par la raison toute simple que le successible ne pouvait plus ni répudier, ni réclamer le bénéfice d'inventaire, sa volonté, quelle qu'elle soit, ne peut plus changer sa position.

postérieur à l'expiration des trente ans ; or, on ne peut pas dire de l'acceptation bénéficiaire, ce que nous avons dit de l'acceptation pure et simple (1), savoir, qu'elle ne change la condition de l'héritier qu'en ce sens qu'elle rend indestructible une présomption d'après laquelle sa position est déjà réglée, qu'elle lui ôte seulement le moyen de faire arriver, par une répudiation ou par une acceptation bénéficiaire, la résolution de la qualité d'héritier pur et simple dont il a été saisi par l'art. 724 au moment même de l'ouverture de la succession.

M. Duranton n'a élevé contre cette 4° opinion qu'une seule objection (2) ; la voici :

« L'intention du législateur est que le successible qui » laisse passer trente ans sans exercer ses droits, soit puni » de sa négligence ; or, si en ôtant le droit de répudier on » laisse le droit d'opter entre l'acceptation pure et simple (3) » et l'acceptation bénéficiaire, on ne fait au successible au- » cun préjudice réel, car l'art. 802 offre à l'héritier bénéfi- » ciaire presque l'équivalent du droit de répudier. »

Cette objection n'est pas sans quelque force ; mais, nous qui soutenons qu'après trente ans de silence le successible est irrévocablement héritier pur et simple, nous trouvons contre cette quatrième opinion des argumens plus forts : 1° dans tous les raisonnemens que nous avons fait valoir en faveur de la nôtre ; 2° dans ceux que nous avons invoqués pour combattre la troisième ; car (comme nous venons de le voir dans le passage extrait du livre de M. Du-

---

(1) c'est toujours sous ce point de vue que les faits d'acceptation pure et simple sont présentés dans notre Code.

(2) Tome III, p. 587.

(3) c'est bien lui laisser le droit d'accepter purement et simplement que de le considérer comme héritier pur et simple tant qu'il n'acceptera pas sous bénéfice d'inventaire ; c'est toujours ainsi qu'on entend l'expression *accepter* quand il s'agit d'héritier saisi ; on a dit avec raison : qu'*accepter purement et simplement,* c'est perdre le droit de répudier et celui de réclamer le bénéfice d'inventaire.

ranton) l'art. 802 donne en définitive au successible un droit qui diffère bien peu du droit de répudier.

Avant de passer à la dernière des cinq opinions qui ont été proposées, nous croyons devoir appeler l'attention sur deux systèmes qui ont cela de commun avec la 4ᵉ opinion, qu'ils tendent, comme elle, à faire prédominer la qualité d'héritier bénéficiaire (1). Je ne sache pas que ni l'un ni l'autre ait encore été proposé.

"(a). Si, au lieu de lier la conservation indéfinie du droit d'accepter bénéficiairement à ce principe, que *le successible reste saisi de l'hérédité quoiqu'il n'ait pas manifesté sa volonté dans le délai de 30 années* (ce qui conduit à dire que le successible ne perd que le droit de répudier), on avait, au contraire, considéré le successible comme ayant perdu tous ses droits, sauf celui de devenir héritier bénéficiaire, nous pourrions, pour combattre ce système, tirer de l'art. 789, une objection analogue à celle que nous en avons tirée tout à l'heure; nous dirions : 1° que le législateur n'a pas pu vouloir dire en même temps : que *le successible n'est plus saisi*, et qu'*il ne peut plus répudier;* car comment pourrait-on renoncer à ce que l'on n'a plus? 2° qu'il n'est pas non plus vraisemblable que le législateur ait dit d'une manière générale : *la faculté d'accepter se prescrit*, lorsqu'il ne voulait parler que de l'acceptation pure et simple.

Du reste, l'objection de M. Duranton, rapportée à la page précédente, serait encore applicable à ce système, d'après les idées que ce jurisconsulte a professées sur les effets de l'acceptation pure et simple. Mais elle ne le serait

(1) M. Duranton en indique un troisième qui consiste à considérer la faculté d'accepter sous bénéfice d'inventaire comme une restriction de la seconde opinion : cette faculté ne serait accordée qu'au cas où le successible prouverait qu'il n'a connu que depuis moins de trente ans son droit de successibilité. Mais ce système disparaît complètement devant les principes que nous poserons ci-après relativement aux causes de *suspension* de la prescription.

plus d'après les nôtres. — En effet, M. Duranton pourrait encore dire que l'héritier négligent va rester impuni, parce que, suivant lui, devenir héritier pur et simple n'est pas un avantage, mais une peine. Pour nous, au contraire, devenir héritier pur et simple est un avantage (avantage soumis, à la vérité, à une condition qui peut être fort onéreuse), et si la privation de cet avantage ne peut pas être toujours qualifiée *peine*, parce que c'est quelquefois dans l'intérêt même du successible que l'acceptation pure et simple lui est refusée (par exemple en cas de minorité, etc.), au moins ne doit-on jamais perdre de vue que l'acceptation pure et simple est en général considérée comme formant pour l'héritier l'objet d'un droit; or, la perte d'un droit est, en principe, une peine. Nous ne pouvons donc pas dire que la négligence du successible demeure impunie lorsqu'il est privé de la faculté d'accepter purement et simplement.

En revanche, nous pourrions faire cette autre objection, que le législateur, en conservant à un successible le droit d'accepter sous bénéfice d'inventaire, tandis qu'il lui ôterait le droit de rester héritier pur et simple, serait en opposition avec ce principe : *Lorsque des attentes contradictoires ont pu être conçues, le législateur doit donner la préférence aux attentes les plus générales*, principe d'où nous avons tiré cette conséquence que, dans le doute, on doit présumer que c'est là ce que le législateur a fait; or, le législateur, en supposant que le successible n'a entendu conserver que le droit de devenir héritier bénéficiaire, consacrerait le contraire de ce à quoi le plus grand nombre a dû s'attendre ; car, à moins de circonstances particulières, chacun est certainement porté à croire qu'un successible a l'intention d'accepter *purement et simplement* (1).

(1) Le législateur s'est montré lui-même imbu de cette idée dans l'art. 793; car on ne peut justifier la formalité d'une déclaration sur un registre public, exigée pour l'acceptation bénéficiaire tandis que rien de

(b). Le second système que l'on pourrait être tenté de soutenir, consisterait à dire qu'après 30 ans le successible est héritier bénéficiaire, et non pas seulement, qu'il a le droit de le devenir. — Mais, pour que ce système différât véritablement du précédent, il faudrait supprimer de l'art. 802 la disposition qui permet à l'héritier bénéficiaire, sinon de se débarrasser de sa qualité, au moins d'en faire cesser tous les effets.

Du reste, nous ne croyons pas devoir nous occuper plus longuement de ces deux systèmes qui évidemment n'ont pas été dans la pensée du législateur.

V. Suivant la dernière opinion qui tient, en quelque sorte, le milieu entre la 1re et la 2e, après 30 ans de silence, le 1er appelé peut se trouver exclu (1) de la succession par cela seul que la succession a été acceptée par un co-successible ou par un successible au degré subséquent, c'est-à-dire, sans que ce co-successible ou successible postérieur ait usucapé l'hérédité (2).

semblable n'est exigé pour l'acceptation pure et simple, qu'en disant que celle-ci est si vraisemblable que le public n'a pas besoin d'être mis en garde contre une croyance contraire.

(1) Les créanciers et les légataires perdront-ils alors le droit d'agir contre lui? Il est évident que ce cas ressemble au cas d'*usucapion;* voyez ce que nous dirons de ce dernier cas en traitant nos 3e et 4e *Questions.*

(2) M. Duranton (tom. VI, p. 583), parait supposer que le co-successible ou le successible au degré ultérieur n'est pas obligé d'attendre, *pour manifester* l'intention de profiter de la négligence du successible qui lui était préférable, que le délai de 30 ans soit expiré. — Peut-être, par ces mots : *qui ont accepté, quoique depuis moins de* 30 *ans,* M. Duranton a-t-il voulu simplement exprimer l'idée que les successibles subséquens n'ont plus besoin de l'*usucapion* (qui, en matière d'hérédité, exige presque toujours, sinon toujours, 30 années), pour se défendre contre un successible antérieur, lorsque celui-ci n'a pas dans les 30 ans manifesté la volonté d'être héritier. — Mais, en donnant d'une manière absolue *l'ouverture de la succession* pour point de départ à ce délai de 30 années, durant lesquelles un successible doit accepter pour conserver son rang de préférence à l'égard des successibles subséquens (au moins à l'égard de ceux qui sont saisis), on arrivera toujours à dire que tous les successibles saisis qui veulent conserver le droit de préférence sur d'autres successibles saisis, doivent, et par conséquent peuvent,

M. Duranton rejette cette opinion parce qu'il y a, **dit-il**, une véritable inconséquence à refuser à un successible **la** pétition d'hérédité contre un autre successible, tandis **qu'on** reconnaît le premier pour héritier à l'égard, soit de **toute** autre personne qui se serait emparée de l'hérédité, **soit des** créanciers ou débiteurs héréditaires. — Ne pourrait-on **pas** répondre, que ce n'est pas une inconséquence que de **traiter** différemment des personnes qui ont des titres inégaux, **et** que d'ailleurs, en entendant ainsi l'art. 789, on ne ferait que généraliser ce qui est établi pour un cas particulier par l'art. 790 ?

Quant à nous, ce qui nous engage à rejeter cette 3ᵉ opinion, c'est : 1° que la distinction qu'elle établit ne repose sur aucun texte ; 2° que l'espèce de déchéance (*ipso jure*) qu'elle introduit en faveur des co-successibles ou des successibles à un degré ultérieur est une mesure, *superflue* si on admet *l'action en déchéance*, et *insuffisante* si on ne l'admet pas.

Le 1ᵉʳ point n'a pas besoin d'être démontré ; car, qu'est-ce que l'art. 789 ajouterait au droit de déchéance ? Dira-t-on qu'il éviterait la peine de faire déclarer que la déchéance est encourue ; mais le législateur devrait alors exiger quelque formalité pour avertir le public que le 1ᵉʳ appelé n'a **point** fait d'acte d'héritier (et qu'en conséquence la succession est déférée au 2ᵉ appelé) ; or, ce quelque chose ne pourrait être qu'un équivalent de la procédure à fin de déchéance. Il y a plus, l'avantage que l'art. 789 offrirait au co-successible ou successible ultérieur, *l'usucapion* le lui offre déjà ; seulement l'usucapion exige la possession, et il peut se faire qu'un successible ait ignoré que la succession était *jacente*, ou bien qu'il ne se soit pas soucié d'appréhender une suc-

accepter durant les 30 années qui suivent l'ouverture de la succession ; or, ce système, qui se concevrait si le législateur avait ouvert des registres pour l'acceptation pure et simple, est évidemment absurde si cette acceptation doit s'opérer conformément à l'art. 778.

cession qui pouvait lui être enlevée d'un moment à l'autre (1).

Si le droit de demander la déchéance n'est pas admis, la mesure devient, à la vérité, utile, mais elle est bien insuffisante (2) ; en effet, l'intérêt public exige que l'hérédité ne demeure pas *jacente* pendant 30 ans ; or c'est ce qui arrivera si aucun successsible au-delà du premier degré, ne veut s'exposer, en prenant possession des biens héréditaires, à la pétition d'hérédité du successible antérieur. — Il se présente d'ailleurs ici plus d'une difficulté : — Comment le laps de 30 ans qui enlèvera au 1er appelé le droit de révendiquer l'hérédité contre le 2e, n'enlèvera-t-il pas en même temps à celui-ci le droit d'invoquer sa qualité à l'effet de retenir l'hérédité contre le 1er appelé ? — Si la succession a été appréhendée par un successible du 3e degré, ce successible pourra-t-il opposer le laps de 30 ans au 2e appelé comme au 1er (3) ? le 2e appelé ne pourra-t-il pas prétendre qu'il n'a pu agir tant que le 1er appelé n'avait pas renoncé ou du moins tant qu'il ne s'est point trouvé déchu par la prescription dont nous nous occupons ; et alors où sera-t-on conduit ? — Nous reviendrons sur quelques-unes de ces difficultés lorsque nous ferons ressortir les avantages du système qui reconnaît le *droit de*

---

(1) Cette considération suffît-elle pour qu'on cesse de traiter l'héritier saisi comme le propriétaire, dont l'action en revendication n'est point à proprement parler prescriptible ? Il est vrai que, vis-à-vis du propriétaire, la possession est le seul titre à la faveur, tandis que, vis-à-vis de l'héritier, la qualité d'héritier à un degré ultérieur est aussi un titre. Cette différence motiverait peut-être, en faveur du successible, une abréviation du délai ordinaire de l'usucapion.

(2) Elle est surtout insuffisante, si on ne l'applique qu'au successible venant immédiatement après celui qui néglige d'exercer son droit. Néanmoins, si le droit de déchéance ne pouvait être admis, j'adopterais volontiers la légère amélioration que cette mesure appporte à la condition des successibles au-delà du 1er degré.

(3) Nous voilà ramenés à la nécessité de remplacer le mode d'acceptation de l'art. 778 par l'acceptation inscrite sur un registre public.

déchéance, sur les systèmes contraires qui ne reconnaissent contre la pétition d'hérédité d'autre abri que l'usucapion.

Avant de nous occuper des événemens de la seconde classe qui, semblables à la *renonciation*, enlèvent au successible toute influence sur la succession (1), nous croyons 1° devoir faire remarquer qu'entendue conformément à notre opinion, la *prescription de l'art.* 789 produit un effet analogue au *jugement de forclusion* (2), 2° examiner la question suivante :

A quelle époque la prescription de l'art. 789 *commence-t-elle à courir, et y a-t-il des circonstances qui en suspendent le cours ?*

L'examen de cette question nous donnera lieu de rechercher dans quel intérêt la prescription dont il s'agit a été établie.

En général, pour qu'on puisse se prévaloir contre un individu de ce que, pendant un certain laps de temps, il n'a pas exercé un droit qui lui compétait, il faut que cet individu ait été dans les conditions nécessaires pour l'exercice de ce droit, et notamment qu'il en ait connu l'ouverture. Mais ce principe, quelque évident qu'il soit, est sujet à exception en ce sens que le législateur, dans un intérêt de sécurité publique et pour éviter un grand nombre de procès, ou dans ces deux buts en même temps, peut déclarer que tel événement est présumé connu (3), quoiqu'il y ait possibilité qu'une partie des personnes qui auraient eu intérêt à le connaître, l'ait ignoré.

---

(1) soit en déterminant le régime malgré lui ou sans lui, comme dans le cas où l'un ou l'autre des événemens qui peuvent produire cet effet intervient avec un héritier apparent, soit en laissant cette détermination à faire : — par un autre successible de la même classe et placé dans les mêmes circonstances, — ou bien par la justice au moyen de la nomination d'un curateur à la succession vacante.

(2) Si l'on adoptait la première ou la deuxième opinion, elle se rapprocherait au contraire de la *déchéance* ou de *l'usucapion*.

(3) et cela, soit en interdisant, soit en permettant la preuve contraire.

Il y a à cet égard, une très-grande différence à faire entre les prescriptions qui n'intéressent que deux personnes ou quelques personnes déterminées, c'est-à-dire qui concernent des droits *relatifs*, et celles qui intéressent le public, c'est-à-dire qui concernent des droits *absolus*.

Quant aux premières, on peut prendre pour point de départ du laps de temps qu'elles exigent, un événement quelconque, c'est à-dire : même un événement qui n'a pas de publicité, en imposant à celui qui l'invoque l'obligation d'en établir la preuve, et *à fortiori*, un événement doué d'une certaine publicité, en autorisant celui contre qui on l'invoquera à prouver que, par exception, cet événement n'est pas parvenu à sa connaissance.

Mais, lorsqu'il s'agit d'une prescription qui intéresse le public, le législateur ne peut raisonnablement faire courir la prescription qu'à partir d'un événement qui puisse être présumé connu de tous les intéressés : tous les droits deviendraient *relatifs*, si personne ne pouvait s'en prévaloir qu'au moyen d'une preuve individuelle, car le même fait pourrait être tenu pour vrai sur les poursuites de l'un, lorsqu'il serait réputé faux sur les poursuites de l'autre.

Malheureusement, il n'y a pas d'événement, de quelque publicité qu'il soit environné (soit par sa nature même, soit au moyen des formes que le législateur aura fait entrer dans ses conditions de validité), qui ne puisse être ignoré d'un nombre plus ou moins grand de personnes. Que fera donc le législateur ? Il sera forcé de sacrifier quelques intérêts particuliers à l'intérêt du plus grand nombre : il établira, en faveur de la croyance la plus répandue, une présomption, sinon *indestructible* (*juris et de jure*), au moins produisant effet jusqu'à preuve contraire. Par ce moyen, le législateur, qui peut rarement prendre des mesures qui ne soient pas accompagnées de quelque inconvénient, évitera (surtout dans le cas où la présomption sera déclarée *indestructible*), une multitude de procès dans lesquels la mauvaise foi aurait peut-être triomphé aussi souvent que la bonne foi.

Que la *prescription de l'art.* 789 intéresse le public, c'est ce qui ne peut être contesté (1). Nous croyons donc que si l'ouverture de la succession est prise pour point de départ de cette prescription, tous les faits que suppose l'ouverture de la succession au profit d'un tel doivent être réputés connus du public (2). — Mais quel événement donnera ouverture à la succession ? On a reconnu qu'il y avait de grands avantages à ce qu'il n'y eût pas solution de continuité , s'il est permis de s'exprimer ainsi , entre le droit du défunt et celui de la personne qui va le représenter. L'intention du législateur à cet égard , est clairement manifestée par les art. 718, 777 et 785. La succession s'ouvrira donc au moment du *décès.* Il reste à compléter l'effet de cette ouverture, en déterminant au profit de qui elle a lieu.

Cette détermination est la conséquence de faits dont les uns sont antérieurs au décès du *de cujus*, et les autres postérieurs à ce même décès.

Les faits antérieurs sont les événemens qui ont établi , entre le défunt et certains individus , les rapports à raison desquels le législateur appelle ces individus à la succession.

Les faits postérieurs sont la *répudiation,* l'*exclusion* ou la *déchéance* (3) d'un appelé plus proche en degré.

(1) Elle intéresse *immédiatement* les créanciers, qui, après les 30 ans, n'ont plus, ni une demande en forclusion à former, ni la crainte de voir le successible décliner la qualité d'héritier pur et simple ; mais elle intéresse *indirectement* le public , qui est sûr désormais, (comme si un jugement de *forclusion* avait été rendu) , que les inscriptions prises par les créanciers sont valables, ainsi que les ventes faites à l'amiable par l'héritier. Au reste, il arrivera rarement que les créanciers soient dans le cas d'invoquer l'art. 89: car, ou bien ils auront depuis long-temps usé du droit de forclore le successible, ou bien leur créance se trouvera prescrite en même temps que le droit d'option de ce dernier.

(2) C'est au législateur à environner ces faits de publicité, s'ils ne sont pas assez publics par eux-mêmes.

(3) Le *décès* fait seulement passer aux héritiers du successible le droit que celui-ci n'a point exercé avant de mourir.

Tous ces faits doivent-ils être réputés connus ? — Je le crois, par la raison que j'ai donnée tout à l'heure.

Notre législateur a-t-il, en effet, entendu qu'ils le fussent? On pourrait en douter en voyant que notre Code n'environne d'aucune forme de publicité ces faits, dont plusieurs, par exemple, la naissance d'un enfant, sont assez occultes par eux-mêmes (1); l'art. 799 prouve qu'au moins le législateur n'a point établi pour tous ces faits des présomptions *juris et de jure*. Quoi qu'il en soit, nous ne pouvons croire que le législateur ait méconnu la nécessité de présumer que les événemens qui créent des droits *absolus* sont connus de tous (2). L'art. 799 ne concerne qu'un cas particulier, dans lequel il y avait peu d'inconvéniens à s'écarter du principe, parce qu'il s'agissait seulement de prolonger un droit que déjà le tribunal pouvait à son gré prolonger ou ne pas prolonger (3); on peut même, en invoquant la maxime : *Qui dicit de uno de altero negat*, argumenter de l'art. 799 en faveur de l'opinion qui considère comme notoire le décès du *de cujus*.

Nous dirons donc que, par rapport au successible premier appelé, la *prescription de l'art.* 789 court du jour de l'ouverture de la succession, et que, sauf le cas de l'art. 799, il n'y a point de preuve admissible contre la présomption (4) que les tiers ont connu ce jour (5).

(1) les registres de l'état civil ne pouvant pas être consultés gratuitement, et peu de facilités étant d'ailleurs offertes même à ceux qui voudraient les consulter en payant.

(2) Mais il a souvent à se reprocher le tort de n'avoir pas fait tout ce qu'il faut pour rendre notoires ces événemens.

(3) le juge ayant la faculté d'accorder un nouveau délai, si le délai commencé au jour de l'ouverture de la succession lui paraît insuffisant. Remarquez d'ailleurs, que dans l'art. 799, ce n'est qu'à l'occasion des frais qu'on est sorti du système de présomption *juris et de jure*.

4) Les inconvéniens graves que cette présomption produit si elle est mal fondée, sont encore moindres que ceux d'un système qui permettrait à chaque personne de prétendre que tel événement destiné à produire un droit absolu n'a pas été connu d'elle.

5) Du reste, si le décès lui avait été frauduleusement caché, le successible pourrait agir en indemnité contre l'auteur de la fraude.

Quant au successible au-delà du premier degré, **qui ne** peut agir comme héritier qu'autant que tout successible qui le précède a cessé de l'être ou du moins ne peut plus lui être préféré (art. 790), nous nous en occuperons tout à l'heure (à partir de la page 650). — Nous nous contenterons de remarquer maintenant que la *répudiation*, le *jugement d'exclusion pour cause d'indignité*, le *jugement de déchéance*, enfin, la *prescription de l'art.* 789 elle-même, (dès qu'on lui donne pour point de départ un événement public et qu'il ne s'agit plus que de voir si trente ans se sont écoulés depuis cet événement), sont des faits environnés d'une publicité plus ou moins grande, et qu'il y a tout lieu de croire que le législateur les a considérés comme notoires.

Passons à la deuxième partie de la question que nous avons posée relativement au cours de la *prescription de l'art.* 789 : —La minorité ou l'interdiction suspend-elle le cours de cette prescription ? Court elle contre l'institué conditionnellement avant que la condition soit arrivée (1) ?

Nous avons établi, en règle générale, que, dans toute prescription qui intéresse le public, les circonstances particulières à l'un des intéressés, circonstances que le public peut ne pas connaître (2), ne doivent pas empêcher le cours de la prescription.

Le législateur reconnaît ce principe dans les art. 2258, deuxième alinéa, et 2259.

Malheureusement il semble l'avoir oublié dans les art. 2252 et 2256. On pourrait sans doute soutenir que dans ces derniers articles, le législateur n'a point pensé à la

(1) Nous ne parlons pas des autres circonstances indiquées dans la section 2ᵉ du chapitre 4 du titre *de la Prescription*, parce qu'il est évident que ces autres circonstances ne concernent que les prescriptions de droits *relatifs*, ou, dans les prescriptions de droits *absolus*, ce qu'il peut y avoir de particulier, soit à la personne qui prescrit, soit à celle contre qui on prescrit.

(2) Si le public connaît l'institution, il connaît aussi la condition sous laquelle elle est faite. Au reste, voyez notre Nº 2 ci-après.

prescription de l'art. 789 ; mais il resterait toujours l'argument tiré de la généralité des art. 2252 et 2256, et le raisonnement suivant : « on ne peut croire que le législateur » ait été plus frappé de l'inconvénient de prolonger l'incer- » titude où sont les créanciers et les successibles au-delà du » premier degré relativement à la question de savoir si le » premier appelé a ou n'a pas perdu le droit de répudier, » que de l'inconvénient de laisser le public dans l'impos- » sibilité de savoir positivement si tel est devenu propriétaire » ou si tel a continué de l'être. »

Exclusion pour cause d'indignité. Il ne s'agit ici que du cas où cette exclusion a lieu avant que le successible indigne ait pris qualité ; l'exclusion qui n'aurait lieu qu'après, appartient évidemment à nos *troisième et quatrième Questions.*

Les effets de cet événement par rapport à la détermination du régime de la succession, dépendent de la solution que l'on donne aux questions suivantes :

La demande à fin d'exclusion pour cause d'indignité peut-elle être formée par un individu qui n'est pas successible ? En cas de négative, un successible peut il la former tandis qu'il existe un successible plus proche qui garde le silence ? Cette demande est-elle, de la part du successible, un acte d'héritier pur et simple, au moins à défaut de déclaration contraire ? La déclaration contraire pourrait-elle avoir pour objet de réserver complétement au successible le droit d'option, ou bien peut-elle seulement le constituer héritier bénéficiaire ? Dans cette dernière hypothèse, la déclaration peut-elle être régulièrement faite autrement que sur le registre tenu au greffe ?

Au lieu de nous imposer la tâche de discuter ici toutes ces questions, nous allons seulement examiner quelle est, en raison de la solution qu'elle reçoivent, l'influence du *jugement d'exclusion* sur la détermination du régime héréditaire, et si cette influence ne pourrait pas, sous quelques rapports, être considérée comme datant du jour de la demande à fin d'exclusion.

Si cette demande peut être formée par un non-successible, il est évident que, même lorsqu'elle sera l'œuvre d'un successible, l'*exclusion* qui en sera la suite ne fera, comme la *renonciation*, que dépouiller le successible exclu de son droit d'influence (1).

Si l'on décide que, pour faire prononcer l'exclusion, il faut avoir un intérêt personnel comme successible appelé à défaut de l'exclu (2), je crois que l'on devra présumer, de la part de celui qui la poursuit, l'intention d'accepter purement et simplement (3); sauf déclaration contraire, laquelle déclaration ne pourra pas être une réserve complète du droit d'opter, mais seulement une acceptation sous bénéfice d'inventaire, et ne pourra se faire régulièrement que sur le registre tenu au greffe. — Je ne pense pas qu'un successible à un degré plus ou moins éloigné (4) soit non-recevable parce qu'il existe un successible plus proche et non déchu ; seulement, les effets du *jugement d'exclusion* ne pourront alors nuire à ce dernier successible qu'en ce sens que la détermination du régime de la succession n'en sera pas

(1) S'il plaisait au successible qui forme la demande à fin d'exclusion, de prendre la qualité d'héritier pur et simple ou celle d'héritier bénéficiaire, il y aurait alors, à côté des effets de la demande, les effets de cette prise de qualité. Nous ne partageons pas l'avis des jurisconsultes qui croient que l'acceptation ou la répudiation, faite par un successible avant que la succession lui soit déférée, est toujours nulle.

(2) A l'appui de cette décision, on peut dire qu'une mesure rigoureuse comme l'*exclusion* a besoin d'être justifiée tout à la fois par l'intérêt du successible appelé à la place de l'exclu et par l'intérêt de la société. Si l'on pensait que l'intérêt de la société suffit à cet effet, il faudrait charger le ministère public de l'exécution de l'art. 727.

(3) parce que l'acceptation pure et simple est ce qui a lieu le plus communément.

(4) Le droit éventuel d'un successible qui n'est pas le premier appelé, me paraît suffire pour le rendre recevable.

moins irrévocablement opérée vis-à-vis des tiers (1).

On pourrait sans doute faire plus d'une objection contre ce système; nous nous contenterons d'en déduire ici les conséquences :

Si le demandeur n'a pas fait de réserve, le jugement qui prononcera l'exclusion ne fera que confirmer ce que la demande avait déjà fait présumer, et la succession se trouvera soumise au régime de libre disposition.

Si le demandeur a, au contraire, déclaré qu'il ne procédait qu'en qualité d'héritier bénéficiaire, la succession sera soumise au régime d'administration comptable.

Si l'on admettait, contre mon opinion, que le successible peut agir en se réservant l'option, le *jugement d'exclusion* aurait alors simplement les effets de la renonciation.

Il nous reste à faire remarquer que, durant l'instance, l'exercice du droit de fixer le régime de la succession, doit être suspendu, les deux parties n'ayant plus, en quelque sorte, chacune qu'un droit conditionnel; voyez ce que nous dirons à ce sujet, dans notre *seconde hypothèse* (2).

(g) *Déchéance.* — Nos lois autorisent-elles les successibles qui ne sont pas au premier rang à mettre en demeure les successibles qui les précèdent et à faire déclarer que, faute de prendre parti, ceux-ci seront réputés renonçans et parconséquent déchus de leurs droits? — L'affirmative est loin d'être généralement admise. Nous devons donc commencer par établir que la *déchéance* est du nombre des événemens qui peuvent avoir lieu légalement, avant de rechercher les effets que cet événement produit par rapport à la détermination du régime héréditaire (3). Mais, comme cette ques-

(1) C'est à ce successible plus proche à s'imputer de n'avoir pas pris l'avance.

(2) Nous serons peut-être forcé d'admettre entre le régime de libre disposition, et le régime d'administration comptable, un régime *provisoire* dont la durée serait fixée par le tribunal (arg. de l'art. 798).

(3) Nous nous sommes, au contraire, contenté d'expliquer les effets de l'*acceptation pure et simple* ou *bénéficiaire*, de la *renonciation*, et même de l'*ex-*

tion de déchéance se rapporte plus encore à la condition des successibles placés au delà du premier degré qu'à celle du premier appelé (1), nous croyons devoir en renvoyer l'examen au § suivant.

Il nous suffira de dire ici :

1° que les effets de la *déchéance* doivent, comme ceux de l'*exclusion pour cause d'indignité* (dans l'hypothèse (2) où cette *exclusion* ne peut être demandée que par un successible), varier en raison de la qualité en laquelle a agi le successible qui l'a fait prononcer.

2° que durant l'instance en déchéance, le demandeur et le défendeur sont dans une position extraordinaire qui doit empêcher que ni l'un ni l'autre ait le droit de déterminer *ad libitum* le régime de la succession. Nous dirons ci-après (*seconde hypothèse*) ce que l'intérêt des créanciers peut faire décider en pareil cas.

(h) *Usucapion* (3). — De ce que nous n'admettons pas que le seul laps de temps puisse faire perdre la qualité

---

clusion pour cause d'indignité, attendu qu'il n'était contesté par personne que ces événemens fussent au nombre des *faits juridiques.*

(1) La *déchéance* divestit l'un pour investir l'autre, l'*exclusion pour cause d'indignité* peut aussi, d'après ce que nous avons dit ci-dessus, être en même temps : événement *divestitif* par rapport au premier appelé, et *investitif* par rapport à l'appelé subséquent ; mais, dans tous les cas, elle est moins que la déchéance, le fait de ce dernier.

(2) Le doute que nous avons élevé à cet égard ne nous paraît pas s'élever à l'égard de la *déchéance* : il faut, pour pouvoir demander celle-ci, être appelé à en profiter, et, en la demandant, on manifeste l'intention d'être héritier. — Peut-on choisir entre la qualité d'héritier pur et simple et celle d'héritier bénéficiaire, ou bien l'acceptation doit-elle être nécessairement pure et simple, attendu que sans cela le successible qui poursuit la déchéance pourrait nuire aux créanciers en les privant de la chance qu'ils avaient que le successible poursuivi eût accepté purement et simplement? Nous pensons que le successible poursuivant a le choix; l'ordre de préférence entre les successibles étant une chose dans laquelle l'intérêt des créanciers ne peut être consulté. A défaut de déclaration, l'acceptation pure et simple sera présumée.

(3) Qu'on nous permette, afin d'éviter les malentendus, d'employer ce mot à la place des mots : *prescription à l'effet d'acquérir.*

d'héritier saisi et par suite le droit d'option, il ne s'en suit pas que nous considérions ce droit d'option comme étant à l'abri de toute extinction fondée sur ce que l'on appelle *prescription*, c'est-à-dire sur la prolongation d'un certain état de choses (en opposition avec le droit d'une personne ou de toutes les personnes autres que celle qui prescrit) pendant un temps déterminé par la loi. L'héritier peut, par l'*usucapion*, perdre son titre ou du moins tout ou partie des avantages qui y sont attachés; comme le propriétaire peut perdre son droit de propriété : l'art. 137 du Code civil reconnaît expressément que l'action en pétition d'hérédité s'éteint par un certain laps de temps.

Il est vrai qu'aucun texte de nos lois ne met la qualité d'héritier parmi les biens qui peuvent être l'objet de l'*usucapion*; c'est-à-dire, parmi les droits que l'*usucapion* peut enlever à l'un pour en investir l'autre. Mais, lorsqu'un individu, qui a pris publiquement la qualité d'héritier d'un tel, est mis, à raison du temps qui s'est écoulé depuis que sa possession a commencé, à l'abri de la pétition d'hérédité, (et chacun convient qu'il en est ainsi en vertu de l'art. 2262 du C. civ.), pourra-t-il, en conservant, à titre d'héritier, les biens du défunt, soutenir qu'il n'est pas héritier, lorsqu'il sera poursuivi par les créanciers héréditaires? S'il ne le peut pas, il est précisément dans la position où il serait s'il était héritier; il est réputé tel, et dès-lors, on peut dire qu'il a acquis ce titre par *usucapion* (avec effet rétroactif au jour de l'ouverture de la succession) ; de la même manière que le possesseur (avec titre et bonne foi) acquiert par *usucapion* le titre de propriétaire (avec effet rétroactif au jour de l'événement (1) qui sert de base à cette *usucapion*).

On pense bien que nous n'avons pas l'intention d'expliquer ici toutes les règles de l'*usucapion*, nous nous contenterons de dire, en considérant les effets de cet événement

______

(1) soit la *tradition*, soit la *transcription*.

seulement en tant qu'ils se rapportent à notre sujet, que l'*usucapion* fixe le régime de la succession en raison de la qualité prise par l'individu qui a usucapé. Puisque cet individu se prétend véritable héritier, il ne peut se refuser à l'application des règles qui concernent le véritable héritier, et les créanciers peuvent se prévaloir contre lui des mêmes présomptions dont ils se prévaudraient à l'égard du véritable héritier. Ainsi donc, il sera présumé héritier pur et simple, et il devra faire une déclaration au greffe pour n'être qu'héritier bénéficiaire.

Il est évident qu'on ne peut pas *usucaper* en la simple qualité d'*habile à succéder* : celui qui se serait attribué cette qualité sans recueillir aucun des avantages que donne le titre d'héritier, n'aurait pas porté aux intérêts du véritable héritier une atteinte suffisante pour qu'on pût reprocher à celui-ci son inaction.

L'*usucapion du titre d'héritier* est un événement qui a besoin de publicité plus encore que l'*usucapion d'un objet particulier;* en effet, la première usucapion déplace comme la seconde le titre de propriétaire (souvent pour beaucoup d'objets en même temps), et de plus elle désigne presque toujours, à un nombre plus ou moins grand de créanciers ou débiteurs, celui à qui les uns peuvent payer et les autres demander leur paiement.

Les circonstances particulières dans lesquelles peut se trouver le véritable héritier et qui doivent certainement suspendre l'*usucapion*, si l'on ne considère que le possesseur et lui, ne doivent être invocables à l'égard du public qu'autant qu'elles ont un véritable caractère de publicité.

La *minorité* ou *l'interdiction* sont-elles des faits assez notoires pour qu'on puisse approuver les dispositions du Code qui paraissent en faire des causes interruptives de l'*usucapion?* Nous ne le pensons pas, et nous croyons en conséquence qu'on doit se dispenser d'étendre à l'*usucapion de l'hérédité* les art. 2252 et 2255, qui ont évidemment été faits pour *l'usucapion ordinaire.* Lors même que ces articles seraient reconnus pour une institution utile à l'égard de l'usucapion ordinaire, on pourrait encore en contester l'application à *l'usucapion de l'hérédité*, puisque nous venons de voir que l'une d'elles a des caractères que l'autre n'a pas (1).

Second cas (2). Si la détermination du régime de la succession n'a pas été et ne peut plus être opérée par le successible du 1ᵉʳ degré (3), le créancier pourra-t-il (4) agir contre le successsible du 2ᵉ degré à l'effet d'amener cette détermination ? Devra-t-il à cet effet attendre l'expiration d'un certain délai ? *Quid* de l'héritier au 3ᵉ degré ou à un degré ultérieur ?

Pour arriver à la solution de cette triple question, nous avons à démontrer préalablement :

1° que les parens légitimes au-delà du 1ᵉʳ degré, ont, comme ceux du 1ᵉʳ degré, le droit d'opter entre ces trois partis (5) : *accepter purement et simplement, accepter sous bénéfice d'inventaire, répudier*, et qu'ils ont, dès l'instant de l'ouverture de la succession, une sorte de saisine conditionnelle qui suffit pour que les créanciers aient le droit, non

---

(1) Malgré l'importance, ordinairement plus grande, de *l'usucapion de l'hérédité*, cette usucapion exigeait moins de conditions chez les Romains que l'usucapion des objets particuliers.

(2) On a oublié d'indiquer devant le 3ᵉ alinéa de la p. 611 que cet alinéa est le commencement des observations relatives au cas où le créancier est en présence d'un successible du 1ᵉʳ degré.

(3) soit parce qu'il a répudié ou a été exclu comme indigne ; soit parce qu'il a été déclaré déchu ; soit enfin parce que le titre d'héritier a été usucapé contre lui.

(4) Nous verrons tout à l'heure que, lors même que la détermination peut encore être l'œuvre du successible occupant le premier rang, il n'est pas interdit au créancier d'agir contre un successible à un degré ultérieur, seulement le créancier s'expose à être repoussé par une exception dilatoire, et pourrait même encourir des dommages-intérêts envers le successible du premier rang, s'il était prouvé qu'il a agi contre un autre sachant bien que ce successible avait l'intention d'accepter.

(5) en supposant toujours qu'il s'agit d'héritiers qui ne sont point en dehors des circonstances ordinaires.

seulement de les provoquer à opter, mais de conclure à ce qu'ils soient condamnés comme héritiers purs et simples; sauf au tribunal à retarder son jugement jusqu'à ce qu'ils aient pu constater les forces de la succession et exercer, s'il y a lieu (v. ci-après, p. 680), le droit dont il va être question;

2° qu'un successible au-delà du 1er degré peut mettre les successibles qui le précèdent, en demeure d'accepter, et faire déclarer que, faute d'acceptation, ils sont déchus, à son profit, de leurs droits de successibilité.

L'art. 714 me paraît démontrer clairement que l'intention des rédacteurs de notre Code a été d'accorder la saisine à tous les parens légitimes; sans cela, n'auraient-ils pas transcrit en son entier la maxime : *Le mort saisit le vif, son hoir le plus proche?*

Mais, dans l'ancien droit même, malgré cette maxime, la plupart des jurisconsultes décidaient que le successible à qui un autre successible était préférable, avait néanmoins (à la vérité, d'une manière conditionnelle) la *saisine* de la succession.

« Si le premier appelé renonce, ceux qui, à son défaut, » ont droit à la succession sont censés, dit Pothier (*Traité » des Successions*, chap. 3, section 2), en avoir été saisis dès » l'instant du décès. »

Suivant Lebrun, dans les Coutumes où l'on considérait comme étant, en quelque sorte, renonçant, l'héritier plus proche qui réclamait le bénéfice d'inventaire tandis qu'un héritier plus éloigné déclarait être prêt à accepter purement et simplement, cet héritier plus éloigné était réputé saisi depuis le jour du décès; « à la vérité, ajoute cet auteur, » les actes faits par l'héritier plus proche ne peuvent être » attaqués, à cause de l'intérêt que méritent les tiers de » bonne foi. »

Merlin (*Répertoire de jurisprudence*, v° *Successions*, sect. 1, § 5, n°ˢ 1 et 2) dit : « Dans le concours de plusieurs

» parens de différens degrés, le plus éloigné **qui a accepté**
» traite valablement avec les tiers (1). »

Nous ne trouvons, dans nos Codes, aucune disposition qui donne expressément aux successibles précédés par
d'autres dans l'ordre de successibilité, le droit de contrain-
dre ces derniers à prendre qualité (2); cependant nous
croyons devoir soutenir l'existence de ce droit, par les
motifs suivans :

1° Lorsqu'un testateur, après avoir légué une chose à telle
personne, ajoute : *Si cette personne n'accepte pas, je lègue
la même chose à telle autre personne*, on n'hésite pas, au
moins dans la pratique, à accorder à cette seconde personne
le droit de mettre la première en demeure d'accepter ou
répudier le legs : on fait fixer par le juge un délai dans lequel l'option devra être faite. — Le cas où c'est la loi qui appelle tel successible à défaut de tel autre, étant absolument
semblable, comment n'appliquerait-on pas la même règle ?

2° On doit présumer que l'intention du législateur n'est
pas que le droit des successibles placés au-delà du premier
degré, dépende du mauvais vouloir ou du caprice de ceux
qui les précèdent : il a voulu procurer aux premiers appelés
un avantage honnête, qu'ils peuvent obtenir en acceptant
la succession; et non leur donner le moyen de satisfaire de
méchantes passions.

(1) On dira, peut être, qu'il en serait de même, si, à la place d'un parent légitime plus éloigné , c'était une personne tout-à-fait étrangère à la succession
qui eût traité comme héritier apparent; cela est vrai ; mais, si cet étranger passe pour premier appelé , il passe en même temps pour *saisi*, et
c'est à ce titre qu'il a valablement traité. — Un successible non saisi ne pourrait traiter valablement qu'après l'envoi en possession.

(2) Nous verrons ci-après que M. Duranton refuse aux successibles précédés
par d'autres, le droit de forcer ceux-ci à opter (*voyez* tome VI, p. 582); mais,
d'un autre côté, il permet aux créanciers de se contenter de mettre en demeure
le premier appelé (tom. VII, p. 144), et il indique la nomination d'un curateur comme le moyen d'arriver à la détermination du régime héréditaire,
même lorsqu'il y a des héritiers connus, pourvu que ce ne soient pas des
héritiers du 1er degré.

3° L'État est intéressé à ce que les biens soient possédés par des personnes investies d'un droit irrévocable : des possesseurs sans cesse exposés à une revendication, ou bien des curateurs qui n'ont personnellement aucun intérêt à augmenter la valeur des biens, ne feront pas, et raisonnablement ne peuvent pas faire, les sacrifices que ferait le propriétaire pour améliorer sa chose.

4° Les créanciers héréditaires ont eux-mêmes intérêt à ce que la succession, que le premier appelé semble dédaigner, passe à un autre successible, qui l'acceptera peut-être purement et simplement ; au lieu de voir cette succession demeurer *jacente* (1) jusqu'à ce qu'il plaise au premier appelé de faire cesser une incertitude qu'il pourrait prolonger pendant trente ans (2).

5° La loi qui refuserait au successible du degré subséquent le droit de forcer le successible qui le précède à opter, serait facilement éludée : en achetant une créance, le deuxième appelé serait en mesure de forcer le premier à prendre qualité ; seulement, au lieu de conclure à ce que faute d'acceptation pure et simple ou bénéficiaire, le 1er appelé soit déclaré étranger à la succession, il concluera à ce que, faute de renonciation ou d'acceptation bénéficiaire, il soit déclaré héritier pur et simple ; pour éviter cette déclaration, le 1er appelé sera forcé de renoncer ou d'accepter sous bénéfice d'inventaire.

6° Sous l'empire des Coutumes dont nous avons parlé ci-dessus, de ce que la succession passait, de l'héritier plus proche qui déclarait ne vouloir accepter que sous bénéfice

(1) A s'en tenir à l'art. 811, on ne pourrait pas faire nommer un curateur, puisque nous supposons un héritier connu ; mais voyez ce que nous dirons ci-après, p. 690.

(2) Nous avons vu ci-dessus, p. 643, qu'après 30 ans, le silence de l'appelé vaut *acceptation* ; sauf les droits acquis par *usucapion* à celui qui se serait emparé du titre d'héritier, et, dans tous les cas, sans préjudice pour les tiers qui ont traité de bonne foi avec l'héritier apparent. — Quant au point de départ de cette prescription, voyez ci-dessus p. 643 et ci-après p. 659.

d'inventaire, à l'héritier moins proche qui était prêt à accepter purement et simplement, on avait tiré cette conséquence, que l'héritier subséquent pouvait mettre l'héritier qui le précède en demeure d'accepter purement et simplement, et le faire déclarer, faute de ce, déchu de son droit. (Voyez Pothier, *Traité des Successions*, chap. III, § 3, et Lebrun, *Traité des Successions*, liv. III, chap. 4, n° 37.) — Pourquoi aujourd'hui, de ce que la loi fait passer les droits d'un premier appelé qui renonce, au successible subséquent qui déclare vouloir accepter (d'une manière quelconque), ne concluerait-on pas que cet héritier subséquent peut (même pour accepter seulement sous bénéfice d'inventaire) mettre l'héritier antérieur en demeure d'accepter (aussi d'une manière quelconque) ? — Dira-t-on qu'au moins les Coutumes attendaient, pour appliquer la peine de déchéance à un appelé, qu'il eût exprimé une volonté que la loi voyait avec moins de faveur que la volonté annoncée par le successible postérieur ; tandis que, dans notre système, le silence suffirait pour faire encourir la déchéance ? Mais cette interprétation des Coutumes dont il s'agit (1), est contraire à leur esprit et même elle se trouve formellement repoussée par plusieurs d'entre elles qui s'expriment ainsi : *Si aucun... se veut porter héritier pur et simple, il y sera reçu et ne sera passé outre à l'inventaire* (voyez Lebrun, tome II, p. 65) ; et Lebrun dit expressément, que le droit de faire prononcer la déchéance appartient même à l'héritier qui ne suit pas immédiatement celui contre qui

___

(1) Il serait bien bizarre qu'on eût le droit de faire déclarer nulle l'acceptation bénéficiaire et qu'on n'eût pas le droit de la prévenir ; il est bien plus raisonnable de penser que lorsque l'héritier du 2e degré déclarait l'intention d'accepter purement et simplement, il forçait par là l'héritier du 1er degré à déclarer si lui-même entendait accepter de cette manière ; le juge pouvait accorder un délai ; mais ce délai, c'était l'héritier du 2e degré qui le faisait courir par sa déclaration ? — Quelle différence voit-on entre ce cas, et celui où un successible n'ayant droit à la succession qu'au cas où un autre renonce, met ce dernier en demeure de déclarer qu'il accepte.

elle est demandée (tome II , p. 68, n° 43).—Il entend sans doute que le plus proche devrait être admis, par préférence à ceux qui le suivent, à profiter de l'exercice de ce droit, c'est-à-dire, que la déchéance du premier appelé étant demandée tout à la fois par le second appelé et par le troisième, le tribunal devrait déclarer le troisième appelé non recevable quant à présent, et prononcer la *déchéance* au profit du second (1).

7° En faveur de ce système de *déchéance*, on peut dire encore que, sans lui, on arrive à des résultats bien fâcheux, et presqu'absurdes, relativement à l'époque où un successible au-delà du premier degré peut, en supposant qu'il n'y ait ni *répudiation*, ni *exclusion pour cause d'indignité*, ni *usucapion*, obtenir la place d'un héritier qui le précède (2) ; en effet :

a. Suivant l'interprétation de l'art. 879 qui nous a paru le mieux fondée, le successible ne perd jamais son droit de successibilité par cela seul qu'il ne l'a pas exercé ; d'où il suit, que si le droit de déchéance n'existait pas, le caprice d'un successible pourrait rendre inutile pour tout le monde, une masse de biens plus ou moins considérable ; car il est possible que personne ne se décide à courir les risques d'une possession que ce successible pourra faire cesser (3) quand il lui plaira (4) ;

(1) Lebrun me paraît se contredire un peu à cet égard au n° 43, *in fine.*

(2) Lorsque le successible qui veut demander la déchéance, est au-delà du 2ᵉ degré, la demande pouvant embrasser plusieurs héritiers antérieurs, l'époque où elle pourra être accueillie variera en raison du nombre des degrés qui séparent du *de cujus* le successible demandeur.

(3) bien entendu, sauf le bénéfice de l'*usucapion.*

(4) L'action en déchéance fournit-elle un remède à cet inconvénient lorsque le véritable appelé est inconnu des successibles subséquens, qui cependant ont lieu de craindre qu'il ne vienne un jour revendiquer l'hérédité contre celui qui s'en emparerait (cela peut arriver même dans les premiers degrés ; un neveu, par exemple, peut ignorer que son oncle a laissé un enfant légitime)? En d'autres termes, peut-on faire déchoir un successible inconnu? Nous aurons peut-être occasion d'examiner cette question un peu plus loin ; contentons-nous de dire maintenant que s'il fallait la résoudre négativement, ce serait

b. Suivant l'interprétation opposée, la succession passe, à la vérité, au successible du degré suivant, après trente ans de silence de la part du premier appelé, de sorte que ce successible n'a plus besoin alors de l'*usucapion* contre le premier (1). Mais trente ans sont une bien longue période d'incertitude! Et que sera-ce s'il s'agit de successibles au-delà du second degré? La succession ne passera à un successible du troisième degré qu'après soixante ans, à un successible du quatrième qu'après quatre vingt-dix, et ainsi de suite; à moins toutefois qu'on ne dise que la prescription court, contre les successibles de tous les degrés, du jour de l'ouverture de la succession, auquel cas on tombe dans un autre ordre d'inconvéniens (Voyez Duranton, tom. VI, p. 582).

Suivant l'une, comme suivant l'autre, interprétation, si l'on n'admet pas le système de déchéance, l'*usucapion* offrira, à la vérité, une atténuation (2) des résultats absurdes que nous venons de signaler; mais cette atténuation est peu de chose si l'*usucapion* est suspendue par la minorité ou autre incapacité (3), et elle se réduira presqu'à rien pour le successible au-delà du deuxième degré, si l'on dé-

une assez rare exception au bienfait de l'action en déchéance, qui ne devrait pas empêcher d'accueillir cette institution. — Cependant, il suffit que ce cas puisse se présenter, pour que nous y voyions un motif (à joindre à ceux que nous avons déjà donnés) pour abréger l'*usucapion* en faveur des successibles, surtout lorsqu'ils ont eu soin d'inviter, par des annonces, ceux qui pourraient avoir un droit préférable, à se faire connaître.

(1) Celui-ci étant devenu tout-à-fait étranger à la succession, une possession d'un jour mettra le successible du degré subséquent (suivant la 5e interprétation de l'art. 789, et même un étranger, suivant la 2e), à l'abri de toute réclamation de la part de celui qui était autrefois le premier appelé.

(2) Cette atténuation n'est pas établie plutôt en faveur des successibles subséquens, qu'en faveur de toute autre personne ; seulement le successible a l'avantage de ne pouvoir être évincé que par un successible qui le précède, au lieu qu'un tiers non successible peut être évincé par tous les successibles.

(3) Notre législateur ayant admis ces causes de suspension dans le cas de la revendication proprement dite, nous convenons qu'il est difficile de soutenir que, dans le cas de la pétition d'hérédité, l'*usucapion* court malgré ces circonstances; voyez cependant ce que nous dirons ci-après, p. 660, et joignez-y les observations de la note qui va suivre.

cide qu'elle ne court pas contre le second appelé tant que la *renonciation*, ou l'*exclusion* du premier (ou bien encore la *prescription de l'art.* 789 entendue dans le sens de M. Duranton) n'a pas rendu celui-ci étranger à la succession (1).

Avec le système de déchéance, tout devient simple et raisonnable (2).—Il est vrai que ce système ne peut être invoqué que par des successibles (3) : un individu étranger à la succession (4) ne peut être à l'abri des poursuites du premier appelé (comme de celles-des appelés subséquens) que par l'*usucapion*, quelque espace de temps qui se soit écoulé depuis l'ouverture de la succession (5).

Nous ne devons pas cependant dissimuler trois objections assez graves qu'on peut élever contre le système que nous venons d'exposer :

(1) Si l'on objectait que l'*usucapion* qui a couru contre un propriétaire est opposable à celui à qui les droits de ce propriétaire passent, les jurisconsultes qui soutiennent cette opinion répondraient sans doute que le nouveau propriétaire n'avait aucun droit tant qu'a duré le droit du premier ; au lieu que le second appelé à une succession, qui remplace le premier appelé, est réputé avoir été saisi dès l'ouverture de la succession; on peut le comparer à un propriétaire conditionnel ; or ne peut-on pas argumenter de l'art. 2257 du C. civ. pour prétendre qu'un droit réel sous condition suspensive, ne se prescrit pas jusqu'à ce que la condition arrive.

(2) Voyez ci-après, p. 661, notre réponse à cette objection : *le successible poursuivi en forclusion peut ne pas connaître tous les successibles qui le précèdent.*

(3) encore ne pensons-nous pas qu'un successeur irrégulier puisse faire déchoir un héritier saisi.

(4) D'après l'opinion énoncée dans la note précédente, il faut ajouter : *ou bien un successeur irrégulier à l'égard de l'héritier saisi.* (V. ci-après, p. 662.)

(5) Nous parlons conformément à l'interprétation que nous avons admise pour l'art 789; les partisans de la 1re interprétation croient que la pétition d'hérédité est refusée au successible qui laisse écouler 30 ans sans avoir manifesté (par un fait ou par une déclaration) l'intention d'être héritier; de sorte que le possesseur poursuivi par lui, n'aurait pas besoin d'établir qu'il a usucapé : sa possession, quelque courte qu'elle fût, lui suffirait. Mais un successible au 2e degré n'aura t il pas la pétition d'hérédité qui échappe au 1er appelé?

1° Vous forcez, nous dira-t-on, tous les successibles depuis le premier degré jusqu'au dernier, même ceux qui n'ont en ce moment presque aucune chance, à manifester (sans y avoir été provoqués) l'intention d'accepter la succession, afin de prévenir l'action en déchéance qui pourrait être intentée contre eux dans un moment inopportun ; or, suivant l'art. 778, accepter purement et simplement, c'est faire un acte d'héritier ou du moins prendre la qualité d'héritier dans un écrit constatant un *negotium civile*. Conçoit-on des actes d'héritier qui seraient, pour ainsi dire, conditionnels (1) ? et dans quelle perplexité n'allez-vous pas jeter le public qui n'aura aucun moyen de savoir que tel qui prend la qualité d'héritier, ne prétend l'être cependant qu'à défaut de tel autre ? — Je réponds qu'il est vrai que notre Code, en n'ouvrant pas un *registre aux acceptations pures et simples*, semble n'offrir d'autres moyens pour manifester l'intention d'accepter purement et simplement que ceux qui viennent d'être indiqués ; mais, 1° en attendant que le législateur ait joint un tel registre à ceux des répudiations et des acceptations bénéficiaires, un successible ne peut-il pas manifester son intention par un acte notarié où il expliquera quel degré il occupe parmi les appelés à la succession (qu'il n'accepte que *qualitate qua*) ? 2° il est évident que si cette objection a quelque fondement, au moins elle ne peut pas nous être faite par les jurisconsultes qui , voyant dans l'art. 789 une prescription extinctive du droit d'accepter, la font courir contre tous les successibles, à partir du jour de l'ouverture de la succession.

2° Vous ne tenez, et en effet vous ne pouvez tenir, aucun

(1) Et ces actes , on n'aura pas toujours occasion de les faire. S'il ne s'agissait que d'une déclaration à inscrire sur un registre public, tous les jours du délai seraient des jours utiles; tandis que l'occasion de faire un acte ne se présentera qu'à des intervalles éloignés et se présentera peut-être dans un moment où des affaires , des maladies ou des inquiétudes préoccuperont le successible,

compte de l'incapacité du successible, contre qui arrivera si tôt le moment de la déchéance ; votre système se trouve donc condamné par les art. 2252 et 2257.—Je réponds que, s'il n'est pas possible de restreindre ces articles aux prescriptions concernant le droit *relatif*, au moins est-il permis de ne pas étendre des dispositions, qu'on s'accorde maintenant à reconnaître pour mauvaises (1), à des cas auxquels le législateur n'a pas pensé.

3° En liant comme vous le faites l'action en déchéance à votre système relatif à la *forclusion*, vous êtes conduit à décider qu'un successible au-delà du 1er degré peut faire encourir la déchéance même à des successibles qu'il ne connait pas.—Voici notre réponse : c'est mal comprendre notre système que de considérer la forclusion du successible postérieur comme dépendant de la déchéance des successibles antérieurs ; ce qui est une condition de la *forclusion*, c'est que le successible poursuivi ne puisse pas dire : « attendez pour exiger la manifestation de ma volonté quant à la succession, que j'aie pu connaître, ou du moins présumer, celle des successibles qui me précèdent. » Or, si l'action en déchéance conduit à la connaissance certaine de la volonté du successible précédent, il suffit, pour faire présumer cette volonté, que ce successible ait laissé expirer, sans rien dire, le délai qui lui est accordé pour constater les forces de la succession et délibérer ; le successible subséquent est dès-lors tenu de s'enquérir et de délibérer à son tour ; et, le délai écoulé, il doit s'expliquer, ou peut être déclaré forclos. En conséquence, lorsque le successeur au degré subséquent se dispense de faire prononcer la déchéance d'un successi-

____

(1) L'ancienne *Usucapio pro herede*, qui rendait inutile l'action en déchéance, n'exigeait qu'une année de possession. Sans doute, à l'époque où cette usucapion a été établie, les propriétaires ne vivaient guères éloignés du lieu où étaient situés leurs biens. En revanche, les communications sont devenues bien plus faciles, et l'on peut aujourd'hui, au moyen des annonces dans les journaux, faire en sorte qu'un individu apprenne, en quelque pays qu'il soit, qu'une succession s'est ouverte à son profit.

ble antérieur qu'il connaît, le jugement de forclusion n'en vaut pas moins vis-à-vis de tout le monde, de sorte que le régime établi en vertu de ce jugement continuera d'exister quand même un des successibles antérieurs viendrait à évincer celui contre qui ce jugement a été prononcé ; seulement le successible contre qui la forclusion a été prononcée serait passible de dommages-intérêts (argument de l'art. 772) pour avoir, connaissant bien le successible préférable à lui, déterminé le régime héréditaire de manière à préjudicier à ce successible antérieur. — Les successibles inconnus ont à s'imputer si le successible poursuivi n'a pas pu les mettre à même d'empêcher, par l'exercice de leur droit d'option, une détermination du régime qui peut leur préjudicier.

Il faut bien remarquer que l'action en déchéance n'a pas été introduite dans le but de hâter la détermination du régime héréditaire (1), c'est seulement une institution dont nous tirons parti pour arriver à ce but.

Ce droit de faire déchoir les successibles précédens, l'accorderons-nous aux successibles irréguliers à l'égard des successibles saisis, ou du moins à un successeur irrégulier à l'égard des autres successeurs irréguliers par qui il est primé ?

Sur la première partie de la question, d'une part, on peut dire qu'il y a bien peu de différence, quant à l'intérêt qu'ils inspirent, entre deux parens légitimes dont l'un suit immédiatement l'autre, de sorte qu'on ne voit pas pourquoi, à la préférence donnée au premier, on ajou-

---

(1) Cela est si vrai que le législateur pourrait très-bien décider qu'au lieu d'une poursuite à fin de déchéance du titre d'héritier (poursuite dont l'application aux successibles inconnus semble inadmissible, de quelque publicité qu'on l'environne), il y aurait seulement, même à l'égard des successibles connus, une poursuite à l'effet de faire déclarer le jugement de forclusion commun avec eux, on conçoit que cette poursuite pourrait être étendue aux successibles inconnus au moyen d'affiches ou d'insertions dans les journaux .

terait encore le droit de tenir l'autre indéfiniment en suspens; tandis qu'il y a, au contraire, une grande inégalité d'intérêt entre les parens légitimes et les successeurs irréguliers, d'où l'on tirera cette conséquence, que le législateur peut avoir très-bien voulu laisser ceux-ci sous la seule protection de l'*usucapion*. A l'appui de cette décision, on pourrait ajouter, que les héritiers saisis sont considérés comme des propriétaires (1), tandis que les successeurs irréguliers ressemblent plutôt à des créanciers; or, le droit de revendication ne se perd pas par cela seul qu'on n'a pas exercé son droit de propriété, il faut qu'une autre personne ait possédé; tandis que le défaut d'exercice suffit pour éteindre une créance.

D'autre part, on dira que la société entière est intéressée à ce que les successions ne restent pas *jacentes*; et l'on ajoutera qu'il ne faut pas s'exagérer la supériorité d'intérêt qu'inspirent les parens légitimes : surtout lorsqu'il s'agit de parens à un degré fort éloigné, par exemple de parens au onzième ou douzième degré; et que déjà on a trop fait peut-être en les préférant à l'époux survivant et à l'enfant naturel (sauf les considérations particulières qui peuvent exiger qu'on maintienne une grande distance entre la parenté naturelle et la parenté légitime) (2). Mais il nous semble que l'on peut répondre : que si l'on accordait aux successeurs irréguliers le droit de déchéance à l'égard des parens des derniers degrés, on serait dans la nécessité de l'accorder à l'égard de tous; car le Code ne fait, à cet égard, aucune différence (3) entre les parens placés aux divers degrés.

(1) Voyez ce que nous avons dit ci-dessus, p. 577.

(2) Quant à l'État, nous pensons qu'il suffit de lui donner l'*usucapion* contre les successibles saisis, et la *prescription extinctive du droit de demander l'envoi en possession*, contre les successeurs irréguliers.

(3) Si ce n'est celle d'un délai plus long qui résulte des règles posées plus loin sur l'application du droit de déchéance, savoir qu'il y aura près de 4 ans, à partir de l'ouverture de la succession, à attendre avant d'accueillir la demande formée par le successible du 12ᵉ degré, contre les parens du 14ᵉ, tandis que

En définitive, nous croyons donc devoir donner la préférence à l'opinion qui refuse aux successeurs irréguliers le droit de demander la déchéance contre les héritiers saisis (1).

Quant à la 2ᵉ partie de la question, je ne vois pas pourquoi l'époux survivant ne pourrait pas provoquer la déchéance de l'enfant naturel. A la vérité, le délai légal de 3 mois et 40 jours, que nous avons étendu de l'action en forclusion à l'action en déchéance, ne concerne pas les successeurs irréguliers, et il est difficile de trouver aucun article du Code d'où l'on puisse induire le délai après lequel la déchéance pourrait être demandée contre un successeur irrégulier. Mais ne peut-on pas dire que le législateur n'a sans doute pas voulu accorder aux successeurs irréguliers un délai plus long que celui qui est établi dans l'intérêt des parens légitimes? Dans tous les cas, on doit reconnaître au tribunal le droit de fixer le délai qu'il trouvera convenable, comme cela se pratiquait autrefois dans le cas de préférence réclamée par le parent qui voulait accepter purement et simplement, contre le parent plus proche qui ne voulait accepter que sous bénéfice d'inventaire.

Cela posé (2), en restant toujours dans l'*hypothèse* déterminée ci-dessus, page 514, et particulièrement dans les termes du n° 1 de cette hypothèse (celui (3) où l'on suppose que le successible est un parent légitime placé dans les

---

les parens du 1ᵉʳ degré pourront être déclarés déchus sur la demande des parens du 2ᵉ degré immédiatement après l'expiration du délai de 3 mois et 40 jours.

(1) On dira peut-être : *Un successeur irrégulier n'est donc pas plus favorisé qu'un non-successible; il n'est véritablement protégé que par l'usucapion.* Je réponds que, pour avoir une sorte d'action publicienne vis-à-vis des non-successibles, il n'a pas besoin de faire déchoir les successibles qui le précèdent.—Un non-successible pourrait-il opposer au successeur irrégulier, que celui-ci a laissé écouler 30 ans sans s'annoncer comme successible? Je ne le pense pas; le successeur irrégulier répondrait : J'attendais que l'héritier légitime se montrât.

(2) Voyez ci-dessus, page 651.

(3) Voyez pages 608 et 611.

circonstances ordinaires), nous allons tâcher d'expliquer comment, lorsque le régime de la succession n'a pas été et ne peut plus être déterminé (1) par l'influence (volontaire ou forcée) du premier appelé (2), ce régime peut être déterminé par l'influence d'un appelé au degré subséquent (3).

Il faut commencer par bien se fixer sur l'état des choses, et, pour cela, il est nécessaire :

1° de reconnaître quel est l'événement qui a enlevé au 1er appelé la puissance de déterminer le régime de la succession (4),

et 2° d'examiner si ce même événement n'a pas, en même temps, amené cette détermination, soit *complète*, soit au moins *commencée* (5), par suite de l'influence d'une autre personne qui y a concouru.

L'événement qui a enlevé au 1er appelé la puissance de déterminer le régime de la succession peut être :

1° *l'exclusion pour cause d'indignité*,

2° la *déchéance à raison du défaut d'option*,

---

(1) Il est déterminé par une *acceptation bénéficiaire*, comme par une *acceptation pure et simple*; car les rédacteurs de notre Code n'ont pas admis la disposition du Droit coutumier, d'après laquelle l'*acceptation bénéficiaire* était considérée comme une *renonciation*, lorsque le successible y persistait tandis qu'un successible plus éloigné déclarait être prêt à accepter purement et simplement.

(2) Il est évident que le parent mort avant le *de cujus* n'est point un appelé; et le cas où la mort de l'appelé est incertaine appartient à notre *deuxième hypothèse*.

(3) que nous supposons connu et capable, comme nous l'avons fait jusqu'à présent pour le premier appelé. — Le cas d'incapacité appartient au N° 3 de la présente *hypothèse*, et celui où il n'y a pas d'héritier connu, cas où la détermination du régime héréditaire résulte de la nomination d'un curateur, est l'objet de notre *troisième hypothèse*.

(4) Si nous n'étions pas ici renfermé dans l'hypothèse où le véritable appelé est connu et où personne n'a une possession contraire à son droit, nous rencontrerions, parmi ces événemens, le *fait de l'héritier apparent*, et même le seul fait d'*absence sans nouvelles du véritable appelé*.

(5) On va voir tout à l'heure ce que nous entendons par détermination *commencée*.

3° *l'usucapion*,

4° la *renonciation* (1).

Nous avons vu ci-dessus (pages 646 et 647) les doutes qui s'élèvent relativement à la question de savoir si la *demande à fin d'exclusion pour cause d'indignité*, emporte *acceptation* de la part du successible poursuivant. Nous croyons pouvoir nous dispenser d'y revenir.

Dans le cas du second événement, le régime de la succession, qui cesse d'être sous l'influence du 1er appelé, éprouve déjà, par cet événement même, l'influence du successible qui a poursuivi la déchéance (2), car nous pensons que, suivant la maxime : *Pas d'intérêt, pas d'action,* le successible au degré subséquent ne peut poursuivre la déchéance d'un successible antérieur qu'en acceptant la succession. — A défaut d'autre manifestation, l'acceptation résultera de la poursuite même. Mais, il restera à savoir si le poursuivant a entendu être héritier pur et simple ou héritier bénéficiaire ; en conséquence, s'il ne fait pas spontanément cesser toute incertitude à cet égard, il y aura lieu à la *demande en forclusion*, qui, dans ce cas, ne pourra amener que l'acceptation pure et simple ou l'acceptation bénéficiaire.

Dans le cas d'*usucapion de l'hérédité*, nous avons établi que c'est d'après le caractère des actes faits par le possesseur que l'on devra décider s'il est devenu héritier pur et simple ou héritier bénéficiaire (V. ci-dessus p. 650).

(1) Dans le système de ceux qui croient que la *prescription de l'art.* 789 rend le successible tout à fait étranger à la succession , il faudrait ajouter ici cet événement, dont les effets, dans ce système, seraient absolument ceux de la *renonciation.* Pour nous, la *prescription de l'art.* 789 ayant, au contraire, pour effet de fixer irrévocablement , sur celui qui l'encourt, la qualité d'héritier pur et simple, elle appartient évidemment aux événemens par lesquels le premier appelé détermine le régime héréditaire : elle équivaut à une acceptation pure et simple.

(2) que nous supposons toujours être , comme le premier , un parent légitime placé dans les circonstances ordinaires.

En cas de *renonciation*, le successible au 2ᵉ degré a le même droit d'option qui appartenait au 1ᵉʳ appelé.

Il est évident que, sauf les différences résultant des observations qui précèdent, il peut arriver, quant au second appelé (1) toutes les alternatives que nous avons distinguées relativement au premier :

a. Il peut *accepter purement et simplement*, au quel cas la succession est soumise au régime de libre disposition.

Il en sera de même, si, par l'effet de la procédure en *forclusion*, il est condamné comme héritier pur et simple. — Mais, après quel délai l'héritier du 2ᵉ degré pourra-t-il être déclaré forclos? La solution de cette question est comprise dans celle de la question plus générale que nous posons ci-après relativement aux successibles de tous les degrés.

b. Le successible au 2ᵉ degré peut *accepter sous bénéfice d'inventaire;* auquel cas la succession est soumise au régime d'administration comptable.

c. Il peut être *exclu pour cause d'indignité;* — nous n'avons pas besoin de répéter ce que nous venons de dire sur les effets de cet événement.

d. Il peut être *déchu de son droit de successibilité;* — nous allons tout à l'heure ajouter quelques explications à celles dont cet événement a déjà été l'objet.

e. Il peut laisser *usucaper l'hérédité;* — voyez ce que nous avons dit, p. 65? et 664.

f. Enfin, il peut *renoncer;* — auquel cas le troisième appelé arrive, pour donner lieu aux mêmes observations que nous avons présentées sur le premier et sur le deuxième.

Avant d'aller plus loin, nous devons faire remarquer que si l'*exclusion*, la *déchéance* et même l'*usucapion,* enlèvent, comme la *renonciation*, le droit d'agir en for-

(1) toujours dans la même hypothèse dans laquelle nous avons considéré le premier.

clusion (1) contre celui qui est exclu ou déchu, il ne s'en suit pas que, *vice versâ*, le jugement de forclusion prive le successible à un degré ultérieur du droit de demander l'exclusion du successible contre qui ce jugement a été rendu ; mais, le régime étant fixé par le jugement de forclusion, le successible subséquent, qui prendra la place de l'héritier exclu, recevra la succession telle, quant au régime héréditaire, que ce successible l'a faite (2). — Cependant, si le nouveau successible est mineur ou interdit, ou bien si la succession arrive à un successeur irrégulier, tout en maintenant le régime établi autant que l'exige l'intérêt des créanciers, il faudrait admettre, parmi les conséquences résultant de la qualité du nouveau successible (3), toutes celles qui ne portent aucune atteinte à cet intérêt (4). — De même, s'il pouvait arriver qu'après l'exclusion d'un successible qui avait accepté ou été forclos, la succession

(1) ce qui suppose que ces événemens sont arrivés avant que le successible eût manifesté l'intention d'accepter ; et il ne peut pas en être autrement quant à la déchéance. Néanmoins, si le successible poursuivi se laissait déclarer héritier pur et simple, le jugement pourrait avoir quelque effet, non quant au régime de la succession, mais contre le condamné ; voyez nos 5e *et* 6e *Questions.*

(2) c'est-à-dire, en respectant, soit, dans le 1er cas (celui où la succession avait été acceptée purement et simplement), les priviléges et les hypothèques acquis en vertu des art. 2111 et 2113, soit dans le 2e cas (celui où elle n'a été acceptée que sous bénéfice d'inventaire), l'espèce de droit de copropriété que les créanciers acquièrent sur les biens de la succession soumise au régime d'administration comptable.

(3) héritier incapable, ou successeur irrégulier.

(4) Ainsi, lorsque l'héritier incapable ou le successeur irrégulier prend une succession qui avait été acceptée purement et simplement, il n'acquiert pas la libre disposition des biens : l'intérêt du successible lui-même, ou l'intérêt des parens légitimes qui pourraient se présenter un jour, s'y oppose évidemment. *Vice versâ*, dans le cas où c'est un mineur qui est remplacé par un majeur (ce qui embrasse le cas où l'héritier mineur devient majeur avant que la succession soit liquidée), l'espèce de co-propriété que tous les créanciers ont acquise sur les biens héréditaires est maintenue. — Il est, au surplus, évident que le successible capable qui prend une succession soumise au régime d'administration comptable peut, si cela lui plaît, s'obliger à payer indéfiniment les dettes du défunt. Voyez ci-après nos 3e *et* 4e *Questions.*

fût vacante, on conserverait aux créanciers les droits de préférence qui ont pu être acquis en vertu de l'art. 2111 ou de l'art. 2113; mais jamais le curateur ne pourrait avoir la libre disposition des biens. Voyez, au surplus, nos *Questions* 3e et 4e.

Arrivons maintenant à la question de savoir après quel délai un héritier au-delà du 1er degré peut être déclaré forclos.

Nous croyons que cet héritier ne peut être tenu de s'expliquer tant qu'il n'y a pas certitude ou du moins présomption (1) que les successibles des degrés antérieurs n'acceptent pas : non seulement on ne peut imposer la qualité d'héritier (pur et simple ou même bénéficiaire) à un successible précédé par d'autres, pendant que ceux-ci sont encore dans le délai qui leur est accordé pour délibérer, mais il faut, après l'expiration de ce délai, lui laisser à lui-même un pareil délai pour s'enquérir et délibérer, et pendant lequel il pourra poursuivre la déchéance des successibles antérieurs, s'il ne veut pas s'exposer à l'inconvénient (2) d'être tenu d'agir comme s'il avait acquis irrévocablement la qualité d'héritier (purement et simplement ou sous bénéfice d'inventaire), sans avoir cependant la certitude de conserver cette qualité.

C'est ici que se manifeste l'utilité que l'action en déchéance présente sous le point de vue de la détermination du régime héréditaire.

(1) En faisant naître cette présomption par son silence, un héritier ne perd pas son droit de successibilité; il risque seulement de perdre son droit d'opter, par l'option que fera un successible subséquent; et remarquez qu'il n'y a pas lieu de distinguer si le silence a été libre ou forcé; car il a, dans un cas comme dans l'autre, fait naître des attentes, et si, par suite de ces attentes, une perte est à distribuer, elle doit tomber sur l'héritier plutôt que sur toute autre personne, par les motifs que nous avons donnés ci-dessus, p. 662.

(2) Cet inconvénient, nous devons avouer que le successible au degré subséquent ne pourra l'éviter s'il ne connaît pas les successibles antérieurs. V. ce que nous avons dit à ce sujet, p. 658, 661 et 662.

Si cette action n'existait pas :

ou bien, il faudrait décider que l'héritier au degré subséquent n'en est pas moins obligé d'opter, et par conséquent est tenu (1) de s'exposer à l'inconvénient d'administrer pour autrui ; et cela sans qu'on lui accorde un autre délai que le délai ordinaire pour faire inventaire et pour délibérer ; en un mot, on sera forcé de généraliser ce qui a été dit pour le cas où un successible antérieur n'est pas connu du successible poursuivi en forclusion ;

ou bien, il faudra reconnaître que le créancier ne peut, et par conséquent ne doit, agir en forclusion contre l'héritier du degré subséquent, qu'après avoir agi en forclusion contre l'héritier du degré antérieur, et avoir amené la renonciation de celui-ci ; de telle sorte, que le créancier passera peut-être de degré en degré, à partir du 1er jusqu'au 12e, pour être, en définitive, réduit à agir simplement à fin de nomination d'un curateur ; et comme, non seulement chaque héritier doit avoir 3 mois et 40 jours après la renonciation de celui qui le précède pour faire inventaire ou vérifier celui qui a été fait et pour délibérer, mais il est encore admis à renoncer après ce délai, pourvu que ce soit avant le jugement qui doit statuer sur la demande en forclusion, on peut compter que, si chaque successible veut attendre jusqu'au dernier moment, il faudra au moins 6 ans avant que le créancier puisse arriver à la détermination du régime héréditaire (au moyen de la nomination d'un curateur à succession vacante).

Quelques jurisconsultes ont été vivement frappés des lenteurs et des frais qu'entraînerait cette série, plus ou moins longue, de *procédures à fin de forclusion* :

« On n'en finirait pas, dit M. Chabot (2), si, avant d'arriver à la *nomination d'un curateur*, contre lequel on

____

(1) à moins qu'il ne préfère renoncer, ce qui est une fâcheuse alternative.

(2) *Commentaire sur la loi des Successions*, tom. II, p. 184.

»pourra poursuivre le paiement des créances et des legs (1),
» il fallait attendre que tous les parens qui peuvent être ap-
» pelés à succéder (en différens ordres et degrés dans l'une
» et l'autre ligne), les uns après les autres, se fussent expli-
» qués, ou s'il fallait agir successivement contre les uns et
» les autres pour les forcer à s'expliquer...

» En effet, dit M. Duranton (2) (après avoir rapporté l'o-
» pinion de M. Chabot), dans tel cas donné, cela pourrait
» bien être à peu près interminable, et consommer en frais
» inutiles toute la succession ; car chaque héritier jouissant
» du bénéfice d'inventaire, il arriverait que, ceux du premier
» degré renonçant après (3) l'expiration des délais, les créan-
» ciers et légataires seraient ainsi forcés, pour être payés,
» de s'adresser à ceux du degré subséquent, et ils verraient
» encore leurs demandes suspendues par l'effet de l'excep-
» tion dilatoire : ces derniers venant, à leur tour, à renon-
» cer à l'expiration des délais, il faudrait recommencer avec
» d'autres ; et ainsi de suite, jusqu'à ce que toute la famille,
» jusqu'au douzième degré inclusivement dans l'une et l'au-
» tre ligne, eût été mise en demeure de prendre un parti ;
» et tous ces frais ayant été faits légitimement, ils reste-
» raient à la charge de la succession, qui pourrait en être
» absorbée dans beaucoup de cas ; car les renonçans n'au-

(1) Il est évident que, d'après nos principes, la nomination du curateur a
pour premier effet de soumettre la succession au régime d'administration comptable.

(2) Tome VII, p. 142.—Il faut comparer le passage que nous allons citer,
avec les principes que M. Duranton avait professés précédemment (Voyez tom.
VI, n° 59 ou pag. 76, et n° 470 ou p. 558, et tom VII, n° 61 ou pag. 140).
M. Duranton ôte lui-même toute force à son opinion, en déclarant qu'elle
est *contraire aux principes* ; car je crois que, par *principes*, il entend *la
volonté, plus ou moins explicite, du législateur.*

(3) En règle générale, la renonciation se fait avant l'expiration des délais ;
mais, elle peut avoir lieu au dernier jour ; elle peut même n'avoir lieu qu'a-
près, pourvu que ce soit avant le jugement de *forclusion* ; seulement alors
les frais occasionés par le retard de la renonciation sont à la charge du
renonçant, sous la restriction établie dans l'art. 799.

» raient point à les supporter, puisque, lorsque l'héritier re-
» nonce dans les délais ordinaires, les frais restent à la
» charge de la succession, qu'ils y restent même aussi, quoi-
» qu'il n'ait pas renoncé dans les délais, s'il a obtenu du
» tribunal une prorogation et s'il justifie d'ailleurs qu'il n'a-
» vait pas eu connaissance du décès, ou que les délais ont
» été insuffisans, soit à raison de la situation des biens, soit
» à raison des contestations survenues (art. 799); bien
» mieux, dans ces circonstances, qu'ils y restent encore, si
» les héritiers des degrés ultérieurs n'avaient pas connu
» assez à temps la renonciation de ceux qui les précé-
» daient (1).

Qu'ont imaginé MM. Chabot et Duranton pour éviter ces inconvéniens ?

Ils permettent aux créanciers de substituer à l'action en *forclusion* proprement dite (2) l'action *à fin de nomination d'un curateur*. — Suivant ces deux jurisconsultes, dès que l'héritier du premier degré a (soit spontanément, soit sur les poursuites que son silence a obligé les créanciers à diriger contre lui) déclaré qu'il renonçait à la succession, il y a lieu à demander la nomination d'un curateur, nomination par suite de laquelle la succession se trouvera soumise au régime d'administration comptable (3).

(1) On voit que M. Duranton est principalement préoccupé de l'idée que la succession pourra être absorbée en frais de procédure; mais, ce n'est pas là le principal problème à résoudre : il s'agit de concilier l'intérêt qu'ont les créanciers à sortir d'incertitude : 1° avec le droit de chaque successible de n'être point chargé indéfiniment des charges de la succession sans avoir pu les connaître et sans avoir manifesté l'intention de s'y soumettre, et 2° avec cette règle, que le successible ne peut être tenu de s'expliquer à l'égard des créanciers, avant qu'il ait pu lui-même forcer les successibles qui le précèdent à s'expliquer son égard ou du moins qu'il n'ait pu présumer leur intention de renoncer ; ce qui exclut la possibilité d'un délai *absolu*, à moins que ce ne soit, pour tous, le délai dont a besoin le successible le plus éloigné.

(2) action qui, dans le silence de l'héritier poursuivi, amène le régime de libre disposition.

(3) d'où il suit, que, dans ce système, tout successible au-delà du premier

(673)

« M. Chabot atteste (1) que dans l'ancienne jurisprudence,
» dont les principes sur les effets de la saisine et de la dévo-
» lution d'un ordre, d'un degré, d'une ligne, à un autre
» ordre, à un autre degré, à une autre ligne, étaient les
» mêmes que ceux du Code civil, les Parlemens le jugeaient
» ainsi ; il cite même trois arrêts rendus en ce sens.

Voici la conclusion que M. Duranton tire du passage de
son livre que nous avons textuellement rapporté :

« Ces inconvéniens portent à croire qu'il n'y a pas lieu à
» s'attacher rigoureusement aux principes de la saisine et à
» ceux de la dévolution de l'hérédité d'un ordre, ou d'un
» degré, ou d'une ligne, à un autre ordre, degré ou ligne,
» pour l'application de l'article 811 (2). »

Il nous semble que MM. Chabot et Duranton ont eu trop
exclusivement en vue les intérêts des créanciers (3); il y a,

degré peut être dépouillé du droit d'établir le régime de libre disposition, sans
autre mise en demeure que la *procédure à fin de nomination d'un curateur.*

(1) Je laisse parler M. Duranton.

(2) M. Duranton ajoute que les créanciers pourraient, *s'ils l'aimaient
mieux*, poursuivre ceux des héritiers des divers degrés qu'ils peuvent
connaitre. — Ces mots, *s'ils l'aimaient mieux*, signifient sans doute :
*s'ils aimaient mieux essayer de rencontrer, en agissant en forclusion,
un successible par qui la succession sera acceptée purement et simplement
ou qu'ils pourront faire déclarer héritier pur et simple.*

(3) On nous dira peut-être que notre système est plus nuisible aux héritiers que celui de MM. Chabot et Duranton, car, si ce dernier système expose
les héritiers à perdre, au bout de 3 mois et 40 jours, le droit de soumettre la succession au régime de libre disposition, le nôtre les expose à perdre, au profit
des successibles subséquens, le droit d'être héritier, au bout d'un délai qui
peut n'être que ce même délai de 3 mois et 40 jours et qui, dans les circonstances les plus favorables à sa prolongation, peut encore n'être que de 4 ans.
et 4 mois ; tandis que, suivant M. Duranton, la pétition d'hérédité ne peut se
perdre, même en faveur d'un successible au degré subséquent, que par l'*usucapion*, ou bien lorsqu'il s'est écoulé 30 ans sans qu'il y ait eu acceptation ; et il
est probable que ce jurisconsulte n'admettrait contre cette action d'autre fin
de non-recevoir que l'*usucapion*, s'il n'avait pas donné à l'art. 789 l'interprétation que nous avons combattue à la p. 628. — Je répondrai que tous
les successibles autres que le premier appelé, gagnent à mon système bien plus
qu'ils ne perdent ; car dans le système opposé ils n'auraient jamais, ou n'au-

sans doute, des inconvéniens à multiplier les frais et à retarder le moment où les créanciers pourront être payés ; mais n'y en a-il pas aussi à priver, sans nécessité, un héritier du droit de soumettre la succession au régime de libre disposition (1) ?

Le remède indiqué par ces jurisconsultes nous paraît d'ailleurs difficile à concilier avec la lettre du Code : l'art. 810 ne dit-il pas qu'on ne doit procéder à la nomination d'un curateur que lorsqu'il n'y a pas d'héritiers connus ou que ces héritiers ont renoncé ?

Et puis, sur quoi fonder cette nouvelle faveur qu'on accorde au parent du premier degré, qui sera presque le seul à qui il sera permis de déterminer *ad libitum* le régime de la succession ? Si le législateur avait voulu qu'une telle différence existât entre ce parent et les autres, il n'aurait pas donné la saisine à tous les parens légitimes, comme il l'a fait par l'art. 724.

Ces considérations ne nous permettent pas de partager l'opinion de MM. Chabot et Duranton.

Au reste, ces jurisconsultes auraient peut-être professé une opinion différente, s'ils avaient examiné, avec tout le soin qu'elle mérite, la question de *déchéance* (2).

raient qu'au bout de 30 ans, le droit de se prévaloir du silence des successibles précédens.— Il est vrai que, par l'action en déchéance, le premier appelé perd (sans rien gagner) le droit de tenir en suspens (soit pendant 30 ans, soit indéfiniment) les successibles qui le suivent, sauf le secours que peut leur offrir soit l'usucapion, soit la poursuite en forclusion ; mais nous demanderons si la société est bien intéressée à l'existence d'un pareil droit.

(1) Une fois que la nomination d'un curateur aura soumis la succession au régime d'administration comptable, le successible qui viendra, plus ou moins long-temps après cette nomination, réclamer la succession, pourra bien se substituer au curateur, mais non pas substituer au régime d'administration comptable (établi par suite de la nomination du curateur) le régime de libre disposition ; il pourra, s'il le veut, s'obliger *ultra vires* ; mais les créanciers conserveront l'espèce de droit de propriété que le régime d'administration comptable leur suppose. Voyez ci-après nos 2e et 3e *Questions.*

(2) M. Duranton n'en dit qu'un mot (transitoirement, à la p. 582 de son tome VI), et M. Chabot ne paraît pas même y avoir pensé.

En effet, après avoir reconnu qu'un successible peut, au bout d'un certain temps, faire prononcer la déchéance du successible ou des successibles qui le précèdent, ils auraient probablement été conduits à penser, comme nous : 1° que le successible postérieur qui n'exerce pas ce droit, fait présumer qu'il y a renonciation de la part des successibles antérieurs, et qu'il a, lui-même, la volonté de se soumettre aux suites de cette présomption, c'est-à-dire qu'il consent à être déclaré héritier pur et simple à moins qu'il ne répudie ou ne réclame le bénéfice d'inventaire ; 2° que, si le successible antérieur ne doit pas perdre son droit d'hérédité par cela seul qu'il ne manifeste pas son intention relativement au régime héréditaire, il doit au moins perdre le droit de se plaindre de la détermination qui aura eu lieu par le fait d'un héritier subséquent (1).

En partant de ces principes, voici les règles que nous croyons pouvoir établir :

Au lieu de diriger contre chacun des successibles (héritiers saisis), en passant du 1er degré au 2e, du 2e au 3e, et ainsi de suite (2), une demande particulière en forclusion, on peut réunir en une seule instance tous les successibles que l'on connaît ; en accordant néanmoins à chaque successible, pour manifester sa volonté, le même délai qu'il eût eu dans le cas où l'on eût fait une procédure particulière contre lui.

Relativement à la détermination de ce délai : — Il n'y a aucune difficulté quant au successible du 1er degré; d'ailleurs nous nous en sommes occupés ci-dessus, p. 613 à 616. — Quant aux héritiers placés au-delà du premier degré (3), nous remarquerons que l'héritier du second degré

---

(1) Lorsqu'il s'agit de la perte du droit de successibilité, c'est un seul individu qui est en présence d'un autre, tandis que, lorsqu'il s'agit de la détermination du régime héréditaire, c'est un grand nombre d'individus, c'est le public, contre un seul individu.

(2) Nous nous expliquerons tout à l'heure sur les successibles irréguliers.

(3) Si celui qu'on assigne passait publiquement pour *premier appelé*, il

(676)

n'a dû penser à faire inventaire (1) et délibérer, que lorsqu'il a eu juste sujet de croire que l'héritier du premier degré n'acceptait pas, c'est-à-dire, après l'expiration des 3 mois et 40 jours que ce premier appelé avait lui-même pour faire inventaire et pour délibérer ; l'héritier du second degré ne commence donc à être en demeure qu'à l'expiration du second délai de 3 mois et 40 jours, pendant lequel délai il aura pu assigner en déchéance l'héritier qui le précède ; l'héritier du troisième degré n'a dû lui-même penser à faire inventaire et à délibérer, que lorsqu'il a été autorisé à croire que l'héritier du second degré n'acceptait pas, c'est-à-dire après l'expiration des 3 mois et 40 jours accordés à cet héritier du second degré pour faire inventaire et pour délibérer, etc. ; — de sorte qu'on arrive à établir, en règle générale, que le délai après lequel peut être prononcée la forclusion d'un héritier, est composé : 1° d'autant de fois 3 mois et 40 jours qu'il y a de successibles précédant cet héritier ; 2° des 3 mois et 40 jours accordés à lui-même pour prendre connaissance des forces de la succession et délibérer. —Il est évident que lorsqu'on rencontrera des *renonciations faites par un héritier avant l'expiration de son délai*, il y aura une diminution à faire sur le délai total. Mais, ces renonciations étant des exceptions, on peut calculer que, lorsqu'on voudra fixer le régime de la succession avec un successeur du douzième degré, les formalités dureront 4 ans et 4 mois (2).

n'y aurait besoin, lors même qu'il ne le serait pas réellement, d'aucun autre délai que celui qu'on doit laisser au premier appelé ; c'est une conséquence de la faveur accordée à la *possession*.—Mais, le législateur devrait établir qu'on ne doit considérer comme héritier apparent, que l'individu qui est inscrit comme tel sur un registre *public*; le défaut d'inscription, devrait être opposable même à un créancier par un autre créancier.

(1) ou à vérifier celui qu'avait fait le premier appelé.

(2) Sans doute, c'est bien long, et cela s'arrange mal avec le système de rétroactivité consacré par les art. 777 et 785. Mais que faut-il conclure de là ? C'est qu'il faudrait, ou supprimer cet effet rétroactif, ou bien réduire la saisine aux parens en ligne directe. — En retranchant l'effet rétroactif, il est

Tel est le vœu du législateur. Mais il ne faut pas croire que l'inobservation des règles que nous venons de poser empêchera le jugement de forclusion de produire son effet quant à la détermination du régime héréditaire :

Si un seul des successibles accepte, ou se laisse forclore, il détermine le régime de la succession, quand même il n'aurait pas fait déchoir les successibles qui le précèdent ; je dis plus : *quand même il n'aurait pas pu le faire, parce que ces successibles lui étaient inconnus.* A la vérité, ces successibles auront conservé leur pétition d'hérédité ; mais le régime héréditaire n'en sera pas moins fixé, parce que les créanciers ont dû croire que le successible acceptant ou forclos ne s'est abstenu de demander la déchéance des successibles antérieurs que parce qu'il y avait, à sa connaissance, renonciation de leur part. Ajoutons, quant aux successibles assignés qui ne se sont pas présentés, qu'en agissant ainsi, ils sont censés avoir accueilli la demande du créancier poursuivant, c'est-à-dire avoir consenti à l'établissement du régime de libre disposition. Quant aux successibles non assignés, c'est une perte à distribuer, on verra

évident qu'il faudrait organiser un système d'administration purement provisoire, qui n'enlèverait pas au successible le droit d'option ; cela offrirait aussi des difficultés graves. — Le mieux serait de réduire le nombre de successibles saisis.

Dans le système qui a si justement effrayé MM. Chabot et Duranton, c'est-à-dire dans le système qui exige autant de procédures en forclusion qu'il y a de successibles non renonçans, avant celui par qui la succession finit par être acceptée (ou dans tout l'ordre de successibilité régulière, en supposant qu'aucun héritier saisi ne se décide à accepter), il pourrait arriver que six années, ou plus encore, fussent nécessaires pour arriver à la détermination du régime héréditaire. — Et qu'on ne s'imagine pas trouver un remède à l'inconvénient de cette incertitude si prolongée, dans la *prescription* extinctive que **M. Duranton** croit établie par l'art. 789, car, en supposant que cette prescription courre en même temps contre les successibles de tous les degrés, il faudrait que le créancier attendît 30 ans ; encore, pour ne pas aller au delà de ce laps de temps, faut-il supposer que les causes de suspension établies par les articles 2252, 2255, ne sont pas applicables à cette prescription. Que serait-ce si cette même prescription ne commençait à courir contre chaque successible

ci-après pourquoi elle doit tomber plutôt sur ces successibles que sur les créanciers héréditaires.

Si le successible qui se présente sur la demande en forclusion, déclare avoir assigné en déchéance un ou plusieurs successibles antérieurs, il pourra être sursis au jugement de forclusion, et les procédures pourront être jointes pour être statué sur toutes en même temps (1).

Si le successible qui se présente déclare n'être point héritier ou ne vouloir point accepter, le créancier poursuivant sera débouté de sa demande, et devra avoir recours à la procédure à fin de nomination d'un curateur, à moins qu'il n'ait découvert un autre successible.

Lorsque le créancier a assigné plusieurs successibles, si aucun ne se présente (2), le créancier fera prononcer la for-

qu'à partir du jour où le successible précédent est devenu étranger à la succession? (voyez M. Duranton, tome VI, p 77, 558 à 562, 582 et 592, et tome VII, p. 141).

(1) Il nous semble que le tribunal pourrait aussi, d'office ou sur la réquisition du ministère public, ordonner la mise en cause de tel individu soupçonné d'être appelé à la succession.

(2) Notre *troisième hypothèse* a pour objet le cas où l'on ne peut assigner aucun des successibles saisis ; alors, dès que 3 mois et 40 jours sont écoulés, on peut faire nommer un curateur, et la succession est soumise au régime d'administration comptable, et y demeurera soumise quel que soit à cet égard la volonté des héritiers qui apparaîtront plus tard. Cette décision est fondée sur le même motif qut a fait consacrer la validité des actes faits avec l'héritier apparent; tant pis pour ceux qui négligent de se présenter; leur négligence a fait naître des attentes, et dès-lors ceux qui ont conçu ces attentes méritent plus d'intérêt qu'eux.

Mais, dira-t-on, peut-être, si le régime de libre disposition peut se trouver établi à l'égard des successibles non assignés (bien entendu pour le cas où ils seraient un jour reconnus pour héritiers (par l'acceptation spontanée ou la forclusion d'un successible même plus éloigné qu'eux (pour le successible plus proche cela n'offre pas de difficulté), pourquoi ce même régime ne pourrait-il pas être établi par un jugement de *forclusion* qui serait rendu sur requête comme se rend nécessairement le jugement qui déclare une succession vacante? Nous répondrons à cette question ci-après, v. p. 702.

Nous ferons seulement remarquer ici que, ce n'est pas dans l'intérêt des créanciers qu'on a établi le régime de libre disposition, mais dans l'intérêt de l'héritier : les créanciers retirent certains avantages de ce régime, comme

clusion de l'assigné qu'il croira le plus proche ; et il n'aura pas même besoin de demander que, quant à la détermination du régime héréditaire , le jugement soit déclaré commun avec tous les autres successibles. Voyez, au surplus, notre 2ᵉ *hypothèse*, ci-après, p. 683.

Si plusieurs successibles se présentent et se disputent la priorité, nous nous trouvons placé précisément dans notre *seconde hypothèse*, voyez ci-après, p. 681.

Nous conclurons cette longue recherche du mode de détermination du régime héréditaire dans le cas où les créanciers sont en présence d'un successible au-delà du 1ᵉʳ degré (p. 561 et 664), en posant ce principe, qui recevra plus loin (5ᵉ et 6ᵉ *Questions*) son développement : que, vis-à-vis du public, le jugement de *forclusion* (ou l'*acceptation spontanée*) est la seule chose à considérer : ni le défaut de poursuites contre des successibles antérieurs à celui qui a été poursuivi, ni l'inobservation des délais, ne peuvent avoir effet que quant aux rapports entre le créancier poursuivant et le successible poursuivi ou les autres successibles connus de lui et qu'il aurait dû poursuivre : toutes les fois que le créancier n'aura pas mis en cause les successibles les plus proches, ou n'aura pas accordé à ceux qu'il a mis en cause, les délais auxquels ils avaient droit (en raison de leurs degrés de successibilité), il pourra , sa mauvaise foi ou du moins sa négligence, étant prouvée, être condamné aux dommages-intérêts ; mais le régime héréditaire n'en sera pas moins fixé (1).

compensation des inconvéniens qu'il a pour eux, mais ces avantages ne peuvent être considérés par les créanciers comme un but auquel ils pourraient tendre quand même aucun successible ne réclamerait le régime de libre disposition.

(1) Cela est-il vrai au point qu'un successible qui se fera reconnaître comme 1ᵉʳ appelé après que la succession aura été soumise au régime de libre disposition, ne pourra la prendre qu'en s'obligeant même sur ses biens personnels au paiement des dettes du défunt, ou bien faut-il dire que le régime est maintenu seulement sous le rapport des droits acquis à des tiers et notamment aux créanciers inscrits en vertu des art. 2111, 2113. (Voyez ci-après nos *Questions* 3ᵉ *et* 4ᵉ.)

N° 2. *Légataire universel.* Faisons observer d'abord qu'à moins que l'institution d'héritier ne soit soumise à une modalité extraordinaire (1), l'héritier institué (autrement dit, le *légataire universel*) ne peut être primé (et encore seulement pour la *réserve*) que par un parent réservataire :

Ce que nous allons dire en supposant que pareille modalité n'existe pas, peut être considéré comme la règle générale.

Lorsqu'il y a concours d'un parent légitime (réservataire ou non réservataire) et d'un légataire universel, nous avons vu que c'est au parent seul qu'appartient le droit de fixer le régime de la succession, c'est donc ce parent qui pourra être poursuivi à fin de forclusion (2).

Si le parent légitime répudie, c'est alors le légataire que les créanciers pourront mettre en demeure d'accepter, car nous avons adopté l'opinion que, lorsque le légataire est saisi, il a le droit d'option.

Nous ne croyons pas que le légataire puisse demander la déchéance du parent qui le prime (3); néanmoins, comme il est incertain, tant que ce parent n'a point déclaré son intention, s'il ne fera pas passer, par la *renonciation*, la saisine au légataire, nous pensons que le créancier qui veut poursuivre en forclusion le légataire universel, doit lui laisser un délai de 3 mois et 40 jours, à partir de l'expiration du pareil délai pendant lequel le parent légitime est présumé avoir fait inventaire et délibéré (4).

---

(1) par exemple, s'il a été dit par le testateur, qu'il n'appelait le légataire qu'à défaut de tel parent non réservataire.

(2) pour être déclaré héritier pur et simple, ou bien seulement *héritier bénéficiaire* en cas de minorité, interdiction ou autres circonstances extraordinaires telles que celles des art. 781 et 782.

(3) soit réservataire, soit non réservataire.

(4) S'il ne le fait pas, le jugement en forclusion n'en fixera pas moins le régime héréditaire, mais il pourrait y avoir lieu, en faveur du parent légitime, à dommages-intérêts contre le créancier et peut-être aussi contre le légataire qui n'a point opposé l'exception dilatoire.

Mais nous ne doutons pas que si l'action en déchéance a lieu contre les parens légitimes, elle doit avoir lieu, à plus forte raison, contre le légataire; en conséquence, nous n'hésitons pas à dire que le successible qu'un légataire peut primer, assigné en forclusion par un créancier qui n'ignore pas l'existence du légataire, peut comprendre, dans son exception dilatoire, 3 mois et 40 jours pendant lesquels le légataire a pu s'abstenir de prendre parti, et éviter en conséquence la déchéance.

Le légataire universel institué par un *de cujus* qui ne laisse pas de parent réservataire, est-il définitivement héritier pur et simple lorsqu'il ne répudie pas dans le délai de trente ans?—Nous le croyons; le légataire étant, dans cette hypothèse, saisi comme le sont les parens légitimes, on ne voit pas de raison pour ne pas lui appliquer les règles que nous avons posées ci-dessus pour les parens légitimes; seulement, au lieu de l'ouverture de la succession, il semble que c'est la publicité donnée au testament, qui devrait servir de point de départ (1).

Dans le cas où, en instituant un légataire, on aurait dit qu'il ne viendra qu'à défaut de tel parent, il est évident qu'il faut appliquer au légataire ce que l'on dirait du parent légitime placé au degré qui suit immédiatement celui du successible à défaut de qui doit venir le légataire.

Si le légataire a été institué sous condition, appliquez ce que nous dirons ci-après, *seconde hypothèse.*

N° 3. *Incapacité et autres circonstances extraordinaires.* —Que faut-il décider lorsqu'il s'agit de successibles saisis qui se trouvent placés dans les circonstances dont il a été question aux pages 567, 598 et 651 ci-dessus?

On voit que nous avons en vue : d'une part, les parens légitimes ou les légataires universels qui se trouvent en

____

(1) Le législateur devrait peut-être exiger que les testamens fussent soumis dans un certain délai à des formes de publicité?

état de minorité ou d'interdiction au moment où se réalise un événement qui produirait la détermination du régime de la succession, en supposant des successibles capables; et, d'autre part, le cas prévu dans les art. 781 et 782 (1).

(*a*) Nous croyons que le successible mineur ou interdit n'a, pour opter entre l'acceptation bénéficiaire (la seule qui lui soit permise) et la répudiation, que le même délai dans lequel un successible capable doit exercer l'option plus étendue que la loi lui accorde. — Si ce délai s'écoule sans qu'il ait été fait aucune déclaration au nom du successible incapable, les créanciers pourront obtenir un jugement de forclusion qui le déclarera héritier bénéficiaire.

L'héritier mineur ayant, comme le majeur, le droit de demander la déchéance de ceux qui le précèdent, le créancier pourra, à la vérité, le poursuivre même avant que la déchéance du premier appelé ait été prononcée, mais en observant les délais que nous avons expliqués ci-dessus; après ces délais, la forclusion pourra être prononcée, mais le mineur ne pourra être déclaré qu'héritier bénéficiaire, et par conséquent la succession ne sera soumis qu'au régime d'administration comptable. Peut-être pourrait-on même soutenir que la demande en déchéance formée par l'héritier mineur dispense le créancier de faire prononcer sa forclusion du droit d'opter, car cette demande équivaut à acceptation, et comme il ne peut y avoir, dans l'hypothèse, qu'une seule espèce d'acceptation, toute incertitude a cessé dès le moment de la demande (2).

(*b*) Dans le cas des art. 781 et 782, s'il s'agit d'héritiers

(1) Le cas d'institution conditionnelle et celui qui est prévu dans l'art. 790, appartiennent plutôt à notre *deuxième hypothèse*; ainsi que le cas où il y a procès engagé entre deux personnes sur la question de savoir laquelle de ces deux personnes est le véritable héritier.

(2) mais il faudrait alors que cette demande reçût la même publicité qu'un jugement de forclusion.

d'un successible au premier degré, nous croyons que, faute par eux de s'être entendus pour prendre parti dans le délai accordé pour faire inventaire et délibérer (lequel délai pourra être prorogé si déjà une partie était écoulée avant que le successible dont il s'agit d'exercer les droits, vînt à mourir), le créancier devra les mettre tous en cause et conclure à ce qu'ils soient déclarés héritiers bénéficiaires.

S'il s'agit d'héritiers d'un successible au second degré, on pourra former contre eux la même demande dans le délai qui suivra, soit la répudiation ou l'exclusion du successible qui le précède, soit l'expiration du délai dans lequel ce successible aurait dû faire l'option qui lui est permise (1).

Malgré l'expiration du délai, les héritiers pourront encore exercer leur droit d'option tant que la forclusion ne sera pas prononcée ; ils éviteront d'être déclarés héritiers bénéficiaires, en rapportant, avant le jugement, soit un acte d'acceptation pure et simple (2), soit un acte de renonciation.

Seconde hypothèse.

Nous avons réuni, comme appartenant à la même hypothèse, deux cas qu'il importe de distinguer, savoir :

1° le cas où le créancier, au lieu d'être en présence d'une personne qu'il connaît avec certitude comme véritablement appelée à recueillir la succession, se trouve en présence d'une personne dont les droits ne lui sont pas autrement connus, mais qui est en possession de la qualité d'appelé à la succession, ou du moins qui s'annonce comme ayant cette qualité ;

____

(1) Pour le cas où il y aurait, avant le successible dont il s'agit de poursuivre les héritiers, deux ou un plus grand nombre de successibles à différens degrés, voyez ce que nous avons dit ci-dessus.

(2) Nous avons dit plus haut que, notre Code n'ayant pas établi de *registres aux acceptations*, cet acte peut être fait par devant notaire. Au lieu de rapporter un acte extra-judiciaire, les successibles pourraient même se contenter de déclarer au tribunal leur commune résolution.

2° le cas où concourent ces trois circonstances : 1° que le créancier ne connaît pas avec certitude celui à qui appartient la qualité d'héritier, 2° que la possession ne donne pas lieu de présumer que cette qualité appartienne à un tel, et 3° que nul n'a encore manifesté de prétention à cet égard; et où cependant le créancier soupçonne que tel individu est le véritable héritier ;

3° le cas où la pensée du créancier flotte incertaine entre deux ou plusieurs personnes, soit que le créancier ait la conviction que l'une d'elles est le véritable héritier, soit qu'il n'ait pas même la conviction que cette qualité appartient ou à l'une ou à l'autre (1).

Les deux premiers cas diffèrent plus du troisième, qu'ils ne diffèrent de celui dont nous avons formé notre *première hypothèse;* nous aurions donc mieux fait, soit de les réunir à celui-ci, soit de distinguer quatre hypothèses, au lieu d'en admettre seulement trois comme nous l'avons fait à la **p.** 514 (2).

(1) sans soupçonner toutefois à quelle autre personne la succession est dévolue.

(2) Nous avons commis une autre inexactitude à cette même page : au lieu de distinguer, en supposant un possesseur de l'hérédité, le cas où le créancier est persuadé que ce possesseur est véritablement héritier, du cas où il est dans le doute à cet égard, et du cas où (ce qui n'est guère possible, car la possession doit au moins faire naître un doute) il a la conviction que la succession n'est pas dévolue au possesseur, il fallait distinguer, comme nous le faisons ici, le cas où le créancier ne soupçonne pas qu'une autre personne que le possesseur, soit le véritable successible, du cas où, au contraire, la pensée du créancier se porte sur plusieurs personnes, soit que l'une d'elles possède, soit que la possession n'appartienne ni à l'une ni à l'autre.— 1° En effet, on ne veut pas sans doute priver le créancier du droit de courir la chance d'avoir, pour remplaçant de son débiteur décédé, un héritier pur et simple ; et cependant, c'est-là que l'on serait conduit, car, ne connaissant pas une autre personne comme véritable héritier, le créancier n'aurait plus d'autre parti à prendre que de provoquer la nomination d'un curateur; or ne restreignons-nous pas déjà trop l'application du régime de libre disposition; 2° si le doute sur les droits du possesseur, avec la croyance plus ou moins forte que l'hérédité appartient à une autre personne, ne prive pas le créancier du droit de poursuivre la forclusion du possesseur, cette croyance l'oblige au moins à avertir

(*a*) Nous n'avons pas besoin de traiter ici dans son ensemble la question de validité des actes faits par ou avec
l'héritier apparent. Tout le monde reconnaît que, sinon
tous ces actes, au moins tous ceux qu'on a été dans
la nécessité de faire avec lui ou de laisser faire par lui,
valent comme s'ils avaient été faits par ou avec le véritable héritier; c'est à ce dernier à supporter les inconvéniens du silence qu'il a gardé (1). Or n'est-il pas évi-

la personne dont il s'agit, sous peine de dommages-intérêts envers elle ; 3° il
est évident que le doute peut exister entre deux personnes dont aucune n'est
en possession.

(1) La crainte de favoriser un concert frauduleux entre un faux héritier et
les tiers peut seule empêcher que toute espèce d'actes (c'est-à-dire même ceux
qui n'avaient rien d'urgent au moment où ils ont été faits) soient valables
tant que la mauvaise foi n'est pas démontrée; encore peut-on mettre en
question si le danger de ce concert est un inconvénient aussi grave que celui de
priver un héritier, pour peu que son droit paraisse douteux, de la possibilité
de faire les actes non urgens. — Y a-t-il des actes qui doivent, par leur nature
seule, être classés parmi les actes urgens? On cite le contrat de vente : une
personne, dit-on, peut toujours s'abstenir d'acheter et le possesseur de l'hérédité peut attendre qu'on exproprie les biens héréditaires, au lieu de vendre
spontanément ces mêmes biens. Mais, lorsque les dettes de la succession ne peuvent être payées qu'au moyen de la vente des biens héréditaires, on ne peut pas
dire que l'héritier apparent ne soit pas dans la nécessité de vendre; or, si on
lui reconnait le droit de vendre , il faut bien reconnaitre au public le droit
d'acheter. Je conclus de là qu'il n'est pas possible de tracer, sous ce point
de vue, une ligne de démarcation entre tels actes qui, par leur nature,
seraient valables et tels autres qui seraient nuls ; c'est au juge à examiner, dans chaque espèce, s'il y a eu bonne foi, ou dol : le dol sera très-
probable toutes les fois que, sans urgence, le possesseur aura fait des
ventes peu de temps après l'ouverture de la succession ; et ce que
nous venons de dire n'est pas particulier à la vente, il peut en être de
même d'une foule d'autres actes, et même d'un paiement. — Si l'on trouve
qu'en permettant d'élever, sur chaque acte, la question de bonne foi, on mul-
tiplie les procès, c'est au législateur à établir qu'après un certain temps de
possession , la bonne foi du successible et de ceux qui auront traité avec lui
sera présumée. — Le législateur pourrait en même temps décider que nul ne
sera considéré comme possesseur d'une hérédité qu'après une déclaration au
greffe et quatre annonces à trois mois de distance. Dans l'intervalle, les poursuites des créanciers pourraient être suspendues, à moins qu'il ne s'agisse
d'actes purement conservatoires ou des actes d'administration provisoire dont
il est question dans l'art. 779.

dent que les créanciers d'une succession ont besoin, pour ne pas compromettre leurs intérêts (en omettant de faire ce qu'il leur importe de faire, ou en faisant ce qui leur est inutile), que le régime de la succession soit déterminé? Mais, à cet effet, s'ils ne connaissent pas le véritable héritier, peuvent-ils faire autre chose que de tenir pour véritable héritier celui que le public considère comme ayant droit à la succession (1)?—Une acceptation pure et simple de la part de ce faux héritier soumettra donc la succession au régime de libre disposition, et son acceptation bénéficiaire la soumettra au régime d'administration comptable; ou bien, si celui que le public considère comme héritier (2), n'a pas encore manifesté son intention à cet égard par une acceptation quelconque, l'action en forclusion dirigée contre lui amenera, soit une répudiation, soit une acceptation bénéficiaire, soit la perte du droit de renoncer ou de réclamer le bénéfice d'inventaire, et par conséquent la consolidation du titre d'héritier pur et simple ; tout-à-fait comme lorsque cette action est dirigée contre un véritable héritier.

C'est sans doute un inconvénient pour le véritable héritier que de se voir privé du droit d'opter, par le fait d'un faux héritier qui, peut-être, a agi de mauvaise foi et méchamment, en acceptant la succession plutôt d'une manière que de l'autre (3); mais, d'après les principes généraux sur

_(1) Comment pourrait-on prétendre que, tandis que le débiteur de la succession paie valablement au possesseur (héritier apparent), même sans y avoir été condamné, et qu'un créancier peut obtenir contre ce possesseur une condamnation qui vaudra contre le véritable héritier, le régime de la succession ne peut pas être déterminé par le fait de ce même possesseur ou au moyen d'un jugement de forclusion rendu contre lui?

(2) en supposant que l'on puisse être en possession du titre d'héritier, sans avoir fait aucun acte d'héritier.

(3) Le véritable héritier aura une action en indemnité contre le faux héritier, au moins lorsque celui-ci aura été de mauvaise foi. Si le législateur ordonnait, comme nous l'avons proposé à la fin de la note de la page précédente, que nul ne puisse se prévaloir de la possession d'une hérédité s'il ne s'est écoulé un certain temps depuis qu'il est inscrit comme tel sur un registre public, il arrive-

la distribution des pertes, si quelqu'un doit souffrir de ce que des actes ont été faits avec un faux héritier dans la croyance que l'hérédité lui appartenait, c'est plutôt l'héritier véritable, que les créanciers; car, en général, il dépend de l'héritier et non pas des créanciers, d'éviter que cela se passe ainsi. Au surplus, ce qui arrive dans ce cas au véritable héritier *plus ou moins négligent*, n'est que ce qui arrive, dans le cas des articles 781 et 782, à un successible qui n'a aucun reproche à se faire (1).

Et où serait-on conduit si l'on ne voulait pas admettre ce système ?

Il faudrait décider — : ou bien que, toutes les fois qu'un créancier élèvera le moindre doute sur les titres du possesseur, celui-ci sera tenu de faire la preuve de son droit, preuve souvent impossible; —ou bien que la succession sera soumise au régime d'administration comptable, le possesseur étant réputé héritier bénéficiaire ; ce qui, les trois quarts du temps, priverait, dans la personne du possesseur, le véritable héritier lui-même du droit de libre disposition (2);—ou bien encore, qu'il sera procédé ainsi qu'il va être expliqué dans notre *troisième hypothèse;* ce qui, avec l'inconvénient que nous venons de signaler, aurait encore celui de dépouiller l'héritier, même de la simple administration des biens héréditaires, en soumettant presque toutes les successions à l'administration d'un curateur qu'il faudra salarier et qui ne mettra jamais qu'un médiocre intérêt à améliorer les choses héréditaires.

rait bien rarement que le véritable héritier se trouvât ignorer la possession, et par conséquent il aurait presque toujours à se reprocher d'avoir lui-même, en la tolérant, fait naître les attentes contraires à son droit.

(1) en vertu de ce principe, que celui qui se trouve placé dans une position exceptionnelle doit, plutôt que les individus qui sont en rapport avec lui, supporter les inconvéniens que cette position peut occasioner

(2) Il est vrai que, dans le cas où le possesseur serait un faux héritier, l'héritier véritable aura plus de chances de retrouver l'actif de la succession; mais cet avantage balance-t-il l'inconvénient que nous venons de signaler, ou celui plus grave encore dont il va être parlé?

Du reste, en permettant au créancier de considérer comme véritable appelé celui qui est en possession de cette qualité, et, en décidant que ce qui a été fait avec ou par lui, vaut à l'égard de tout le monde (1), nous n'entendons pas mettre le créancier à l'abri d'une action en indemnité de la part du véritable héritier, si celui-ci parvenait à prouver que c'est de mauvaise foi que le créancier a traité avec l'héritier apparent (2). — Pour ne pas être exposé au danger de cette action, dès que le créancier aura quelque doute sur le droit du possesseur, il fera bien de ne pas se contenter d'une acceptation extrajudiciaire, et d'appeler le possesseur en justice afin que le tribunal reconnaisse et déclare qu'il y a lieu de présumer que l'assigné est véritablement héritier. Avant de statuer sur cette demande, le tribunal devrait exiger que des publications fussent faites, si déjà elles ne l'ont été, et qu'il se soit écoulé un temps suffisant pour avertir les intéressés.

D'un autre côté, nous ferons remarquer que le créancier n'a pas seulement le droit d'agir contre le possesseur : il en a le devoir, c'est-à-dire qu'il serait passible de dommages-intérêts envers le possesseur (à moins qu'un autre ne se soit fait reconnaître pour véritable héritier), si, au lieu de le mettre en cause, le créancier a fait rendre contre une autre personne un jugement de forclusion qui a fixé aux yeux du public le régime de la succession (3). Mais, si notre système de registres publics concernant les successions était orga-

---

(1) Remarquez que, si c'est le régime bénéficiaire qui est établi, cela n'empêchera pas cependant l'héritier, qui vient à évincer le possesseur, de s'obliger *ultra vires*.

(2) Dans l'hypothèse de la note précédente, il sera difficile d'apprécier le dommage résultant pour le véritable héritier de ce que la succession est soumise au régime d'administration comptable au lieu de l'être au régime de libre disposition ; cependant on conçoit que cela n'est pas impossible.

(3) Dans le cas d'acceptation spontanée de la part d'un faux héritier, il pourrait aussi arriver qu'un créancier fût passible de dommages-intérêts, savoir dans le cas où, de mauvaise foi, il aurait contribué à induire le public à croire que cette acceptation émanait du véritable héritier.

nisé, il devrait être décidé qu'un successible ne peut jamais se plaindre de ce que le créancier a agi comme s'il n'existait pas , lorsqu'il a négligé de s'inscrire sur le registre public des prétendans à la succession.

(*b*) On pourrait dire que, lorsque nul n'est encore en possession de la qualité d'héritier, un individu acquiert cette possession par cela seul qu'il annonce publiquement ses prétentions à cet égard ; mais, tout en reconnaissant que l'opinion publique (*fama*) suffit pour établir cette possession , nous croyons qu'il y aurait de bien graves inconvéniens à appliquer ce que nous venons de dire de l'héritier apparent , à l'individu dont les prétentions ne sont pas rendues vraisemblables par l'absence de réclamations durant un certain temps.

Ce qui est incontestable , c'est que c'est surtout en ce cas que le créancier a besoin de faire intervenir la justice , afin que ce qu'il aura fait avec un possesseur ou prétendant ne puisse lui être reproché par l'individu qui se ferait reconnaître plus tard pour véritable héritier.

II. Lors même que personne n'est en possession de la qualité d'habile à succéder , et qu'il ne s'est encore manifesté à cet égard aucune prétention , le créancier qui soupçonne que tel individu est appelé à recueillir la succession, fera bien de mettre en cause cet individu pour qu'il ne vienne pas un jour prétendre que c'est de mauvaise foi qu'on ne l'a point averti qu'on allait procéder (1) à fin de détermination du régime héréditaire.

Si l'individu assigné vient déclarer qu'il n'est pas successible (2), le créancier n'étant en présence de personne avec

____

(1) conformément à ce qui sera expliqué ci-après, *troisième hypothèse.*

(2) Il faut bien remarquer que nous ne nous occupons ici que d'une procédure dont le but est de fixer le régime de la succession, et non d'une procédure tendant à faire déclarer qu'un tel est véritablement l'héritier d'un tel. On conçoit qu'un créancier héréditaire poursuive un individu pour faire dé-

qui il puisse faire utilement juger que la succession est soumise à tel ou tel régime, poursuivra la nomination d'un curateur, en accomplissant les formalités dont il sera question ci-après.

Si l'individu assigné, se reconnaissant pour successible, déclare accepter, appliquez ce que nous avons dit, notamment à la p. 687, du possesseur ou prétendant (1). — S'il renonce, il est évident que le créancier se trouvera placé dans la *troisième hypothèse* ci-après.

S'il ne comparaît pas, le créancier pourra à son choix, ou le faire déclarer héritier pur et simple, ce qui établira

clarer que cet individu, en supposant que la succession lui soit dévolue, est héritier pur et simple ; mais un créancier ne peut pas demander qu'un individu *qui ne se reconnaît pas pour successible*, soit forclos du droit (qu'il n'a pas) d'établir tel régime plutôt que tel autre ; les mots *condamné comme héritier pur et simple* de l'art. 800 s'expliquent par le commencement de ce même article : *l'héritier conserve*, etc. : lorsqu'on fait juger avec une personne que la succession est soumise au régime de libre disposition, on reconnaît à cette personne la qualité d'héritier, mais on ne la lui impose pas. — C'est pour cela que le jugement de forclusion devient sans effet à l'égard de l'héritier évincé, tandis qu'il continue à valoir contre toute personne intéressée, et notamment contre l'individu au profit de qui l'éviction a eu lieu. — Si un individu qui ne se reconnaît pas pour successible a fait des actes qui seraient *actes d'héritier pur et simple* s'il était héritier, ces actes donneront simplement lieu à indemnité : soit en faveur de la succession lorsqu'ils ont effet à son égard (c'est-à-dire dans le cas d'*héritier apparent*), soit, en faveur des créanciers qui ont été induits à se croire en présence d'un héritier, et qui en conséquence ont fait ou négligé de faire ce que sans cela ils n'auraient pas fait ou n'auraient pas négligé de faire. — Les créanciers pourraient trouver dans le principe de la chose jugée des droits plus étendus, s'il était démontré qu'au lieu d'un simple jugement de forclusion, c'est un jugement imposant au défendeur la qualité d'héritier, que le tribunal a entendu rendre.

(1) On dira peut-être que, malgré les précautions dont il a été question ci-dessus, un créancier pourra facilement, en s'entendant avec un faux héritier, soumettre la succession à un régime héréditaire qui ne sera pas celui que l'héritier véritable aurait préféré établir. — Nous répondrons qu'il s'agit encore ici d'une perte à distribuer : que l'intérêt du public paraît devoir l'emporter sur l'intérêt du successible ; et nous ajouterons que si la mauvaise foi du créancier peut être prouvée, il sera passible de dommages-intérêts. Nous ferons, en outre, remarquer que le véritable héritier, est exposé à de bien plus graves inconvéniens lorsqu'il laisse un individu prendre possession de la succession.

le régime de libre disposition (1), ou de se **désister de** sa poursuite (2) pour demander la nomination d'un curateur, et amener ainsi le régime d'administration comptable.

III. Le cas où le créancier est dans l'incertitude, *si c'est tel ou tel qui est le véritable héritier*, présente un grand nombre de variétés :

(*a*) Deux individus (ou un plus grand nombre) se disputent le titre d'héritier ;

Si la question d'hérédité est sur le point d'être jugée, il y a à prendre un parti fort sage, c'est de surseoir à statuer sur la demande du créancier jusqu'après le jugement qui fera cesser toute difficulté.

Mais, si la question d'hérédité n'est pas près d'être jugée et qu'il ne soit pas possible de différer sans inconvéniens la détermination du régime héréditaire, il n'est pas facile de trouver pour le créancier un moyen de sortir d'incertitude :

Si nous avions à faire la loi, nous dirions :

1° que la puissance de déterminer le régime de la succession (3) appartient au successible le plus proche parmi ceux qui se sont inscrits sur le *registre public des successions*, ou bien, si plusieurs se disputent la priorité de degré successible, à celui qui s'est inscrit le premier ; et que cette puissance continue à appartenir à ce successible jusqu'à l'inscription d'un jugement ou d'un acte volontaire, qui reconnaîtra que l'hérédité appartient à un autre, ou bien jusqu'à ce qu'il se soit écoulé un certain nombre d'années (4)

____

(1) mais n'ôtera pas au défendeur, à l'égard de tout autre créancier, le droit de soutenir qu'il n'est pas héritier.

(2) en se faisant donner acte du défaut de comparution.

(3) soit par une acceptation pure et simple ou bénéficiaire, soit en se laissant forclore.

(4) Nous n'avons pas besoin de dire que nous aurions soin de fixer ce nombre bien au dessous de 30 ans.

depuis qu'un autre individu s'est annoncé sur ce même registre comme devant être préféré ;

. 2° que, s'il était possible que plusieurs s'inscrivissent au même instant, le droit de fixer le régime de la succession n'appartenant plus ni à l'un ni à l'autre, ou plutôt n'appartenant à l'un qu'avec le consentement de l'autre, le créancier devrait les assigner tous pour qu'ils aient à s'accorder sur le choix du régime ; faute de quoi, le tribunal, ou bien donnera ce choix à celui dont le droit lui paraîtra le plus vraisemblable, ou bien ordonnera que la succession soit soumise au régime d'administration comptable, l'un des prétendans (en général le possesseur, s'il y en a un) étant chargé de l'administration, ou bien enfin nommera un curateur à qui l'administration sera confiée ; — et ce sera la transcription du jugement (accompagné, dans le premier cas, de la déclaration du prétendant que le tribunal a autorisé à l'exercice du droit d'option) qui fixera le régime héréditaire.

En dehors de ce système de registres destinés à faire connaître au public tous les événemens qui déterminent ou concourent à déterminer le régime des successions, il est bien difficile de résoudre les difficultés que présente la circonstance dans laquelle nous nous sommes placés.

Dira-t-on qu'un régime conditionnel sera établi jusqu'à ce qu'un jugement définitif ait donné gain de cause à l'un des prétendans ou qu'il y ait eu, soit renonciation de l'un d'eux, soit usucapion ? — Il résulterait de ce système une incertitude si funeste qu'on ne saurait croire que le législateur ait entendu le consacrer.

Dira-t-on que l'un des prétendans peut toujours être considéré comme héritier apparent, et que, jusqu'au jugement qui l'évince, les doutes que peuvent faire naître sur son droit les prétentions d'une autre personne, ou qu'un créancier pourrait concevoir à raison des faits qui sont à sa connaissance particulière, ne doivent pas empêcher l'effet du principe qui répute valables les actes qu'on a faits avec l'héritier apparent (1). Mais, est-il vrai qu'un des prétendans ait toujours, vis-à-vis du public, le caractère de possesseur? Nous avons déjà répondu à cette question, en disant qu'il faut au moins que depuis qu'on a pris publiquement le titre d'héritier, un certain temps se soit écoulé sans que personne ait élevé de réclamation. Quel devra être ce temps? — C'est une des difficultés que mon système de registres publics aurait pour résultat d'éviter.

Ou bien enfin, fera-t-on, pour ce cas, ce que MM. Chabot et Duranton proposent de faire toutes les fois que l'héritier, premier appelé (2), a renoncé? considérera-t-on le doute qui résulte de prétentions contradictoires comme sortant chacun des prétendans de la classe des héritiers *connus* (3)? et décidera-t-on, en conséquence, que le créancier peut, sans s'exposer à aucune responsabilité, procéder à la nomination d'un curateur, et soumettre la succession au régime d'administration comptable? — Ce système (4) réduirait presqu'à rien le droit d'option (5); et il

(1) au moins lorsqu'on n'a pas pu se dispenser de les faire sans compromettre ses intérêts.

(2) Qu'est ce que ces jurisconsultes entendent par *premier appelé?* est ce seulement celui qui était le premier au moment de l'ouverture de la succession?

(3) Ces jurisconsultes ne s'expliquent pas formellement sur le cas où le créancier hésite à regarder plutôt telle personne que telle autre comme occupant le premier rang de successibilité; mais il est évident que, si, après la renonciation du premier appelé, ils ne tiennent pas compte d'un successible connu, même lorsque le droit de ce successible paraît ne devoir être contesté par personne; ils doivent encore moins tenir compte du successible qui n'a qu'un droit incertain. Si l'on prétend que MM. Duranton et Chabot n'auraient pas appliqué à ces deux cas la même décision, nous demanderons quelle différence ces jurisconsultes auraient pu établir sans se mettre en contradiction avec eux-mêmes. — Dans notre système, il y a, à la vérité, quelque différence entre ces deux cas, mais ils ont cela de commun que nous n'appliquons ni à l'un ni à l'autre la règle posée dans l'art. 811.

(4) Nous ne le considérons ici qu'autant qu'il s'applique au cas où il y a plusieurs prétendans. Pour ses autres applications, voyez ce que nous dirons ci-après.

(5) Suivant ce que nous avons dit ci-dessus, le juge peut déclarer que ce

établirait entre le premier appelé et les autres successibles une distinction qu'aucun texte ne justifie.

J'aimerais mieux dire que, dans tous les cas où le créancier a le moindre doute, il peut, en mettant en cause les divers prétendans (1), demander que le juge, après leur avoir accordé un délai pour s'accorder sur la détermination du régime héréditaire (2), déclare qu'une forte présomption existant en faveur de tel prétendant (ce sera ordinairement le possesseur, et si ce n'est pas lui, cela ne préjudiciera en rien aux prérogatives de la possession), ce prétendant exercera dans sa plénitude le droit d'option (3); sauf indemnité, s'il y a lieu, au cas où son adversaire viendrait à triompher.

Remarquons, en finissant, que si le créancier ne met en cause qu'un seul des prétendans et qu'il fasse prononcer contre lui la forclusion, le régime héréditaire se trouvera néanmoins établi par le jugement de forclusion ; seulement l'autre prétendant pourra, s'il y a lieu, agir en indemnité contre le créancier qui a négligé de l'avertir.

Nous répéterons ici ce que nous avons dit à la p. 685, savoir qu'il est, sans doute, fâcheux pour le véritable héritier, qui aurait désiré avoir la libre disposition des biens héréditaires (4), d'être privé de son droit d'option par le fait d'un prétendant, peut-être de mauvaise foi, qui aura établi le régime bénéficiaire ; ou bien *vice versâ;* mais qu'il faut bien que quelqu'un éprouve ici une perte, et,

droit sera exercé par tel héritier dont la prétention lui paraît avoir plus de chances. C'est seulement dans le cas où il n'y aurait aucun motif pour préférer l'un des prétendans à l'autre, que le juge établira le régime d'administration comptable.

(1) Nous verrons ci-après qu'il peut agir de même lorsqu'il y a seulement soupçon de sa part que telle personne pourrait se présenter comme héritière.

(2) La question d'hérédité demeurant pendante entre eux.

(3) c'est-à-dire que la détermination du régime héréditaire restera irrévocable. Quant aux actes faits en conséquence par le prétendant évincé (soit comme héritier pur et simple, soit comme héritier bénéficiaire), voyez nos 3ᵉ *et* 4ᵉ *Questions.*

(4) sauf, bien entendu, l'effet des art. 2111, 2113.

comme le véritable héritier ne mérite aucun reproche de négligence, nous remplacerons le motif donné à la p. 685 pour justifier la préférence accordée au créancier, par cette double considération : que l'inconvénient que nous venons de signaler est bien moindre que celui qu'éprouveraient les créanciers, si on ne leur offrait pas un moyen de sortir d'incertitude ; et qu'il s'agit pour l'héritier d'une charge attachée à un bénéfice, tandis que pour le créancier ce serait un mal ajouté au mal que lui cause déjà le décès de son débiteur (1).

On objectera peut-être que le système que nous venons d'exposer, manque de base positive, presque autant que le système d'*inscription sur un registre public* des divers événemens qui peuvent déterminer le régime héréditaire. — Nous répondrons que c'est un principe reçu chez nous, qu'on peut réclamer l'intervention de la justice toutes les fois qu'on éprouve quelque obstacle dans l'exercice de ses droits ; or, ici des prétentions contradictoires empêchent le créancier d'arriver d'une manière sûre à la détermination du régime héréditaire ; le créancier peut donc s'adresser au juge pour qu'il fasse cesser cet obstacle.

(*b*) Ce que nous venons de dire pour le cas où il y a plusieurs prétendans, est, en grande partie, applicable au cas où une seule personne s'est annoncée comme ayant droit à la succession, mais où le créancier a lieu de croire qu'une autre personne pourrait avec succès revendiquer ce droit ; et, *à fortiori*, au cas où, en sus de deux ou plusieurs prétendans, se trouve encore une personne que le créancier croit être en mesure de se mettre sur les rangs.

Seulement, nous avons ici à prévoir le cas où cette personne vient déclarer qu'elle ne revendique pas la qualité qu'on lui a supposée : Il est évident que, s'il ne reste, après cette déclaration, qu'un seul prétendant, le régime sera fixé,

(1) Les mineurs et interdits sont également privés du droit d'option complète, mais c'est évidemment dans leur propre intérêt.

soit par son acceptation spontanée, soit par le jugement de forclusion qui le déclarera héritier pur et simple, conformément à ce qui a été expliqué au N° I ci-dessus (1). — S'il reste encore deux prétendans, il y a lieu d'appliquer ce qui a été dit ci-dessus, p. 690 (a).

(c) Si, nul n'étant en possession de l'hérédité, ni ne s'étant annoncé comme y prétendant, l'opinion du créancier flotte incertaine entre plusieurs personnes, il fera bien de les mettre toutes en cause :

Si toutes se présentent pour déclarer qu'elles ne sont pas successibles ou qu'elles renoncent, le créancier se trouvera placé dans le cas de la 3ᵉ *hypothèse* ci-après. Si une seule des personnes assignées s'abstient de faire cette déclaration, le créancier procédera comme il est dit au N° I ci-dessus. Si plusieurs gardent le silence, le créancier pourra choisir celle dont le droit lui paraîtra le plus probable pour la faire déclarer héritier pur et simple conformément à ce qui est dit p. 589 ci-dessus ; ou bien il se désistera de sa demande à l'égard de toutes, et procédera conformément à ce qui sera dit ci-après, 3ᵉ *hypothèse*.

(d) Dans le cas d'institution conditionnelle, le créancier devra mettre en cause l'institué sous condition, et, en même temps, le successible qui doit conserver la succession si la condition n'arrive pas : il les invitera à déterminer d'un commun accord le régime de la succession.

S'ils s'accordent, le régime établi par leur volonté commune vaudra, quel que soit celui des deux qui obtienne définitivement l'hérédité.

S'ils ne s'accordent pas, le tribunal déclarera que la succession est soumise au régime d'administration comptable ; à moins qu'il ne pense que, la chance de l'un étant

---

(1) Nous parlons toujours dans la supposition qu'il s'agit d'un successible héritier légitime et capable ; si le successible, à raison de sa position particulière, ne peut établir que le régime d'administration comptable, il est évident que ce sera ce régime qui résultera du jugement de forclusion.

bien moindre que celle de l'autre , il y a lieu de laisser à ce dernier le droit d'option (1).

(c) Quant au cas de l'art. 790 , où la succession est, en quelque sorte, en suspens entre le renonçant à qui l'article permet de revenir sur sa renonciation, et un successible postérieur à qui la succession est déférée sous la condition qu'il manifestera l'intention d'en être investi avant que le renonçant ait fait connaître sa nouvelle volonté, c'est encore à peu près la même marche à suivre et les mêmes principes à appliquer.

Le créancier assignera le renonçant et l'appelé subséquent, pour que chacun d'eux soit tenu de déclarer s'il entend accepter (soit bénéficiairement , soit purement et simplement). Celui qui répondra le premier à cette assignation, par une acceptation quelconque (2), fixera le régime de la succession. — S'ils gardent tous deux le silence, le tribunal déclarera que la succession est soumise au régime de libre disposition, et y demeurera soumise quel que soit celui des deux qui se trouve définitivement héritier. — Si tous deux répondaient en même temps, l'un en choisissant le régime bénéficiaire, l'autre en donnant la préférence au régime de libre disposition , je crois que la préférence serait due (3) à celui qui vient à défaut du renonçant, car l'article 790 semble exiger que la nouvelle résolution (*pœnitentia*) du renonçant *précède* l'acceptation d'un autre héritier ; de sorte que, si ces deux choses ont lieu au même instant , le repentir du renonçant doit demeurer sans effet.

(1) Si la condition devait s'accomplir ou défaillir très-prochainement, le tribunal pourrait surseoir à la détermination du régime, en prenant, s'il y avait urgence, quelque mesure provisoire.

(2) Suffit-il qu'il fasse acte d'héritier ? ne faudrait-il pas exiger du renonçant, dans ce cas, une déclaration au greffe, attendu que la présomption résultant de la saisine n'existe plus pour lui.

(3) non pas seulement quant au droit de déterminer le régime de la succession, mais quant au droit à l'hérédité même.

Remarqeuz que, s'il s'était écoulé 3o ans depuis la renonciation, le renonçant ne serait plus en droit de primer les successibles postérieurs, en acceptant avant eux ; et, par conséquent, le créancier n'aurait plus besoin de mettre en cause le successible renonçant.—Tel est l'esprit de l'article 790 , relativement auquel nous croyons devoir encore poser les deux questions suivantes :

Les rédacteurs du Code n'ont-ils entendu accorder le *jus pœnitendi* qu'aux successibles *parens légitimes ?* — Nous le croyons (1). Du reste, tout successible, même un successible irrégulier (2) qui, avant que le renonçant eût changé d'avis, a exprimé la volonté de recueillir la succession, empêche ce *jus pœnitendi.*

La *prescription de l'art.* 790 court-elle du jour de l'ouverture de la succession, ou bien du jour de la renonciation? — On peut dire , d'une part , qu'un droit ne peut pas se prescrire avant qu'il soit ouvert , et qu'ici le droit de revenir contre la renonciation n'est véritablement ouvert que du jour où cette renonciation a eu lieu. — Mais, ne peut-on pas répondre : 1° que le successible renonçant ayant déjà eu , avant sa renonciation, le droit d'accepter (ce droit faisant partie du droit d'option), le législateur a probablement pensé à ce droit d'acceptation lorsqu'il a établi contre le renonçant une prescription de 3o années ; 2° que la rédaction de l'art. 790 est favorable à cette opinion, car l'article parle d'une faculté *qu'on a encore après la renonciation :* que par conséquent on avait déjà auparavant , et qu'on aurait pu exercer, au lieu de renoncer ; or la pres-

---

(1) La *renonciation* a fait naître une attente de la part des successibles placés aux degrés subséquens ; on conçoit que le législateur permette à un héritier légitime de détruire cette attente, sans vouloir accorder la même faveur à un légataire ou aux successeurs irréguliers.

(2) Il faut qu'il y ait une époque où ces successeurs sachent qu'ils peuvent obtenir l'envoi en possession sans craindre qu'on ne vienne, plus ou moins prochainement, en détruire l'effet.

cription d'un droit commence, en règle générale, **du jour** où ce droit a pu être exercé...

(*f*) Le cas de l'art. 782 est évidemment régi par des principes particuliers : le législateur veut que tous les héritiers d'un successible décédé sans avoir accepté ni renoncé, prennent le même parti à l'égard de la succession. Si, après l'expiration d'un délai que le tribunal fixera à cet effet (sur la demande, soit de l'un d'eux, soit d'un créancier), ils ne sont pas tombés d'accord (1), le tribunal devra déclarer qu'ils sont tous héritiers bénéficiaires (2).

Si le créancier a omis d'appeler l'un des héritiers, la déclaration du tribunal n'en vaudra pas moins pour toute la succession, sauf à accorder à l'héritier qui n'a pas été mis l'action en indemnité (3) contre le créancier.

(*g*) Il nous reste à dire un mot du cas où le créancier sait qu'il a existé un individu qui aurait droit de recueillir la succession s'il existait encore, mais où l'existence de cet individu, au moment de l'ouverture de la succession, se trouve être *incertaine* (4).

Le créancier devra t-il, dans ce cas, demander la forclusion? et contre qui devra-t-elle être demandée ?

Il ne s'agit pas du cas où la succession s'est ouverte avant l'absence, il n'y a pas de doute qu'alors l'absent doit être

---

(1) Si l'un d'eux est incapable, il fera la loi à tous les autres.

(2) La succession se partagera-t elle entre eux, de manière qu'il y ait, pour ainsi dire, autant de successions que de représentans du successible décédé? Alors pourquoi ne pas laisser à chacun la faculté de prendre le parti qu'il voudra, tant pour sa portion virile que pour ce qui y accroîtra par des renonciations ?

(3) en supposant qu'il soit possible d'apprécier pécuniairement le préjudice que le défaut d'assignation a causé dans ce cas, où tout ce que le successible non assigné peut dire, c'est que peut-être il eût déterminé ses co-héritiers à accepter purement et simplement et que cela lui eût été plus utile.

(4) S'il n'y a jusqu'à présent, ni jugement qui déclare l'absence, ni jugement préparatoire qui ordonne une enquête, ni même demande tendant à ce qu'il soit pourvu à la défense du présumé absent, le créancier aura fait

mis en cause, par une action intentée, soit contre un cura-teur nommé *ad hoc*, conformément à l'art. 113, soit contre les envoyés en possession, conformément à l'art. 134 (1).

Il s'agit du cas où l'on ignore si celui qui a disparu était ou n'était pas vivant au moment où la succession s'est ouverte.

Nous pensons que le créancier fera bien d'assigner en même temps : l'absent (en agissant contre les représentans indiqués ci-dessus), et les successibles connus qui ont droit à la succession à défaut de l'absent.

Ces successibles pourront, en déclarant qu'ils ne recon-naissent pas l'existence de l'absent, obtenir qu'il soit passé outre, comme s'il était certain que celui qui a disparu était mort avant l'ouverture de la succession (art. 136).

Si, l'existence de l'absent n'étant pas contestée, il y a controverse sur son droit de successibilité, il devra être procédé ainsi qu'il a été expliqué ci-dessus, p. 589 (2).

Si la priorité de l'absent n'est pas plus contestée que son existence, nous nous trouvons reportés à notre *première hypothèse*, N° 3 (v. p. 609 et 674).

Dans tous les cas où le créancier est obligé (sous peine de dommages-intérêts) de mettre en cause plusieurs indivi-dus entre lesquels flotte, à ses yeux, la qualité d'héritier (3), il doit (sous la même peine) les assigner à un jour tel qu'aucun ne puisse prétendre qu'il n'a pas eu, conformé-ment aux règles posées ci-dessus, le délai qui lui appartenait en raison du degré qu'il occupe dans la hiérarchie des suc-

---

tout ce qu'on peut exiger de lui, s'il a suivi autant que possible les formes in-diquées ci-dessus, p. 687.

(1) La succession ne devrait être soumise qu'au régime d'administration comptable, comme dans le cas où le successible est un mineur.

(2) Il est bien entendu que, lorsque la détermination du régime s'opère avant que l'absence ait cessé, le régime d'administration comptable peut seul être établi.

(3) Ce sont tous les cas appartenant à notre *seconde hypothèse*, à l'excep-tion du cas prévu dans l'art. 782.

cessibles. Mais il faut se rappeler ce que nous avons dit de l'inobservation des délais , p. 685.

Nous avons vu comment, pour arriver à la détermination du régime héréditaire, le créancier est tenu de procéder à l'égard de l'individu *connu de lui* comme véritable héritier. Nous avons établi ensuite que, lorsqu'une personne est en possession de l'hérédité sans qu'une autre la révendique, quand même il viendrait à être prouvé que cette personne n'était pas véritablement héritière , ce qui aura été fait par elle ou avec elle vaudra (1) comme si cela eût été fait par ou avec le véritable héritier. —Nous avons rattaché à ce cas celui où, sans être en possession, un individu prétend être appelé à recueillir la succession ; et même celui où, sans qu'il y ait encore aucune manifestation de la part de tel individu , le créancier cependant soupçonne cet individu d'être l'héritier véritable. —Nous avons vu aussi ce qui a lieu lorsque plusieurs personnes se disputent ou paraissent pouvoir se disputer la qualité d'héritier, soit que l'une d'elles soit en possession , soit qu'à cet égard l'une n'ait aucun avantage sur l'autre ; et nous avons vu comment les mêmes règles s'appliquent, soit au cas d'une institution conditionnelle, soit au cas d'absence sans nouvelles (2). — Nous devons maintenant nous occuper du cas, où, non seulement aucun individu n'est connu ou réputé connu (3) du créancier, comme ayant un droit certain à l'hérédité, mais où il n'y a pas même de prétention manifestée ; ajoutons : et où les soupçons du créancier ne se portent sur personne ; c'est l'objet de l'*hypothèse* qui nous reste à traiter.

---

(1) au moins lorsqu'il s'agira d'opérations qui ne pourraient être omises ou différées sans que les intérêts légitimes de certaines personnes en fussent compromis.

(2) Quant au cas de l'art. 790, nous avons dit qu'il offrait un caractère tout particulier.

(3) Ceci s'applique à la possession : la possession fait présumer le droit : on ne peut pas rigoureusement dire que le créancier ne connaît personne

Troisième hypothése (1).

Posons d'abord quelques principes :

Le droit d'opter entre le régime de libre disposition et le régime d'administration comptable ou la répudiation , est une faveur (2). — Cette faveur n'est accordée au successible que sous certaines conditions : — la première de ces conditions est que celui qui veut opter, appartienne à la classe des successibles à qui le législateur a jugé convenable d'accorder la saisine (*voyez* ci-dessus, pag. 564 à 605); — la deuxième, qu'il n'ait point laissé expirer le délai de l'art. 789 , et qu'il ne soit arrivé aucun des autres événemens que nous avons reconnu avoir pour effet de fixer le régime de la succession ou de transporter sur une autre personne le droit de le fixer (*voyez* ci-dessus, p. 611 et suiv.); de plus, on peut considérer comme une troisième condition, *que les droits du successible soient connus* (3) : car, si sa qualité est ignorée du public , le fait d'une autre per-

---

pour héritier, lorsqu'il sait que telle personne est en possession de l'hérédité. Celui qui possède l'hérédité est réputé *connu*, sinon comme y ayant droit, au moins comme prétendant y avoir droit , et cela suffit pour que le créancier ait à ses conformer aux règles posées dans notre *seconde hypothèse*. Si le créancier, au lieu de suivre ces règles, procédait, au contraire, conformément aux règles ci-après, le régime de la succession n'en serait pas moins déterminé, même à l'égard du possesseur; parce que le jugement de forclusion est un fait qui a une publicité au moins égale à celle de la possession et qui détruit l'effet de celle-ci; mais le créancier serait passible de dommages-intérêts.

(1) Voyez p. 514 et 676.

(2) Cela résulte évidemment de la comparaison des art. 724 , 756 , 769 ; 789 et 790. Voyez d'ailleurs ce que nous avons dit ci-dessus , pages 514, 522 et 564.

(3) Nous avons déjà fait remarquer plusieurs fois combien il serait à désirer que le législateur décidât qu'un successible ne sera réputé connu qu'autant qu'il aura annoncé sa qualité par une déclaration consignée sur un registre public.— Dans l'état actuel de la législation, est-ce au successible à prouver qu'il était *connu* du créancier (qui a agi comme s'il ne l'était pas) ? Si l'on admet l'affirmative, il faut reconnaître que cette preuve n'aura d'effet que contre le créancier; ce qui aura été fait conformément aux règles qui vont être établies, vaudra, à l'égard du public pour qui le successible était inconnu ; comme s'il avait été inconnu de tout le monde.

sonne (1) , pourra rendre son droit d'option illusoire.

L'appelé à la succession qui ne se fait pas connaître comme tel (2), donne lieu de présumer qu'il n'existe pas ou qu'il n'a pas l'intention d'exercer sur le régime de la succession l'influence qui lui appartient ; d'un autre côté, puisqu'il met les créanciers dans l'impuissance de l'avertir qu'ils entendent sortir de l'incertitude où il les tient (3) , il ne peut pas se plaindre que ceux-ci arrivent à ce but légitime sans procéder d'une manière spéciale contre lui.

Mais comment pourront-ils atteindre ce but ?

Puisque nous supposons que le créancier, non seulement ne connaît pas le véritable héritier, mais ne connaît personne qu'il puisse considérer comme tel, il ne peut être question d'arriver à l'établissement du régime de libre disposition ; car à qui donnerait-on cette libre disposition ? — Il s'agit simplement d'amener le régime d'administration comptable.

En partant de ce principe, qui sera démontré plus tard (3ᵉ et 4ᵉ *Questions*) , qu'une fois la succession soumise à un régime, un autre régime ne peut pas s'établir au préjudice des tiers, nous dirons que, quoique le régime d'administration comptable semble, dans l'hypothèse où nous nous plaçons, concilier tous les intérêts, savoir : 1° ceux des créanciers qui ne pourraient être dédommagés, par l'obligation *ultra vires*, du risque que la libre disposition leur ferait courir, et 2° ceux du véritable héritier, qui doit être présumé ne pas connaître les forces de la succession (4), et par conséquent avoir tout au plus l'intention d'accepter

(1) savoir : le fait de l'héritier apparent, ou bien le fait du créancier qui a fait rendre un jugement de forclusion contre une autre personne, ou qui a fait procéder à la nomination d'un curateur.

2) Quelquefois un individu est connu pour héritier sans avoir rien fait pour cela ; par exemple, celui qui a la possession d'état d'enfant légitime du *de cujus*. Nous maintenons cependant pour tous les cas le vœu exprimé dans la note 3 de la page précédente.

(3) en n'exerçant pas son droit d'option.

(4) Il est probable qu'il est éloigné du lieu où la succession s'est ouverte.

sous bénéfice d'inventaire , cependant il suffit que l'établissement de ce régime entraîne la perte du droit d'option, pour qu'on doive, avant de l'établir, prendre des mesures à l'effet d'avertir le véritable héritier, et chercher à concilier (1) son intérêt avec les intérêts des créanciers pressés de sortir d'incertitude.

C'est pour arriver à cette fin, qu'il a été, ou doit être, décidé que la demande en nomination d'un curateur (à qui sera confiée l'administration de la succession vacante) ne pourra être faite avant un certain délai (2), et que cette nomination n'aura lieu qu'après des publications (3) et lors que ces publications n'auront pas amené une acceptation spontanée.

Quel est , suivant notre Code, le délai avant l'expiration duquel la nomination d'un curateur ne peut avoir lieu (4), et quelles sont les conditions de publicité à remplir pendant ce délai?

Les articles 811 et 812 du Code civil et 999 du Code de procédure , sont ainsi conçus :

Art. 811. « Lorsqu'après l'expiration des délais pour » faire inventaire et pour délibérer , il ne se présente per- » sonne qui réclame une succession , et qu'il n'y a pas d'hé- » ritier connu , ou que les héritiers connus y ont renoncé , » cette succession est réputée vacante. »

Art. 812. « Le tribunal de 1re instance dans l'arrondis- » sement duquel elle est ouverte , nomme un curateur sur

(1) Le législateur est parti de cette idée dans plusieurs articles, et notamment dans les art. 776 et 782.

(2) Le ministère public chargé de défendre les intérêts des présumés absens, devra veiller à ce que les délais soient observés. — Ne pourrait-il pas même, lorsqu'il soupçonne que telle personne est le véritable héritier, faire ordonner que le créancier, qui poursuit la nomination d'un curateur, sera tenu d'assigner cette personne ?

(3) Nous motiverons tout-à-l'heure notre opinion sur l'applicabilité des formes de l'envoi en possession à la nomination du curateur à la succession vacante.

(4) Il est évident que ce délai aura un double objet : faire arriver au successible la connaissance de la demande du créancier ; lui donner le temps de faire inventaire et de délibérer.

» la demande des personnes intéressées, ou sur la réqui-
» tion du procureur du roi. »

Art. 999. « En cas de concurrence entre deux ou pl
» sieurs curateurs, le premier nommé sera préféré, sa
» qu'il soit besoin de jugement. »

On voit que ces articles ne parlent pas de publicatio
mais on peut soutenir que celles qui sont prescrites par les
articles 769, 770 pour la demande en envoi en possession,
doivent être appliquées (1) à la demande en nomination
d'un curateur à succession vacante, attendu qu'il y a
même raison de décider, les envoyés en possession ne
devant pas acquérir plus de droits que le curateur (*voyez*
article 771 comparé aux articles 813 du Code civil et 1000
à 1002 du Code de procédure), et ne devant pas être
plus suspects que lui (2).

Quant au délai, le Code se prête à deux interprétations
différentes :

1° On peut dire qu'aussitôt qu'il s'est écoulé 3 mois et 40
jours depuis l'ouverture de la succession, si la succession
n'a été réclamée par personne et qu'il n'y ait pas d'héritier
connu, les créanciers peuvent demander la nomination

---

(1) quoique l'art. 772 semble considérer ces formalités comme exigées
seulement dans l'intérêt des successibles *parens légitimes* qui viendraient à
se présenter après l'envoi en possession d'un successeur irrégulier.

(2) Quelques personnes prétendent que le curateur a des pouvoirs moindres
que le successeur irrégulier, et elles en concluent qu'on a pu prendre, pour
donner aux héritiers le moyen d'empêch la nomination d'un curateur,
moins de précautions, que pour leur donner le moyen de s'opposer à l'envoi
provisoire... Mais, nous dirons d'abord, qu'il n'est pas bien sûr qu'il existe
une différence entre les pouvoirs du curateur et ceux de l'envoyé en possession ; nous ajouterons que rien ne garantit d'ailleurs que les entraves posées
dans l'art. 813 du Cod. civ. et dans les art. 1000 et 1001 du Cod. de procéd.
ne seront pas méconnues ; et nous ferons remarquer enfin, qu'il y a certitude que le curateur ne gère pas sa propre chose, tandis qu'il est vraisemblable que le successeur irrégulier, qui obtient l'envoi en possession, est
véritablement la personne à qui la succession est dévolue. Ajoutez que le
curateur est ordinairement salarié, tandis qu'un envoyé en possession ne
peut rien avoir de la succession que déduction faite des dettes et charges.

d'un curateur ; nomination qui fixera *à toujours* le régime de la succession, de sorte que tous les héritiers (les plus proches comme les plus éloignés) se trouveront privés du droit d'opter entre l'acceptation pure et simple et l'acceptation bénéficiaire, et ne pourront plus prendre la succession qu'avec le régime d'administration comptable.

En faveur de cette opinion, on peut invoquer l'art. 795 du Code civil combiné avec l'art. 811 du même Code ; nous venons de rapporter textuellement l'art. 811 ; l'art. 795 est ainsi conçu :

Art. 795. « L'héritier a 3 mois pour faire inventaire, *à* » *compter du jour de l'ouverture de la succession.* — Il a » de plus, pour délibérer sur son acceptation ou sur sa re- » nonciation, un délai de 40 jours, qui commence à courir » du jour de l'expiration des 3 mois donnés pour l'inventaire, » ou du jour de la clôture de l'inventaire, s'il a été terminé » avant les trois mois. »

2° D'un autre côté, on peut dire qu'il ne faut pas s'attacher à la lettre de l'art. 795, mais au contraire reconnaître que, dans cet article, le législateur n'a pensé qu'au cas le plus ordinaire, celui où il s'agit de déterminer le délai du premier appelé ; et soutenir que dans l'article 811 ces mots : *après l'expiration des délais,* doivent s'entendre en ce sens, que le délai dans lequel le successible (saisi) le plus éloigné du défunt pourrait encore refuser de déclarer son option, doit être expiré, car enfin on ne sait pas si, dans l'espèce, ce n'est pas précisément à ce successible que la succession se trouve dévolue.

Or, nous avons vu que ce délai peut être de 4 ans et 4 mois (1).

Mais, tenir le régime héréditaire en suspens pendant 4 ans et 4 mois (2) est une mesure qui offre des inconvéniens

(1) sauf abréviation résultant des répudiations arrivées avant l'échéance du délai pendant lequel le renonçant avait droit de suspendre son option.

(2) auxquels il faut encore ajouter le temps de la procédure. Je conviens

bien supérieurs à celui d'exposer l'héritier à se trouver privé, au bout de 5 mois et 40 jours (1), de la faculté d'établir le régime de libre disposition. — Cela supposerait d'ailleurs une administration *tout-à-fait provisoire*, et rien dans notre Code n'annonce qu'une semblable administration, dont le but serait uniquement d'éviter la détermination du régime héréditaire, puisse être établie.

Si l'on objectait que, dans notre *première hypothèse*, nous n'avons pas reculé devant cette chance d'un délai de 4 ans et 4 mois, il y aurait à répondre qu'il est bien différent de priver un successible du droit de répudier ou d'accepter sous bénéfice d'inventaire et de le soumettre, en conséquence, à l'obligation d'acquitter indéfiniment les dettes du défunt ou bien de le soumettre seulement (2), aux entraves du régime d'administration comptable.

On peut ajouter, contre la seconde interprétation de

que le délai sera souvent abrégé par des répudiations, car les successions pour lesquelles on poursuit la nomination d'un curateur sont, en général des successions dont les parens ne se soucient pas; il peut cependant arriver assez souvent encore qu'une su cession, ouverte loin de tous ceux qui peuvent y avoir droit, soit dans le cas d'être déclarée vacante... Il en serait autrement si les règlemens relatifs à l'administration du domaine public ne défendaient pas aux agens de cette administration de demander l'envoi en possession tant que la probabilité, qu'il ne se présentera pas d'héritier, n'est pas devenue très-forte. Nous ferons remarquer, en passant, que, dans la circulaire en date du 8 juillet 1806, qui retarde ainsi l'exercice des droits de l'État, on aurait beaucoup mieux fait de dire franchement qu'on redoutait l'excès de zèle des employés, que de contester à l'État le droit, qu'il a certainement comme les autres successeurs irréguliers, de demander l'envoi en possession dès que les délais pour faire inventaire et délibérer sont écoulés.

(1) Ici le temps de la procédure vient diminuer l'inconvénient qu'éprouve l'héritier.

(2) ou celui qui se donne pour tel. — Ce serait bien pis s'il s'agissait, non pas seulement de faire reconnaître que tel individu, *s'il est héritier*, est héritier pur et simple, mais de faire déclarer qu'un individu, *qui le nie*, a la qualité d'héritier (ajoutons : et que ce même individu a fait acte d'héritier pur et simple, car sans cela le créancier n'aurait pas d'intérêt, puisqu'il suffit à celui qui est resté dans la condition de simple habile à succéder, de dire : *je répudie*, pour faire tomber la demande du créancier.

l'art. 811 , cet autre argument, que, dans la pratique, jamais, après l'expiration du délai de 3 mois et 40 jours et l'accomplissement des formalités voulues, la nomination d'un curateur à la succession vacante n'est refusée dans le but de donner, à des successibles tout-à-fait inconnus, plus de temps pour s'opposer à cette nomination. Seulement, si le tribunal avait de fortes raisons de croire qu'il existe une personne dont les droits de successibilité priment ceux de l'héritier poursuivi et qui peut avoir intérêt à ne pas laisser tomber la succession sous le régime d'administration comptable, il pourrait surseoir quelque temps à statuer.

La première interprétation de l'art. 811 nous paraît donc devoir être préférée ; mais il nous paraît aussi que le législateur devrait faire cesser toute espèce de doute sur la question de savoir, si les mesures de publicité établies dans l'art. 770 pour l'envoi en possession, sont nécessaires dans le cas où il s'agit seulement de nommer un curateur à la succession vacante (1).

Quand même il serait notoire que le *de cujus* a laissé un enfant naturel ou un conjoint, les créanciers ne sont pas tenus de mettre en cause ces successibles (pas plus que l'État, qui est toujours connu) (2); nous fondons cette

(1) Nous croyons que le législateur devrait même ajouter à ces mesures. Si l'ignorance où l'on est de l'existence de l'héritier, fait présumer que lui-même ignore l'ouverture de la succession, il faudrait, après la dernière publication, lui accorder encore les 3 mois et 40 jours pour faire inventaire et délibérer; c'est le cas, pour le juge, d'user du pouvoir que lui donne l'art. 798.

(2) par conséquent, nous n'avons pas à déterminer le délai après lequel le successeur irrégulier pourrait être *forclos* (non pas du droit de renoncer ou d'accepter sous bénéfice d'inventaire, mais du droit de renoncer seulement, car il n'existe pour lui qu'un mode d'acceptation, ou, pour parler plus exactement, il ne peut dans aucun cas soumettre la succession à un autre régime que le régime d'administration comptable); et nous n'avons pas à résoudre la question préalable de savoir, si le successeur irrégulier peut faire déchoir, sinon l'héritier légitime, au moins un autre successeur irrégulier. Nous serons

décision : 1₀ sur ce que les successeurs irréguliers, même lorsqu'ils n'auraient pas renoncé à recueillir un jour la succession, n'ont aucun intérêt à empêcher qu'elle soit soumise au régime d'administration comptable : ils n'ont pas le droit d'acceptation pure et simple, et par conséquent, ils ne perdent rien par la nomination d'un curateur; ils peuvent au contraire y gagner (1), car le curateur empêchera la succession d'être volée ou de s'amoindrir par des prescriptions (voyez art. 2258, 2ᵉ alinéa, et art. 2259);— 2° sur ce que l'on ne trouve, ni dans les art. 811 et 812, ni dans aucune autre disposition de nos Codes, rien qui annonce la nécessité d'une procédure pour avertir les successibles irréguliers que le régime de la succession va être fixé.

Si, avant que le créancier eût demandé la nomination d'un curateur (2), un successeur irrégulier avait obtenu *l'envoi en possession*, il est évident que le régime de la succession serait fixé aux yeux du public par l'envoi en possession (3), puisque les successeurs irréguliers ne peuvent,

cependant conduits tout-à-l'heure à toucher un mot de cette dernière question.

(1) L'héritier saisi peut, au contraire, se plaindre de ce que le créancier, qui le connaissait, l'a privé du droit d'acquérir, par une acceptation pure et simple, la libre disposition des biens héréditaires.

(2) *Quid*, si le successeur irrégulier a demandé l'envoi en possession depuis la demande en nomination du curateur, mais avant qu'il ait été statué sur cette demande? Comme l'envoi en possession rendra inutile la nomination d'un curateur, il est évident que la demande des créanciers doit s'évanouir devant cet envoi et que la demande seule du successeur irrégulier doit faire surseoir à statuer sur la demande du créancier.

(3) Seulement le créancier qui ferait une poursuite à fin de nomination de curateur après que l'envoi en possession a été accordé, supporterait les frais de cette poursuite.—Du reste, l'envoi en possession n'emporte pas la déchéance des héritiers : l'art. 771 est formel à cet égard; et qu'on se garde bien d'induire de cet art. 771, qu'au moins les envoyés en possession ont contre les héritiers le bénéfice d'une usucapion de 3 ans : le législateur a pensé que la nécessité d'une caution devait cesser lorsque les probabilités sont devenues très-fortes en faveur de l'envoyé en possession ; mais il n'a pas eu l'intention de limiter à un délai si court la durée de la pétition d'hérédité contre ce même envoyé en possession ; et, quelque favorables que nous soyons à l'abréviation

dans aucun cas, avoir la libre disposition des biens héréditaires.

Un créancier de la succession, pourrait-il empêcher l'envoi en possession (1) en alléguant que celui qui demande

du délai de l'usucap'on en faveur des successibles, surtout lorsqu'ils ont donné de la publicité à leurs prétentions, nous croyons cependant qu'une usucapion de 3 ans en faveur des successeurs irréguliers et surtout de l'État ne serait pas assez longue (voyez Duranton, tom. VII, p. 132).

(1) Mais quand est-ce que les successibles irréguliers peuvent demander l'envoi en possession.

Quoique la solution de cette question soit indifférente quant à la détermination du régime héréditaire, puisque nous venons de dire que les créanciers ne sont jamais tenus de mettre en cause les successibles irréguliers, et qu'ils peuvent toujours poursuivre la nomination d'un curateur sans encourir aucuns dommages-intérêts envers ces successibles tant que ceux-ci n'ont pas obtenu l'envoi en possession ; nous croyons devoir l'examiner comme se rattachant à la question de savoir quand le créancier cesse d'être tenu de mettre en cause un successible appartenant à la classe des héritiers saisis ?

Nous avons exprimé ci-dessus, p. 620, l'opinion que, faute d'avoir répudié ou accepté bénéficiairement dans le délai de 30 ans (voyez quant à l'époque où ce délai commence à courir, les distinctions que nous avons faites ci-dessus, p. 644 et 645), l'héritier saisi (le plus proche parmi ceux qui sont dans ce cas) devient héritier pur et simple et qu'il demeurera tel tant que la succession n'aura pas été *usucapée*.

Il paraît qu'on devrait tirer de là cette conséquence, que jamais l'envoi en possession ne peut être accordé tant qu'il n'est pas prouvé : ou bien que le *de cujus* n'a jamais eu de parens légitimes, ou bien, s'il en a eu, que tous ont renoncé ou ont été déclarés indignes.

Mais, il y aurait alors bien rarement lieu à envoi en possession.

En rejetant cette opinion, on peut hésiter entre les deux systèmes suivans :

1° Après l'expiration d'un délai composé : 1° de tous ceux qui ont dû s'écouler avant que la déchéance de chacun des héritiers saisis, y compris l'héritier institué, mais non compris le parent du dernier degré (car nous ne pensons pas que la déchéance de l'héritier saisi puisse être demandée par un successible irrégulier), pût être déclarée, 2° d'un délai semblable à celui qui est donné à l'égard des héritiers saisis,—l'enfant naturel, ou bien (en ajoutant un semblable délai) l'époux survivant, ou bien (en ajoutant encore un nouveau délai semblable) l'État, peut, non pas faire déclarer déchus les successibles qui précèdent, mais procéder à l'accomplissement des formalités qui doivent avoir lieu avant l'envoi en possession.

Si aucun des successibles ne répudie avant l'expiration du délai particulier qui lui appartient, le délai total sera pour l'enfant naturel de 12 fois 3 mois et 40 jours, c'est-à-dire de 4 ans et 4 mois ; il s'accroîtra de 3 mois et

cet envoi, est primé par d'autres successibles ? Nous ne le pensons pas lorsque ces autres successible... ne sont que des successibles irréguliers comme l'env...   ...ion ; en effet, le créancier est alors sans int...   ...l que soit

40 jours s'il s'agit de l'époux survi...   et 40 jours, s'il s'agit de l'État.

Contre cette opinion, on peut   ...plique : (a) pourquoi le successible irrégulier devra a   ...nois et 40 jours après la délation de l'hérédité au parent a   ...dis qu'on ne lui accorde pas le droit de déchéance, qui sert de base à l'établissement de ce délai lorsqu'un héritier saisi est en présence d'un autre héritier saisi (v. ci-dessus, p. 555). — (b) pourquoi on limite à 3 mois et 40 jours le délai accordé au successible irrégulier vis-à-vis du successible qui vient après lui ?

Il n'est pas difficile de résoudre cette 2e difficulté, la réponse est dans ce que nous avons dit pour établir que le droit de déchéance appartient à un successeur irrégulier contre un autre successeur irrégulier (v. ci-dessus, p. 664).

Je ne vois d'autre réponse à la 1re difficulté, que de dire qu'il ne s'agit pas pour le successeur irrégulier d'enlever à l'héritier saisi son droit de successibilité, mais seulement d'établir le régime d'administration comptable, sans préjudice à la pétition d'hérédité.... Mais alors on ne voit pas pourquoi l'envoi en possession serait plus retardé que la nomination d'un curateur ; et on est conduit à admettre le second système que voici :

2° Le successeur irrégulier peut poursuivre l'envoi en possession dès qu'il s'est écoulé un délai de 3 mois et 40 jours à partir de l'ouverture de la succession, conformement à ce qui est établi, par les art. 795 et 814 combinés, pour le cas où c'est un créancier qui demande la nomination d'un curateur à la succession vacante. En effet, il n'y a pas de raison pour retarder cet envoi plus qu'on ne retarde la nomination d'un curateur, les précautions prises à l'égard de l'envoi en possession étant, sinon plus fortes au moins aussi fortes que celles que l'on prend à l'égard du curateur à la succession vacante (voyez la circulaire du 8 juillet 1806, rapportée dans Sirey, 1806-2-180, et expliquée par M. Duranton, tome VII, p. 137).

Du reste, dans tous les cas, l'envoi en possession n'enlèvera pas aux héritiers légitimes le droit de réclamer la succession (v. art. 771 et 772) ; les envoyés ne seront à l'abri de la pétition d'hérédité que par l'*usucapion* ; mais nous avons émis l'opinion (voyez ci-dessus, p. 660) que vis-à-vis d'un successible irrégulier antérieur en rang, l'envoi en possession équivaut à la déchéance ; et de plus nous pensons que l'envoyé en possession n'est pas seulement garanti par l'usucapion, mais encore par la prescription *extinctive* de 30 ans (argument de l'art. 790).

L'envoyé en possession possède *animo domini* ; pourra-t-il usucaper par 10

celui des successeurs irréguliers qui arrive à la succession, elle sera toujours soumise au régime d'administration
comptable; les créanciers ont même, comme on l'a dit ci-
desus, plutôt i[illegible] laisser prononcer l'envoi en possession, car le cur[illegible] succession vacante est ordinairement salarié, [illegible]ur irrégulier doit au contraire
administrer gratuiter[illegible]ais, s'il s'agit d'un successible
saisi qui n'a ni répudié ni encouru l'exclusion (1), il nous
semble que le créancier pourrait demander qu'il soit sursis
à l'envoi en possession pendant le temps nécessaire pour
mettre en demeure le successible saisi; car le créancier a ici
un intérêt véritable, puisqu'il est possible que ses poursuites amènent de la part du successible saisi une acceptation
pure et simple.

ou 20 ans, si on ne prouve pas qu'il connait l'existence d'un héritier saisi ? —
Il eût été raisonnable de l'établir et il serait encore plus raisonnable de réduire
l'*usucapion* à un moindre temps), mais la rédaction des art. 2275 et 2266
ne permet guères qu'on les applique à ce cas ; de sorte qu'on se trouve réduit
à invoquer la disposition de l'art. 2262, disposition que nous entendons en ce
sens que, relativement aux actions réelles, ce que cet article appelle *prescription*
n'est autre chose que l'usucapion, c'est-à-dire, la possession continuée pendant
un certain laps de temps. — L'usucapion par 10 ou 20 ans pourrait-elle courir
pour les successeurs irréguliers avant l'envoi en possession, en supposant qu'ils
aient pris auparavant possession des biens héréditaires ? Je ne le pense pas ;
à moins qu'ils n'aient possédé se croyant *héritiers légitimes* et en prenant
le titre. S'ils ont possédé comme *successeurs irréguliers*, ils ne peuvent
usucaper par 10 ou 20 ans qu'à partir du jour où l'envoi en possession les a
présentés comme tels au public : jusqu'alors on peut dire qu'il n'ont pas été
de bonne foi, car ils ont dû savoir qu'un successeur irrégulier ne peut entrer
en possession que par autorité de justice. — Suit-il de là que les fruits antérieurs à l'envoi en possession ne peuvent pas être gagnés par le successeui-
irrégulier ? Il peut avoir cru d'abord qu'il était héritier légitime... ainsi un
enfant naturel peut avoit été élevé comme enfant légitime ; je ne vois pas
pourquoi, en pareil cas, il ne gagnerait pas les fruits comme tout autre possesseur de bonne foi.

(1) Nous ne parlons pas de la déchéance, parce que celui qui demande la
déchéance, étant nécessairement un héritier saisi (v. ci-dessus, p. 660) et
acceptant par le fait même de la poursuite exercée par lui, il ne peut être
question, après la déchéance, d'une demande d'envoi en possession.

Résumé de la réponse de la seconde Question.

Avant de passer aux *Questions* 3ᵉ et 4ᵉ, résumons notre réponse à la *seconde Question* (1), et comparons nos décisions à celles de MM. Chabot et Duranton.

Il s'agissait de savoir ce que peut faire un créancier (2) pour arriver à la détermination du régime de la succession, lorsque cette détermination ne paraît pas être dans le cas de s'opérer sans lui, ou, du moins, lorsqu'il est à craindre qu'elle n'éprouve un retard préjudiciable à ses intérêts (3).

Nous avons établi les distinctions suivantes (4) :

Première Hypothèse (p. 605), le créancier sait positivement (c'est-à-dire, sans qu'il s'élève, à cet égard, aucun doute (5) en son esprit), que tel individu est, à titre d'héritier saisi, appelé à la succession entière, ou bien que tel et tel sont appelés, au même titre, chacun à une partie aliquote de la succession.

Cette connaissance

(A) est fondée sur des preuves proprement dites (6).

(B) ou bien repose seulement sur le fait de possession (7).

(1) dont nous avons commencé à nous occuper à la p. 512.

(2) Nous avons dit qu'en cette matière les règles qui concernent les créanciers du défunt sont en général applicables aux légataires ou autres créanciers de la succession.

(3) Pour savoir s'il lui est utile d'employer les moyens mis à sa disposition pour atteindre le but que nous venons d'indiquer, il est nécessaire que le créancier connaisse tous les événemens qui peuvent amener la détermination du régime héréditaire ; il devra comparer le temps que nécessite l'emploi de tel moyen dont il peut disposer, avec le temps pendant lequel il pourrait attendre d'un autre événement le même résultat. Voyez ce que nous avons dit ci-dessus, p. 606.

(4) après avoir examiné préalablement de quel successible peut émaner la détermination du régime héréditaire, p. 514 à 605.

(5) Aux yeux du législateur, le doute existe nécessairement, lorsqu'une personne autre que celle à qui le créancier attribue la qualité d'héritier, est en possession de la succession.

(6) p. 610.

(7) p. 677.

Le successible connu (ou chacun des successibles connus) du créancier, est :

N° 1 , ou bien un parent légitime, majeur et sain d'esprit (p. 611);

N° 2, ou bien un légataire universel également majeur et sain d'esprit (p. 679);

N° 3, ou bien un héritier , soit légitime, soit testamentaire, frappé d'incapacité, ou se trouvant dans certaines circonstances extraordinaires (p. 681).

Le parent légitime qui fait l'objet du N° 1 est :

1er *cas* , ou bien le successible au degré le plus proche (p. 611);

2e *cas* , ou bien un successible au-delà du 1er degré (p. 651).

Seconde Hypothèse (p. 680), le créancier hésite entre plusieurs personnes qui se disputent ou du moins qui paraissent pouvoir se disputer la succession.

Troisième Hypothèse (p. 689). Le créancier ne connaît (ou du moins, on ne saurait prouver qu'il connaisse) personne qui soit, ou se prétende, appelé à la succession à titre de parent légitime ou de légataire universel. — Cette *hypothèse* comprend le cas où le créancier saurait ou croirait que la succession est dévolue à un successeur irrégulier (1).

(A). Dans le 1er *cas* du N° 1 de la *première hypothèse*, c'est-à-dire , lorsque la qualité des personnes n'est pas en question, le créancier peut, après que 3 mois et 40 jours se sont écoulés depuis l'ouverture de la succession (2), obtenir un jugement (que nous avons appelé jugement de *forclusion*) qui déclarera le successible *héritier pur et simple*, faute

____

(1) Il est un successible irrégulier qui est toujours connu : l'État.

(2) ou même avant l'expiration de ce délai, si la confection de l'inventaire a exigé moins de 3 mois; mais aussi sauf les prolongations que le juge peut accorder.

d'avoir ou répudié ou accepté sous bénéfice d'inventaire.

Quant au 2° *cas* du même N°, il faut d'abord reconnaître les principes suivans :

Un successible au-delà du 1ᵉʳ degré peut faire déchoir le successible qui le précède, lorsque celui-ci a laissé s'écouler, sans prendre qualité, le délai que la loi lui accorde pour faire inventaire (1) et pour délibérer. — Tant que le successible précédent est dans ce délai, le successible qui le suit, n'est pas tenu de prendre qualité, parce qu'on ne peut pas exiger qu'il déclare accepter lorsqu'il ne sait pas encore si la succession lui sera déférée, et l'on ne peut pas davantage l'obliger, ou l'autoriser à faire inventaire lorsque celui qui le précède peut encore vouloir accepter (2). Mais, après l'expiration de ce même délai, le successible subséquent est autorisé à considérer, jusqu'à preuve contraire, le successible qui le précède, comme renonçant, et il doit alors lui être permis de constater les forces de la succession. Après l'expiration d'un semblable délai, pendant lequel il peut poursuivre la déchéance de l'héritier précédent (3), il devra lui-même prendre qualité.

Après les délais voulus, le successible assigné sera donc considéré par les créanciers comme héritier, et le régime, qui sera déterminé par lui (4) ou avec lui, vaudra, quelque chose qui arrive ; c'est à l'héritier antérieur à s'imputer de n'avoir pas pris qualité avant que cette détermination fût faite (5).

(1) ou pour le vérifier, s'il a été fait par un successible antérieur qui a ensuite renoncé ou qui a été exclu.

(2) Un successible peut avoir de bonnes raisons pour désirer que les forces de la succession ne soient pas trop connues.

(3) s'il ne le fait pas, il sera présumé avoir eu connaissance de sa renonciation.

(4) S'il déclare *accepter purement et simplement*, il sera inutile qu'un jugement de forclusion intervienne, cette espèce d'acceptation étant réputée connue du public.

(5) ou bien, si cela lui a été impossible par suite de quelque circonstance particulière, c'est à lui à supporter les suites de cette impossibilité, conformément aux principes généraux de la distribution des pertes.

Si, durant le délai qui lui est accordé avant qu'on puisse le forclore, ou du moins durant l'instance en forclusion dirigée contre lui, le successible à un degré subséquent a formé la demande en déchéance d'un successible antérieur, le tribunal différera, s'il y a lieu, son jugement de forclusion. — Mais, dans ce cas, le créancier pourra demander qu'il soit procédé conformément à ce que nous allons dire sur la *seconde hypothèse*.

Il serait superflu de faire l'application de ces principes à tous les cas où il s'agit d'un successible au-delà du 2e degré; nous nous contenterons d'établir la règle générale ci-après :

Le créancier peut poursuivre tout individu qu'il sait être successible du *de cujus*, en lui accordant un délai proportionné au degré que cet individu occupe dans l'ordre de successibilité, c'est-à-dire un délai formé de tous ceux auxquels les successibles qui le précèdent ont droit pour faire inventaire (1) et délibérer, et d'un délai semblable, qui doit lui être laissé à lui-même; (sauf abbréviation, lorsque les successibles précédens n'ont pas (ou lorsqu'un ou plusieurs d'entre eux n'ont pas) attendu, pour renoncer, l'expiration du délai qui leur était accordé ; et sauf augmentation, lorsque le tribunal a jugé (2) ou juge (3) convenable d'accorder une prolongation de délai.

(1) ou pour le vérifier.

(2) Il est possible qu'avant de renoncer, un des successibles poursuivis en forclusion ait obtenu une prolongation en vertu de l'art. 799, prolongation qui aura empêché le délai du successible subséquent de commencer à courir.

(3) Le successible actuellement poursuivi en forclusion, peut lui-même être dans le cas d'invoquer l'art. 799 ; les mots : *soit à raison des contestations survenues*, me paraissent renfermer le cas où l'héritier poursuivi à fin de forclusion, justifie qu'il est en instance de déchéance contre un successible précédent. Si le créancier ne veut pas attendre le terme de cette instance, pourra-t-il changer ses conclusions de manière à réduire sa demande à l'établissement du régime d'administration comptable? L'affirmative ne me paraîtrait pas souffrir de doute dans le système de MM. Chabot et Duranton ; mais voyez ce que nous avons établi à ce sujet sur la *deuxième hypothèse.*

Le jugement de forclusion qui sera rendu contre le successible assigné, vaudra *vis-à-vis du public*, quand même, à une époque plus ou moins éloignée, la succession viendrait à être révendiquée par un successible plus proche. — Il vaudra même alors que le créancier n'aurait pas laissé au successible poursuivi tout le délai qui lui appartient; seulement le créancier devrait indemnité à ceux qui auront souffert préjudice. — Il y a plus, le jugement de forclusion vaudra, ainsi que nous le verrons en traitant de l'*hypothèse* suivante, lorsque le créancier aura connu un autre successible antérieur (1), ou du moins pouvant disputer l'antériorité au successible poursuivi ; toujours sauf obligation, de la part du créancier de mauvaise foi d'indemniser les personnes lésées.

Dans le cas qui fait l'objet du N° 2 de la même *hypothèse première*, le créancier peut intenter l'action de forclusion, et faire, après l'expiration du même délai qui est accordé au parent légitime, déclarer le légataire héritier pur et simple. Mais quel sera le point de départ de ce délai ? Si les testamens étaient nécessairement connus dès le jour du décès (2), il est évident que le point de départ devrait être le même qu'au cas précédent ; mais il n'en est pas ainsi, et l'état de notre législation donne encore une fois lieu ici à une distribution de perte : or il me semble que la perte doit tomber plutôt sur le créancier qui, en demandant la forclusion du légataire, veut acquérir une sûreté nouvelle, que sur le léga-

(1) Ceci suppose que le régime n'a pas été déterminé avec cet autre successible avant que le jugement de forclusion fût rendu. — L'utilité d'une disposition législative portant que le premier inscrit sur un registre public à ce destiné sera, à l'égard du public, réputé l'héritier le plus proche jusqu'à inscription d'un jugement déclarant le contraire (sur la pétition d'hérédité formée contre l'inscrit), est d'une évidence qui n'échappera pas sans doute à notre législateur lorsqu'il s'occupera de donner à la propriété immobilière et à ses démembremens les garanties dont le besoin se fait sentir chaque jour davantage.

(2) Dans l'ancienne Rome, ils étaient même connus à l'avance, puisqu'ils se faisaient dans les comices.

taire qui, en repoussant la qualité d'héritier pur et simple, **vise** seulement à ne pas diminuer son avoir.

Dans le cas qui fait l'objet du troisième N° de la même *hypothèse*, comme le successible ne peut être héritier pur et simple, la forclusion le constituera seulement héritier bénéficiaire ; il n'aura perdu que le droit de répudier.

B. Tout ce que nous venons de dire s'applique au cas où, au lieu d'être connu comme véritable héritier, celui contre qui le créancier a agi est seulement présumé tel, à raison de sa *possession*.

Dans les divers cas que renferme la *seconde hypothèse*, le créancier doit, en général, mettre simultanément en cause ceux entre qui la qualité d'héritier est, pour ainsi dire, flottante. — Si un seul comparaît et déclare accepter, le régime sera fixé par cette déclaration (1).—Si tous deux comparaissent, et que l'un veuille accepter purement et simplement, tandis que l'autre ne veut accepter que sous bénéfice d'inventaire (2), le tribunal, sans préjuger la question d'hérédité, donnera le droit de fixer le régime à celui qui lui paraîtra avoir beaucoup plus de chances que son adversaire d'être définitivement reconnu pour héritier ; ou bien, il déclarera que la succession est soumise au régime d'administration comptable (soit en décidant que tel des individus mis en cause aura cette administration (3), soit en nommant un curateur à la succession en litige).—Si aucun des assignés ne comparaît, le créan-

---

(1) Celui qui ne s'est pas présenté devra s'en prendre à lui-même si, par suite de sa négligence, la succession est soumise à un régime qui ne lui convient pas et qu'il eût pu empêcher s'il avait comparu.— Le créancier pourrait-il contester à celui qui comparaît la qualité de successible ? Pourrait-il faire déclarer héritier celui qui ne comparaît pas ? Voyez ce que nous avons dit ci-dessus, p. 689, n° 1.

(2) S'ils s'accordent, c'est leur volonté qui fixe le régime.

(3) Si l'un d'eux est en possession, ce sera nécessairement celui-là.

cier pourra faire déclarer héritier pur et simple (1) celui qui lui paraît avoir le plus de chances d'être définitivement reconnu pour héritier véritable ; à moins que le créancier ne préfère changer ses conclusions, en demandant seulement la nomination d'un curateur.

Dans la *troisième hypothèse*, laquelle embrasse le cas où le créancier sait qu'un *enfant naturel* ou un *époux* peut demander l'envoi en possession, aussi bien que le cas où il n'y a d'autre successible connu que l'*État*, le créancier ne peut amener pour la succession que le régime d'administration comptable. Il arrivera à ce résultat au moyen de la *demande en nomination d'un curateur*, demande à laquelle paraissent devoir s'appliquer les mêmes garanties (*publicité, délais, intervention du ministère public*) qui ont été établies pour la *demande en envoi en possession*.

Faisons remarquer, en finissant ce résumé, que si les créanciers n'avaient pas intérêt à voir leur débiteur représenté par un héritier pur et simple, plutôt que de voir la succession soumise au régime d'administration comptable, et si le créancier qui poursuit la nomination d'un curateur n'était pas pas passible de dommages-intérêts envers les successibles connus qu'il néglige de mettre en demeure (2), rien ne serait plus fréquent que ce dernier régime ; car nous avons vu que la nomination d'un curateur, lorsqu'elle a lieu hors des conditions requises, n'en pro-

____

(1) bien entendu, en supposant qu'il ne s'agisse pas d'un successible à qui la loi ne permet que l'acceptation bénéficiaire.

(2) et peut-être aussi envers d'autres créanciers qui auraient préféré que la succession fût soumise au régime de libre disposition, et qui prouveraient que c'est par fraude qu'il a été procédé à la nomination d'un curateur tandis qu'on pouvait poursuivre la forclusion d'un héritier connu — Pour éviter les procès, le législateur ferait bien de décider que l'héritier qui a laissé écouler un certain temps sans se faire connaître, n'est pas recevable à prouver que le créancier poursuivant a été de mauvaise foi ; on reconnaît encore ici l'utilité d'un registre où seraient consignées les acceptations pures et simples aussi bien que les acceptations bénéficiaires et les répudiations.

duit pas moins son effet; or, qui empêchera cette nomination? le 1er appelé à la succession peut être éloigné, et les successibles au-delà du 1er degré ne se mettent guère en mesure d'exercer un droit qui dépend d'une ou plusieurs renonciations (1).

' Cette observation semble rapprocher beaucoup notre système de celui de MM. Chabot et Duranton.

Mais ce n'est qu'une fausse apparence : —Ce que nous disons pouvoir être difficilement empêché, ces jurisconsultes le considèrent comme licite ; et, lorsque nous admettons que, malgré la réclamation d'un héritier que le créancier aurait dû mettre en cause, le régime d'administration comptable *vaut*, attendu que des attentes se sont formées en conséquence de la nomination d'un curateur à succession vacante; ils disent que ce régime vaut, parce que l'établissement de régime opposé pourrait, au préjudice du créancier, se faire attendre trop long-temps, ou pourrait coûter trop cher à la succession.

Il résulte de cette différence, que MM. Chabot et Duranton vont quelquefois plus loin, quelquefois moins loin que nous : ainsi,

d'une part, ils semblent décider que jamais le régime d'administration comptable n'est valablement établi par la nomination d'un curateur, lorsqu'il y a des héritiers au 1er degré, parce qu'alors on ne peut argumenter, ni des frais, ni des longueurs de la procédure ; et nous croyons, au contraire, que, dans ce cas comme dans tout autre, si le public a pu être induit en erreur (2), le régime établi par la

____

(1) Un autre créancier, soupçonnant un individu d'être successible, pourra demander qu'il soit sursis à la nomination du curateur pendant le temps nécessaire pour mettre en cause cet individu, le tribunal saisi de la demande en nomination de curateur joindra sans doute les deux causes pour être statué sur les deux en même temps.

(2) Il est peut-être difficile que cela arrive, si l'héritier connu du créancier est un descendant, car il sera sans doute connu du public comme du créancier poursuivant.

nomination du curateur doit valoir, sauf l'action en indemnité;

d'autre part, MM. Chabot et Duranton semblent faire dépendre la validité d'un jugement de forclusion, des renonciations de tous les successibles antérieurs (ou du moins de l'observation de certains délais) alors même que le jugement a reçu une publicité qui aura probablement servi de base à une foule d'attentes; nous, au contraire, nous croyons que l'absence de toutes les conditions préliminaires au jugement ne peut avoir effet que sur les rapports respectifs du créancier poursuivant et du successible condamné.

Nous différons, en outre, de MM. Chabot et Duranton, en deux points importans :

1° Ces jurisconsultes ne distinguent jamais, dans les effets du jugement qui déclare qu'une succession est tenue pour acceptée purement et simplement, l'établissement du régime de libre disposition, de l'obligation indéfinie de l'héritier envers les créanciers et légataires; en conséquence, MM. Chabot et Duranton n'admettent pas que le jugement de forclusion, rendu contre tel individu présumé successible, puisse avoir aucun effet contre le successible qui évince cet individu; pour établir irrévocablement le régime de libre disposition, il faut, suivant eux, autant d'actions en forclusion qu'il y a de successibles n'ayant pas renoncé; d'où il suit qu'en supposant que tous s'obstinent à ne renoncer qu'au dernier moment, il faudra, pour obtenir la forclusion d'un héritier au 12ᵉ degré, douze actions en forclusion et au moins six années (1); tandis que, dans notre système, le jugement de forclusion, en supposant même qu'aucune renonciation n'ait avancé l'époque de la *déla-tion* de la succession à un héritier subséquent, peut être rendu

______

(1) En effet, au délai de 3 mois et 40 jours que chaque héritier est supposé avoir réclamé pour faire inventaire et délibérer, il faut bien ajouter 4 mois et 20 jours pour prendre, lever et signifier le jugement donnant acte de la renonciation.

après 4 ans et 4 mois ; et lors même qu'il serait rendu avant l'expiration de ce délai, il déterminerait encore, à l'égard du public, le régime de la succession.

2° Dans le système de MM. Chabot et Duranton la forclu-sion d'un successible au-delà du 1er degré , est impossible lorsque le créancier ne connaît pas tous les successibles antérieurs ; car, comment rapportera-t-il la renonciation de ceux qu'il ne connaît pas ? — ou du moins elle est comme impossible , car un seul successible inconnu fera obstacle pendant 30 ans (1) à la forclusion de tout successible à un degré ultérieur.

Troisième et quatrième Questions.

Lorsque la succession a été soumise au régime d'admi-nistration comptable (que nous avons appelé, au commen-cement de ce Traité, *régime de statu quo*) peut-elle être ensuite soumise au régime de libre disposition (que nous avons appelé *régime de préférence*) ?

Vice versá , la succession peut-elle passer du régime de libre disposition au régime d'administration comptable ?

Avant qu'une succession ait été liquidée, c'est-à-dire avant que les créanciers et les légataires aient été désinté-ressés , il peut arriver plus d'un événement qui change la condition de celui à qui la succession appartient ou est ré-putée appartenir, ou qui substitue à la personne (2) qui avait apparu comme ayant droit à la succession par préfé-rence à toute autre personne (3), un individu qui, s'il était venu de prime abord, aurait dû ou aurait pu exercer sur le régime de la succession une influence différente de celle qu'a exercée celui qui a tenu sa place (4). Quel effet ce

(1) Suivant la 3e interprétation de l'art. 879.

(2) Nous prenons ici ce mot dans le sens le plus large, de sorte qu'il em-brasse même le curateur à la succession vacante.

(3) soit qu'elle y eût véritablement droit , soit qu'elle fût seulement en possession du titre d'héritier.

(4) Le cas où le nouveau successible aurait exercé la même influence que

changement peut-il produire à l'égard des créanciers héréditaires ?

Avant de répondre à cette question, qui n'est autre chose que la réunion des *Questions* 3e *et* 4e posées ci-dessus (p. 502), nous croyons devoir indiquer les circonstances dans lesquelles elle peut se présenter.

Ces circonstances supposent toutes que le régime de la succession a été fixée d'une manière *absolue*, c'est-à-dire par des événemens qui sont destinés à produire effet vis-à-vis de tout le monde, *negotia in rem* (1), et qu'il s'agit de régler l'effet que produisent des événemens du même genre survenus *postérieurement.* — Le cas où le régime de la succession n'aurait été déterminé qu'à l'égard de certaines personnes, et le cas où les événemens ou circonstances survenus depuis la détermination du régime ne seraient de nature qu'à produire un effet *relatif* (*negotia in personam*), appartiennent à nos *Questions* 5e *et* 6e.

Nous distinguerons les circonstances que nous avons à faire connaître en deux classes :

1° celles où la succession se trouve soumise au régime d'administration comptable (ou de *statu quo*) au moment où surviennent certains événemens qui, s'ils étaient survenus de prime abord, l'auraient soumise au régime de libre disposition (ou de préférence) :

2° celles où la succession, au contraire, se trouve soumise au régime de libre disposition (ou de préférence) au moment où surviennent des événemens qui, par leur nature, appellent le régime d'administration comptable (ou de *statu quo*).

Première classe.

1° Un successible ayant le droit d'option entre l'accepta-

celui qui l'a devancé, est en dehors de notre sujet. Nous n'aborderons pas les difficultés que ce cas peut offrir.

(1) Quand même il y aurait quelqu'exception individuelle, l'événement n'en serait pas moins *in rem;* ces exceptions feront l'objet de notre 6e *Question.*

tion pure et simple, l'acceptation sous bénéfice d'inventaire et la répudiation, a accepté sous bénéfice d'inventaire; le même successible manifeste ensuite l'intention d'être héritier pur et simple, ou bien il méconnaît ses devoirs d'héritier bénéficiaire par l'un des faits prévus par les art. 801 du Code civil, 788 et 989 du Code de procédure;

2° Le délai de 3 mois et 40 jours étant expiré, et aucun successible ne s'étant fait connaître, ou bien tous les successibles connus ayant renoncé, il y a eu nomination d'un curateur à la succession vacante ; cette succession est maintenant acceptée purement et simplement (1), soit par le successible qui avait renoncé (art. 790), soit par une autre personne, ou bien le successible dont la renonciation avait donné lieu à la nomination d'un curateur (2), encourt ensuite, à titre de peine, la déchéance du bénéfice de sa renonciation et devient héritier pur et simple (art. 792);

3° Un héritier majeur et sain d'esprit a accepté sous bénéfice d'inventaire, ou bien la succession a été acceptée de cette manière, au nom, soit d'un héritier incapable (3), soit des co-héritiers d'un successible mort sans avoir pris parti (4) ; un jugement déclare ensuite l'indignité de celui ou de ceux par qui, ou au nom de qui, ou du chef de qui (5) la succession a été acceptée, et une autre personne accepte purement et simplement ;

(1) Il est évident que si l'héritier qui revient sur sa renonciation, ou bien l'individu qui remplace l'héritier restitué, n'accepte que sous bénéfice d'inventaire, il n'y a pas de question, le régime étant le même, *quant aux créanciers*, dans le cas d'acceptation bénéficiaire que dans le cas de succession vacante.— Une observation analogue peut être faite à l'occasion de la plupart des hypothèses suivantes.

(2) Si la renonciation avait donné lieu à l'acceptation par une autre personne, l'art. 792 ne pourrait plus produire son effet.

(3) elle ne peut, dans ce cas, être acceptée autrement

(4) elle doit être acceptée ainsi, lorsqu'ils ne s'entendent pas pour accepter purement et simplement ou pour répudier.

(5) un héritier du successible pourrait-il être exclu pour son propre fait?

4° Un faux héritier, qui avait accepté sous bénéfice d'inventaire, a été évincé ; la personne qui s'est fait reconnaître pour héritier véritable accepte purement et simplement ;

5° Un appelé qui a agi sous l'influence du dol ou de la violence, ou qui se trouvait dans l'un des cas d'incapacité à raison desquels la loi accorde l'action en rescision , a accepté sous bénéfice d'inventaire (1), ou bien a renoncé et sa renonciation a amené une acceptation bénéficiaire de la part d'une autre personne; cet appelé ayant ensuite été restitué (2), la succession est acceptée purement et simplement (3).

Seconde classe.

Cette seconde classe contient deux cas de moins que la première, parce que : 1° l'on ne peut pas (4) se dépouiller, par sa seule volonté, du titre d'héritier pur et simple (5), ni en être déchu, si ce n'est dans les trois cas suivans : expulsion comme indigne, éviction comme faux héritier, et restitution pour violence, dol ou incapacité ; 2° si l'on admet que l'acceptation pure et simple est réputée connue, on ne peut pas supposer (6) qu'une succession qui a été acceptée,

(1) On demande qui pourrait avoir intérêt à déterminer (par violence, ou par dol, ou par abus de l'inexpérience d'un incapable) cette acceptation bénéficaire ? Ce ne peut être qu'un créancier personnel de l'héritier agissant dans la persuasion que l'actif du défunt est au dessous de son passif.

(2) Le renonçant n'a pas besoin de se faire restituer contre sa renonciation, si la succession n'a pas été acceptée par une autre personne : il lui suffit de déclarer qu'il rétracte sa renonciation (art. 790). — Lorsque le successible appelé à défaut du renonçant, a accepté, nous pensons que la restitution ne peut avoir lieu, dans le cas de dol et peut-être même dans le cas de violence, qu'autant qu'il y a complicité de sa part. Dans le cas d'incapacité, la restitution serait-elle admise nonobstant la bonne foi de celui qui *a* accepté à défaut de l'incapable?

(3) Faut-il répéter encore une remarque faite déjà plusieurs fois ? Il est évident que si cette autre personne accepte bénéficiairement, il n'y aura pas de question, le régime restant le même malgré le changement de représentant.

(4) et chacun doit le savoir.

(5) pas plus pour accepter bénéficiairement que pour renoncer.

(6) Nous parlons comme si notre système de registres publics était organi-

soit ensuite pourvue d'nn curateur (1) , tandis qu'une succession peut être acceptée après avoir été déclarée vacante.

Cette classe se réduit donc à trois cas :

1° L'héritier qui avait accepté purement et simplement,
est exclu comme indigne, et il est remplacé par un individu
qui n'accepte que sous bénéfice d'inventaire, ou bien, après
l'exclusion de l'indigne, personne n'acceptant, la succession
est déelarée vacante ;

2° Un faux héritier (2) qui avait accepté purement et
simplement, est évincé, et celui qui l'évince n'accepte que
sous bénéfice d'inventaire ;

3° L'héritier qui avait accepté purement et simplement
est, pour cause de violence, erreur ou incapacité, restitué
contre son acceptation, et il n'accepte que sous bénéfice d'inventaire, ou bien, il renonce et, nul autre n'acceptant, il y a
vacance ou bien acceptation bénéficiaire de la part d'une autre personne.

Nous pensons que , dans aucune de ces circonstances
(soit celles de la 1re classe, soit celles de la 2e), le régime auquel la succession a commencé par être soumise, ne peut

sé. Dans l'état actuel de notre législation, il peut très-facilement arriver que
l'acceptation pure et simple étant ignorée, la nomination d'un curateur soit
provoquée de bonne foi et soit effectuée par le tribunal ; ce cas devrait donc
être ajouté aux trois circonstances que nous allons indiquer.

(1) Seulement, il pourrait se faire que celui qui a accepté venant à mourir,
sa succession, dont fait partie celle qu'il avait acceptée, devînt vacante ; cette
circonstance n'empêcherait pas les créanciers de la succession acceptée de
continuer à être, soit entre eux, soit à l'égard des créanciers personnels de
celui qui avait accepté, soumis au régime que l'acceptant a fait naître.

(2) Je comprends sous ce titre, non seulement l'individu tout-à-fait en dehors
des appelés à succéder , mais aussi le successible qui s'est emparé de la succession à laquelle un successible préférable à lui n'avait pas renoncé. Est aussi
faux héritier l'individu qui eût été successible, s'il n'avait pas encouru la mort
civile ou bien (en nous reportant à l'époque où les étrangers n'étaient pas
toujours admis à recueillir en France des successions), s'il n'était pas passé
dans une classe d'étrangers à qui n'appartient pas le droit de succéder en
France.

changer au préjudice des attentes conçues par les créanciers (ou légataires) de la succession.

1° pour établir cette opinion, relativement au cas où l'on voudrait faire résulter de la volonté (1) de l'héritier, la substitution d'un nouveau régime au régime établi par cette même volonté, nous dirons que les art. 783 et 800 refusent expressément à l'héritier le droit de passer du régime de disposition libre (ou de préférence) au régime d'administration comptable (ou de *statu quo*) , et que les art. 988 et 989 du Code de procédure, d'où l'on a prétendu induire que le successible (bien entendu lorsqu'il appartient à la classe de ceux qui peuvent établir de prime abord le régime de libre disposition) peut substituer ce régime au régime d'administration comptable, signifient seulement que le successible peut perdre l'avantage (attaché au régime bénéficiaire) de n'être pas tenu *ultra vires*; ces articles ne confèrent pas un droit, ils établissent une peine (l'art. 989 dit : *à peine d'être réputé héritier pur et simple*) ; en effet, comment croire que le législateur ait voulu débarrasser l'héritier des entraves du régime bénéficiaire précisément parce qu'il a fait un acte de mauvaise foi (2).

(1) J'entends par là, non seulement une déclaration, mais même un fait illicite (art. 793-801), et, *a fortiori*, la négligence dont il est question dans les art. 988 et 989 du Code de procédure. On peut même y comprendre le cas où le véritable appelé, ayant laissé fixer le régime de la succession par un successible plus éloigné ou même par un étranger, ou bien, ayant laissé nommer un curateur à la succession, voudrait ensuite établir un régime différent.

(2) Si l'on ne veut pas reconnaître que l'obligation de payer les dettes *ultra vires* est une circonstance qui peut exister séparée des prérogatives ordinaires du titre d'héritier pur et simple, on est forcé de dire que le législateur a traité les héritiers légitimes plus rigoureusement que les successeurs irréguliers, en effet, ceux-ci ne pouvant jamais accepter purement et simplement, n'encourraient aucune peine en omettant les formalité auxquelles leur administration est soumise. L'art. 792, qui, à l'occasion de la renonciation, s'exprime à peu près dans les mêmes termes que les articles relatifs à la déchéance du bénéfice d'inventaire , fournit un argument à l'appui de mon opinion ; car, si l'on prétendait que la déchéance fait cesser tous les effets de 'acte qui a produit la qualité dont on est déchu , il s'ensuivrait que l'héritier

Si l'on acordait au successible le droit de changer le régime qu'il a d'abord établi ou laissé établir, il faudrait, au moins, reconnaître qu'il doit indemniser ceux à qui ce changement de régime pourrait nuire, car chacun doit réparer le tort que son fait cause à autrui (1); le successible devrait donc indemnité aux créanciers ; or ne vaut-il pas mieux rendre l'indemnité inutile, en empêchant le successible de faire naître ces inconvéniens?

Mais, dira-t-on peut-être, il y a ici des personnes tierces intéressées au changement, ce sont les créanciers de l'héritier et même les créanciers héréditaires qui ont agi comme si la nouvelle volonté du successible était la première qu'il ait exprimé. — Je réponds que les créanciers de l'héritier, et les créanciers du défunt lorsqu'ils se prévalent de la volonté de l'héritier, ne peuvent avoir plus de droits que lui.

. 2° Relativement au cas où le successible qui voudrait changer le régime de la succession, a été tout-à-fait étranger à son établissement (par exemple, c'est un héritier au

qui, avant de renoncer, a diverti ou recelé des effets de la succession, conserverait le droit de revenir contre sa renonciation, même après que la succession aura été acceptée par un autre successible ; c'est-à-dire, que l'on offrirait une récompense à la fraude.

(1) Et qu'on ne dise pas qu'il peut se faire qu'il n'ait point dépendu du successible d'éviter ce qui est arrivé, par exemple, qu'il ait ignoré l'ouverture de la succession ou l'indignité de celui qui s'est mis en possession , etc. En général, le législateur présume que chacun a pu connaître les événemens qui l'intéressent ; et il entend que les individus qu'une circonstance extraordinaire (et dont le législateur n'a pas fait l'objet d'une exception) peut avoir placés en dehors de cette présomption, supportent les inconvéniens de cette circonstance extraordinaire, comme on supporte l'inconvénient d'être valétudinaire, d'avoir une intelligence bornée, de manquer d'un sens, etc.; ajoutons que, si l'on pouvait, pour éviter une perte, invoquer son impuissance intellectuelle ou physique, il serait à craindre qu'on n'apportât dans les affaires, ni le courage, ni toute la diligence dont on est capable. En laissant en général la perte sur celui qui a été directement atteint, on diminue les procès, et, en définitive, le sort, qui frappe tantôt d'un côté tantôt de l'autre, établit une répartition qu'on ne pourrait faire autrement, sans s'exposer à bien des fraudes et sans qu'il en résultât des procès sans nombre et des frais immenses.

2ᵉ degré qui a fait exclure comme indigne celui qui le précédait, ou bien, c'est, à la vérité, une seule et même personne qui exprime à distance deux volontés différentes, mais la première de ces volontés a été l'œuvre de la violence (1)), nous conviendrons que le successible, qui veut, dans cette hypothèse, exercer sur la succession l'influence qu'il aurait eue dès l'instant de l'ouverture sans une circonstance tout-à-fait indépendante de lui, est digne d'intérêt ; mais, des attentes ont été formées par des personnes qui n'en sont pas moins dignes, et, s'il y a ici une perte à éprouver, c'est plutôt le successible qui doit la supporter, car elle sera pour lui accompagnée d'un avantage qui l'adoucira, tandis qu'elle pourrait être sans aucun adoucissement, si elle tombait sur les créanciers. — On prétendra peut-être que, au moins en cas de violence, le successible devrait être préféré aux *tiers;* nous reconnaissons qu'en effet, quelques textes de droit romain permettent d'argumenter de la violence pour faire considérer comme nuls *non seulement entre les parties, mais même vis-à-vis des tiers,* les actes qui en sont le résultat, et que l'art. 1111 du Code civil semble écrit dans ce système ; nous ajouterons même que l'on trouve dans la rédaction de l'art. 783 quelque motif d'attribuer le même effet au dol;—néanmoins, pour nous déterminer à admettre une exception au principe salutaire qui veut que l'on soit autorisé à agir d'après la croyance publique, il nous faudrait quelque chose de plus explicite : les art. 783 et 1111 (mais surtout le dernier) se prêtent d'ailleurs à une interprétation qui les concilie avec notre principe.

Contre cette théorie de l'immutabilité du régime établi, on objectera peut-être que des créanciers héréditaires n'ont pu acquérir contre d'autres créanciers héréditaires, soit le droit à la contribution dans le cas du régime d'administration

(1) ou bien, c'est un successible mineur au nom de qui la succession n'a pu être acceptée que sous bénéfice d'inventaire, et qui, devenu majeur, voudrait acquérir les prérogatives de l'héritier pur et simple.

comptable, soit le droit de préférence (savoir, quant aux immeubles au moyen des art. 2111 et 2113) dans le cas du régime de disposition libre, que par le consentement de ces autres créanciers ou par un jugement : — le consentement, dira-t-on, manque évidemment ; quant au jugement, il manque aussi dans la plupart des cas, et, dans ceux où il intervient (à défaut d'acte volontaire de l'héritier), il est sans force comme n'ayant pas été rendu contre un légitime contradicteur, car le successible, *réel* ou *présumé*, qu'on a voulu faire déclarer héritier pur et simple, ayant renoncé (ce qui a donné lieu à la nomination d'un curateur), on ne peut pas dire que le jugement qui nomme le curateur ait été rendu avec un représentant du défunt. — Je réponds qu'il n'y a pas lieu de chercher ici, soit un consentement, soit un jugement proprement dit ; c'est la loi même qui donne, soit au fait de l'héritier véritable ou apparent, soit à la nomination du curateur (1), la puissance de déterminer la condition respective des créanciers.

Au reste, il ne faudrait pas induire de ce que nous venons de dire, que les changemens qui s'opèrent quant à la puissance de déterminer le régime de la succession, soient tout-à-fait sans influence sur la condition de celui qui est définitivement héritier ; il peut en être autrement, soit que le régime héréditaire ait été fixé avec lui, soit qu'il ait été fixé avec une autre personne qu'il remplace (2) : ainsi, nous avons déjà

(1) Ces événemens perdent leur efficacité, si toutes les formalités exigées n'ont pas été remplies ; seulement, il reste à savoir si l'acte imparfait ne pourrait pas valoir à l'égard de quelques personnes ; cette difficulté fait partie de nos *Questions* 5ᵉ *et* 6ᵉ.

(2) Si une personne nouvelle est substituée à l'ancienne, il est bien évident que la condition de celle-ci éprouve un changement, puisqu'elle ne peut plus prétendre aux avantages de la succession (en supposant qu'elle possédât à titre d'héritier ou du moins de successeur irrégulier), ni en conserver l'administration (en supposant qu'elle possédât comme curateur). — Au premier aperçu, on serait porté à croire que celui qui est évincé de la qualité d'héritier pur et simple doit, en perdant le droit de réclamer les avantages attachés à cette qualité, être débarrassé de l'obligation indéfinie aux dettes héréditaires ; mais un pareil

vu (ci-dessus, p. 277) qu'un individu, en qui la qualité d'héritier pur et simple vient, *à titre de peine*, remplacer la qualité d'héritier bénéficiaire, sera désormais tenu *ultra vires*; il est évident qu'il en sera de même de l'héritier bénéficiaire, qui, tout en continuant à remplir les devoirs que cette qualité impose, déclarera qu'il entend être désormais considéré comme héritier pur et simple. — Il y a plus, s'il est possible d'apporter quelques modifications au système d'administration des biens héréditaires sans porter atteinte aux droits des créanciers de la succession (ou des légataires), ces modifications ne pourront être critiquées par personne : ainsi, si l'héritier a vendu des biens héréditaires sans observer les formalités imposées à l'héritier bénéficiaire, ces ventes ne pourront être attaquées, ni par lui, ni par l'acquéreur; si l'héritier, quoique bénéficiaire, a consenti des hypothèques sur ces mêmes biens, ces hypothèques auront effet après que tous les créanciers héréditaires seront désintéressés; ajoutons qu'on ne devrait pas déclarer stellionataire l'héritier bénéficiaire qui, prenant le titre d'héritier pur et simple, aurait vendu ou hypothéqué comme siens les immeubles de la succession, lorsqu'aucun créancier du défunt (ou légataire) n'éprouve préjudice par l'effet de ces ventes ou de ces affectations hypothécaires (1).

Cinquième et sixième Questions (2).

« Qu'arrivera-t-il, si, relativement à une seule et même

système favoriserait les fraudes, un héritier riche qui regretterait d'avoir accepté purement et simplement, se laisserait évincer par un homme de paille. — Il faut décider que l'éviction ne détruit pas les obligations de l'évincé envers les créanciers de la succession, mais il faut en même temps lui reconnaître le droit d'exiger, de celui qui l'évince, des sûretés jusqu'à concurrence de l'actif qu'il lui remet.

(1) Si un tiers de bonne foi avait *usucapé*, le préjudice serait incontestable. — Si les créanciers éprouvent seulement l'embarras d'être dans le cas de poursuivre le tiers afin de faire déclarer nuls les actes de l'héritier, cela suffira-t-il pour qu'on puisse infliger à celui-ci la peine du stellionat?

(2) Nous posons ici ces *Questions* un peu autrement que nous ne l'avons

» succession, la même personne est réputée héritière pure
» et simple vis-à-vis d'une partie des créanciers héréditai-
» res,—tandis qu'elle est réputée héritière bénéficiaire vis-
» à-vis des autres créanciers (1),— où bien, tandis que la suc-
» cession est réputée vacante (2) à l'égard d'autres créan-
» ciers (3) ?

» Qu'arrivera-t-il, si, relativement à la même succession,
» plusieurs personnes sont réputées avoir (ou du moins récla-
» ment), l'une la qualité d'héritier pur et simple, l'autre la
» qualité d'héritier bénéficiaire ; ou bien, si telle personne
» était réputée héritière à l'égard d'une partie des créanciers,
» tandis qu'une autre personne représenterait la succession,
» à titre de curateur, à l'égard des autres créanciers (4) ?

Commençons par examiner comment il peut se faire que
les circonstances supposées dans ces deux *Questions* se réa-
lisent :

Si nous laissons de côté , comme déjà suffisamment expliqué (v. ci-dessus , p. 569) , le cas où c'est la loi elle-
même qui appelle plusieurs individus conjointement à la
même succession , en donnant à chacun d'eux, sur la part
héréditaire qui lui est dévolue , l'influence qu'il aurait eue
sur le tout s'il n'eût pas eu de co-successibles, nous pourrons
rattacher toutes les circonstances dont il s'agit à l'une ou
à l'autre des trois causes suivantes :

1° *Convention ,*

fait à la p. 503, afin de faire ressortir davantage le lien qui les unit aux *Questions* précédentes.

(1) Ordinairement il y aura , d'une part , certains créanciers déterminés,
et de l'autre, le restant des créanciers en nombre indéterminé.

(2) Voyez la note 1 de la p. 503. Du reste, ce cas pourrait aussi bien être
compris dans la *Question* suivante.

(3) Ces trois choses pourraient concourir, et il pourrait se faire que le curateur fût précisément le même individu que cet héritier pur et simple ou cet
héritier bénéficiaire.

(4) Le cas où c'est la même personne qui a la curatelle vis-à-vis d'une
partie des créanciers, et qui est réputée héritière à l'égard des autres créanciers, appartient, comme on l'a vu , à la *Question* précédente.

2° *Chose jugée*,

3° *Attentes contradictoires, formées par suite du défaut de publicité d'un événement qui, dans le vœu de la loi, devrait fixer, vis-à-vis de tout le monde, le régime de la succession* (1).

Nous énumérerons, sans distinction, les cas qui se rapportent à la 5° *Question* et ceux qui se rapportent à la 6°; attendu qu'il en est qui pourraient se ranger tout aussi bien sous l'une que sous l'autre.

1° *Convention.*

(*a*) Un individu qui n'a accepté la succession que sous bénéfice d'inventaire, convient ensuite, avec un ou plusieurs créanciers héréditaires, qu'il pourra agir et pourra être traité comme héritier pur et simple;

(*b*) Ou bien, après qu'une succession a été acceptée purement et simplement, il intervient, entre l'individu qui l'a ainsi acceptée et un ou plusieurs créanciers héréditaires, une convention portant que cet individu agira et sera traité seulement comme héritier bénéficiaire;

(*c*) Ou bien, après qu'une succession a été déclarée vacante, il intervient entre un ou plusieurs créanciers héréditaires et un individu qui se dit héritier, une convention par laquelle ce dernier est tenu pour héritier pur et simple (2).

2° *Chose jugée.*

(*a*) Un individu, après avoir accepté purement et simplement (3), ou après s'être laissé forclore (tant du droit de répudier que de celui de réclamer le bénéfice d'inventaire) en vertu de l'art. 890, fait juger avec un ou plusieurs créan-

(1) Remarquez que le principe des attentes formées n'est pas étranger aux effets de la *convention* ou de la *chose jugée*; mais ici nous n'avons en vue que le cas où ce principe est la seule cause de modification du régime héréditaire.

(2) On se rappelle ce que nous avons dit de la substitution d'un héritier bénéficiaire à un curateur.

(3) soit en prenant la qualité d'héritier dans un *acte* (*instrumentum probationis*), soit en faisant ce que l'héritier pur et simple a seul droit de faire

ciers qu'il n'est qu'héritier bénéficiaire, ou bien qu'il a valablement répudié (1) ;

(*b*) Un individu a fait au greffe la déclaration qu'il n'entendait accepter que sous bénéfice d'inventaire ; mais il est jugé ensuite, entre lui et un ou plusieurs créanciers, qu'il est héritier pur et simple ;

(*c*) La succession a été déclarée vacante ; il est ensuite jugé avec un successible, qui l'avait répudiée ou du moins qui avait souffert qu'elle fût pourvue d'un curateur, que cet individu avait fait acte d'héritier (2) pur et simple (3) avant sa répudiation ou la nomination du curateur (4) ;

(*d*) *Primus*, héritier véritable ou apparent, a pris la qualité d'héritier bénéficiaire ; ensuite un créancier a poursuivi *Secundus* et l'a fait déclarer héritier pur et simple ;

(*e*) *Primus*, héritier véritable ou apparent, a accepté purement et simplement ; un créancier ayant ensuite poursuivi *Secundus*, celui-ci a été déclaré héritier, mais seulement sous bénéfice d'inventaire.

3° *Attentes contradictoires formées par suite du défaut de publicité* (5).

(1) Nous supposons que la répudiation a amené la nomination d'un curateur ; si elle amenait une *acceptation de la part d'un autre individu*, le cas appartiendrait tout à la fois à notre 4° *Question* et à celle que nous traitons maintenant.

(2) L'expression : *faire acte d'héritier*, comprend ici le cas où le successible a pris, dans un acte, la qualité d'héritier.

(3) Nous ne parlerons pas du cas où, après que la succession a été déclarée vacante, un jugement vient à reconnaître, à un individu qui a réclamé l'hérédité, la qualité d'héritier bénéficiaire, parce que les créanciers héréditaires n'ont aucun intérêt à s'opposer au remplacement du curateur par un héritier bénéficiaire.

(4) Nous nous sommes expliqué ci-dessus, p. 723 et 724, sur le cas où, un acte d'héritier pur et simple venant après l'acceptation bénéficiaire ou la déclaration de vacance, il s'agit, non pas seulement de savoir s'il y a exception au régime bénéficiaire ou de vacance, en faveur d'un créancier qui aura fait déclarer le successible héritier pur et simple, mais s'il y a, vis-à-vis de tout le monde, substitution d'un régime à un autre.

(5) Nous avons vu (3° *et* 4° *Questions*) qu'en supposant la publicité des

(*a*) Un successible a fait acte d'héritier pur et simple ou bien a pris dans un acte la qualité d'héritier; son acceptation n'étant pas *notoire*, il a fait ensuite une acceptation bénéficiaire, ou bien la succession a été déclarée vacante et des créanciers ont formé leur attente en conséquence (1);

(*b*) Au moment même (2) où le successible acceptait sous bénéfice d'inventaire, il était déclaré forclos;

(*c*) *Primus* a accepté purement et simplement; mais ensuite *Secundus* a accepté sous bénéfice d'inventaire (3) et a été, en conséquence, considéré comme héritier par certains créanciers qui ignoraient l'acceptation de *Primus* (4);

événemens par lesquels le régime héréditaire peut en général être déterminé, celui de ces événemens qui arrive le premier rend inefficaces les événemens subséquens. Il ne peut donc être question ici que du cas où l'événement arrivé le premier a manqué de publicité, ou bien du cas où la priorité de date ne peut être invoquée en faveur d'aucun des événemens arrivés. Or, l'acceptation pure et simple est, ce me semble, le seul événement capable de fixer le régime héréditaire, dont il soit permis de contester la publicité : cet événement est considéré par le législateur comme vraisemblable (voyez p. 664), mais il est évident qu'il n'y a pas présomption *juris et de jure* que les créanciers l'aient connu. — Nous n'avons donc à considérer ici que le cas de l'acceptation pure et simple précédant une acceptation bénéficiaire ou la nomination d'un curateur, et les différens cas de simultanéité d'événemens *notoires* appelés à produire des effets différens.—Nous aurons plus d'une fois à appliquer ce principe, que, lorsque le législateur exige des formalités qui ont évidemment pour but de rendre un événement public, il y a lieu de croire que la publicité de cet événement est l'objet d'une présomption *juris et de jure*; car pourquoi le législateur, qui exige la publicité pour éviter les procès, n'aurait-il pas fait tout ce qu'il fallait faire pour atteindre ce but?

(1) Ces créanciers se sont abstenus de prendre inscription en vertu de l'art. 2114 ou de l'art. 2113.

(2) Par conséquent l'un des événemens n'était pas notoire, lorsque l'autre a eu lieu.

(3) Si les deux prétendans ont exercé la même influence quant au régime de la succession, la question n'appartient plus à notre sujet, car elle ne concerne plus les rapports des créanciers avec les biens héréditaires.

(4) Que faudra-t-il décider, si les créanciers qui se prévalent de l'acceptation de *Secundus* ont, à la vérité, ignoré l'acceptation de *Primus*,

(*d*) Au même instant où *Primus* était déclaré forclos , *Secundus* faisait une déclaration d'acceptation bénéficiaire, ou bien la succession était déclarée vacante.

Nous avons à rechercher si et comment, suivant la nature de la cause (1) qui a produit les circonstances dans lesquelles une seule et même succession paraît appelée à subir deux régimes différens, il peut y avoir lieu, soit au concours des deux régimes (2), soit à quelque modification de l'un d'eux dans l'intérêt des personnes pour qui l'autre serait préférable.

Commençons par déterminer le but de cette recherche.

Il s'agit, en définitive, de savoir :

1° si les créanciers vis-à-vis de qui le défunt est représenté par un héritier pur et simple, tandis que, vis-à-vis d'autres créanciers, il est représenté par un héritier bénéficiaire ou par un curateur, peuvent se prévaloir des inscriptions prises par eux en vertu des art. 2111, 2113 ;

mais ont su qu'il était appelé à succéder? Nous nous sommes occupé de ce cas ci-dessus, p. 691.

(1) Si le législateur le voulait, il ne serait pas impossible de tarir la source des attentes contradictoires ; il suffirait de dire qu'aucun acte de nature à influer sur le régime d'une succession ne peut avoir effet s'il n'est inscrit, et qu'on ne peut admettre l'inscription d'une déclaration tendant à détruire l'effet d'une déclaration précédente qu'autant qu'il y a eu consentement authentique des intéressés, ou bien jugement. Il y a, j'en conviens, dans un grand État, une immense difficulté à résoudre, c'est de concilier la division des inscriptions entre des registres tenus en des lieux différens, avec le besoin d'offrir à chaque citoyen le moyen de savoir promptement, d'une manière certaine et sans déplacement trop onéreux, ce qui concerne telle ou telle succession.

(2) Nous avons déjà parlé du cas où c'est la loi elle-même qui appelle concurremment plusieurs successibles, en donnant à chacun le droit d'exercer son influence personnelle sur une part de la succession ; la part de chaque successible est alors comme une succession distincte : d'où il suit que ce que nous dirons des événemens qui affectent une succession entière, doit s'appliquer aux événemens qui affectent, dans ce cas, chacune des parts héréditaires. — Nous ne connaissons pas d'autre cas où il y ait concurrence proprement dite, c'est-à-dire, où deux régimes différens puissent exister vis-à-vis de tous les créanciers.

2° si les créanciers vis-à-vis de qui la succession n'est acceptée que sous bénéfice d'inventaire ou même est réputée vacante, peuvent faire déclarer nulles les ventes faites par un individu qui représente la succession, à titre d'héritier pur et simple, vis-à-vis des autres créanciers (1).

Le cas où ce sont deux personnes différentes qui représentent la succession, l'une à titre d'héritier pur et simple, et l'autre, soit à titre d'héritier bénéficiaire, soit comme curateur à la succession vacante, et, surtout, celui où la succession a, en même temps, ces trois espèces de représentans, offrent plus de complication, mais sans offrir des difficultés particulières, au moins lorsque l'on reconnaît avec nous que ce qui est fait par ou avec l'héritier apparent est censé fait par ou avec l'héritier véritable (2), et que les actes faits par le curateur dans les limites de son office, sont également censés faits par l'héritier véritable.

Les auteurs de notre Code civil ne paraissent pas avoir soupçonné, au moins au moment où ils ont fait le titre des *Successions,* qu'il puisse y avoir des cas où les créanciers du défunt ont intérêt à soutenir que l'héritier ne peut pas être considéré à leur égard comme héritier pur et simple; cela vient, sans doute, de ce qu'alors ils n'avaient pas encore eu l'idée de faire, du droit de *séparation des patrimoines,* un simple droit de *privilége* ou d'*hypothèque* (3).

(1) Par *créanciers,* lorsque nous n'ajoutons aucune épithète, il faut entendre ici les *créanciers héréditaires.* Nous passerons sous silence, comme s'éloignant de notre sujet, les difficultés qui peuvent s'élever relativement aux créanciers de l'héritier ; de même que celles qui, dans le cas où ce sont deux personnes différentes qui représentent la succession (à des titres différens), s'élèvent entre les deux prétendans ; nous nous contenterons de faire connaître ces difficultés, lorsque notre sujet l'exigera.

(2) Celui-ci doit supporter les inconvéniens résultant de ce qu'il a laissé remplir son rôle par une autre personne que le public a prise pour lui.

(3) Ils se contentèrent d'établir vaguement, dans l'art. 878, qu'il y aurait pour les créanciers du défunt un moyen d'éviter le concours des créanciers de l'héritier sur les biens héréditaires, et, dans l'art. 870, que ce moyen ne pourrait plus avoir effet sur les meubles après un certain laps de temps. (Il faut sans doute sous entendre que l'effet cessera même avant

Nous avons vainement cherché la solution des difficultés que nous venons de signaler dans les recueils d'arrêts et dans les écrits des jurisconsultes.

Dans cet état de choses, la plupart des opinions que nous allons exprimer ne doivent être considérées que comme des thèses livrées à la discussion.

1° *Convention.*

Certains successibles (1) ont reçu du législateur la faculté de donner *ad libitum* aux créanciers de la succession, soit une sorte de propriété résoluble (2) de tous les biens héréditaires, soit un privilége, et subsidiairement une hypothèque (3), sur ceux de ces biens à l'égard desquels les créanciers rempliront certaines formalités.

Mais, une fois que les successibles dont il s'agit ont usé de la faculté d'opter, il ne leur appartient pas de défaire ce qu'ils ont fait ; or, si l'on donnait effet, vis-à-vis des tiers, à une convention portant qu'un successible qui avait déclaré n'accepter que bénéficiairement, pourra agir et pourra être traité comme s'il avait accepté *purement* et *simplement*, il est évident que ce successible porterait préjudice aux créanciers

l'expiration de ce laps de temps, si les meubles ont été aliénés, (art. 2279 et 2119). — Quant aux immeubles, le 2ᵉ alinéa de l'art. 880, dont l'intention évidente est de prolonger, à leur égard, l'effet du bénéfice de séparation au-delà du terme fixé pour les meubles, est rédigé de manière que la mauvaise foi de l'héritier y trouverait le moyen de rendre complétement illusoire le droit de séparation : il suffirait qu'il se hâtât d'aliéner. — Il est évident que les rédacteurs du Code, en écrivant les art. 878 à 881, s'étaient réservé de préciser le droit des créanciers héréditaires et de mettre le principe qu'ils posaient en harmonie avec des institutions qui n'étaient point encore réglées, notamment avec le régime hypothécaire et avec les voies d'exécution contre les débiteurs.

(1) savoir, les parens légitimes, et le légataire universel lorsqu'il n'y a pas de parent légitime en concours avec lui.

(2) Je dis une sorte de propriété : c'est un de ces démembremens à qui l'on a conservé la dénomination du droit intégral, quoiqu'il renferme moins d'élémens de ce droit, que d'autres démembremens, par exemple, *l'usufruit,* que l'on a qualifiés *servitudes.*

(3) Sous entendez : « pour autant qu'ils en sont susceptibles. »

qui, croyant être sous l'empire de l'art. 2146, n'ont pas pris d'inscription en vertu des art. 2111, 2113 : il leur enlèverait cette espèce de co-propriété que les créanciers acquièrent sur la totalité des biens de la succession dans le cas où elle est acceptée sous bénéfice d'inventaire ; de même, si, après avoir accepté purement et simplement, le successible convenait, avec un ou plusieurs créanciers, qu'il sera considéré comme héritier bénéficiaire et qu'on donnât, à cette convention, effet à l'égard des autres créanciers, il priverait ceux qui ont pris inscription de leur droit de privilége ou d'hypothèque.

De telles conventions ne peuvent donc avoir effet qu'entre les parties contractantes (1) ; elles pourront ôter à un créancier le droit de poursuivre indéfiniment l'héritier pur et simple, ou bien, au contraire, elles pourront lui donner le droit de poursuivre *ultra vires* l'héritier bénéficiaire ; elles pourront même avoir quelque effet vis-à-vis des créanciers personnels de l'héritier, par exemple, la condition de ces créanciers pourra être rendue meilleure, en supposant l'acceptation pure et simple, si un ou plusieurs créanciers du défunt ont consenti à ne pas faire valoir le privilége résultant des inscriptions prises par eux, ou bien, en supposant l'acceptation bénéficiaire, si tels créanciers héréditaires ont consenti à admettre les créanciers personnels de l'héritier à contribution sur les biens de la succession.

2° *Chose jugée.*

Ce que la convention ne peut faire, un jugement le pourra-t-il (2) ?

---

(1) S'il est vrai que les auteurs de notre Code civil aient voulu que la simple convention transférât la propriété, il faut dire qu'ils ont tout-à-fait méconnu la nature de l'événement qu'on appelle *convention*, et qu'ils ont compromis la sécurité des acheteurs et des prêteurs.

(2) Remarquez que nous ne voulons pas parler ici du simple jugement de *forclusion*, qui n'intervient pas sur un point contesté, mais qui constate seulement que tel successible a été mis en demeure de répudier la suc-

. Nous ne le pensons pas. La chose jugée n'est réputée vérité qu'entre ceux qui ont pris part au jugement; sans cela,
il dépendrait de deux personnes de se créer des droits à
l'égard des tiers.

Ainsi, dans les divers cas prévus ci-dessus, le jugement
rendu avec un ou plusieurs créanciers ne peut porter atteinte aux droits acquis à d'autres créanciers par suite de
l'un ou l'autre des événemens par lesquels nous avons vu
que le régime de la succession peut être déterminé.

Mais, ce que le jugement ne peut pas faire, c'est-à-dire
constituer tel ou tel régime, l'événement sur lequel le jugement est fondé l'aura fait, s'il est antérieur à l'événement
invoqué par la personne contre laquelle le jugement est
rendu.—Si les parties intéressées ne sont pas d'accord quant
à l'existence ou quant à la date de cet événement, ce n'est
que par un nouveau jugement rendu entre elles que leur
condition respective pourra être établie; ainsi les créanciers
qui prétendent que la succession est soumise au régime de
libre disposition devront mettre en cause les créanciers qui
prétendent qu'elle est soumise au régime d'administration
comptable, et le jugement qui interviendra ne fera que déclarer les droits acquis, soit aux uns, soit aux autres.

Mais, dira-t-on, s'il est possible, à cause des inscriptions
exigées par les art. 2111 et 2113, de connaître les créanciers
qui soutiennent que la succession est soumise au régime de
libre disposition, comment peut-on connaître les créanciers
qui soutiennent qu'elle est soumise au régime bénéficiaire?
Nous ne trouvons dans notre Code aucun moyen de résoudre cette difficulté (1)?

cession ou de réclamer le bénéfice d'inventaire... Nous avons en vue un
jugement proprement dit : par exemple, celui qui, contrairement aux prétentions du successible, déclarerait que telle opération constitue un *acte
d'héritier pur et simple*.

(1) Le système d'inscription, sur un registre public, de tous les événemens qui peuvent déterminer le régime héréditaire, ferait disparaître
cette difficulté comme beaucoup d'autres.

Dira-t-on qu'on pourrait avertir les créanciers par une procédure analogue à celle qui a pour but l'envoi en possession et que nous avons cru pouvoir étendre au cas de nomination d'un curateur ?

Mais la solution de la question de savoir si la succession est ou n'est pas soumise à tel régime , a bien plus d'importance pour les créanciers, que la simple soumission de la succession au régime bénéficiaire n'en a pour le successible.

On prétendra peut-être que le successible, même avant d'avoir accepté, représente la succession et, par suite, les créanciers héréditaires; et qu'en conséquence ce qui a été jugé contre lui. doit valoir contre ces créanciers.

Il nous semble qu'on peut répondre, que le successible ne peut être considéré comme représentant les créanciers héréditaires dans une question où ses intérêts sont contraires aux leurs.

Si l'on insiste, en disant :

«Mais tout débiteur a droit de compromettre, en dimi-
» nuant sa fortune, les intérêts de ses créanciers pourvu qu'il
» n'y ait pas fraude de sa part ; et si ce principe est admis
» dans le cas d'une simple convention, *a fortiori* doit-il
» l'être dans le cas d'un jugement , dont les formes et sur-
» tout la publicité mettent des entraves à la fraude; »

Nous répondrons qu'un débiteur ne peut compromettre que les intérêts des créanciers qui n'ont point, à l'égard des choses qui se trouvent en sa possession, un droit *réel* (c'est-à-dire la propriété, soit intégrale, soit fractionnaire). — Il suit de là que le jugement rendu contre l'héritier vient échouer, soit, dans le cas où la succession a été acceptée purement et simplement, contre le droit de co-propriété appartenant à chacun des créanciers héréditaires, soit, dans le cas inverse , devant les droits de privilége ou d'hypothèque qui appartiennent aux créanciers de la succession (et peut-être même à des créanciers de l'héritier) en vertu des inscriptions prises conformément aux art. 2111 et 2113 (1).

Il serait plus plausible de prétendre que les créanciers qui veulent faire juger contre d'autres créanciers que la succession est soumise à tel régime, pourraient, dans le cas où ils craignent de ne pas connaître tous leurs adversaires, faire nommer un curateur, qu'ils mettraient en cause comme représentant les inconnus.

Mais, nous devons encore avouer que nous ne trouvons dans notre Code aucune trace de cette procédure.

3° *Attentes formées par suite du défaut de publicité.*

Si des événemens destinés à produire effet à l'égard de tout le monde, restent ignorés de quelques personnes qui se trouvent cependant dans les circonstances où ces événemens devraient agir sur elles, il se formera des attentes contradictoires : les unes, en conséquence de ces événemens de la part des personnes qui les ont connus, les autres, de la part d'autres personnes qui les ont ignorés, en vertu d'événemens, soit antérieurs, soit postérieurs, soit même simultanés.

Quelles sont, en pareils cas, les attentes qui doivent obtenir l'appui de la justice (2) par préférence aux attentes opposées ?

(1) Il peut y avoir des créanciers héréditaires à qui nuirait un jugement qui, malgré une acceptation pure et simple, déclarerait que l'héritier n'est que bénéficiaire, ce sont ceux qui n'auraient pas profité avant ce jugement des articles ci-dessus : ces créanciers sont restés pour l'héritier, ce qu'ils étaient pour le défunt, de simples créanciers n'ayant aucun droit *réel.*

(2) Nous ferons remarquer que nous supposons ici que les événemens qui ont produit ces attentes contradictoires, sont *absolus* (*in rem*) les uns aussi bien que les autres; il ne s'agit donc pas, comme dans les deux numéros précédens, de montrer les effets d'un événement *relatif*, se combinant avec ceux d'un événement *absolu*; ici les événemens invoqués par les diverses parties étant également généraux, les effets de l'un sont inconciliables avec les effets de l'autre; il s'agit de savoir quelles sont celles des *attentes formées*, qui seront considérées comme des droits, sauf à imposer, à ceux qui ont imprudemment fait naître les attentes contraires, une indemnité en faveur de ceux qui ont conçu ces dernières attentes.

Nous n'avons pas à examiner cette question difficile dans son ensemble , mais seulement en tant qu'il s'agit des événemens qui concernent la détermination du régime héréditaire.

Nous devons d'abord présenter quelques considérations générales :

Les événemens destinés à produire effet à l'égard de tout le monde, devraient toujours renfermer la *publicité* dans leurs conditions essentielles, et le législateur devrait déclarer que , lorsque telles mesures exigées pour la publicité d'un événement de ce genre, n'ont pas été exécutées, l'événement est comme non avenu ; tandis qu'au contraire , il ne sera pas permis de prouver qu'un pareil événement est resté inconnu, lorsque les formalités prescrites pour sa publicité ont été remplies.

Sans doute , il peut arriver quelquefois que, malgré l'accomplissement des formalités qui auront paru au législateur devoir faire connaître un événement de toutes les personnes intéressées, cet événement ait été ignoré de l'une d'elles ou de plusieurs ; mais, dans ce cas, comme dans tous ceux où l'on établit des présomptions *juris et de jure*, l'avantage d'éviter des procès est un bien qui compense aux yeux du législateur le mal résultant de ce que quelques personnes pourront éprouver la peine d'attente trompée.

Malheureusement , nos législateurs ne sont point encore arrivés à reconnaître toute l'importance de la publicité et l'inconvénient des preuves particulières au moyen desquelles on est forcé de suppléer à la présomption qu'on aurait pu fonder sur cette publicité. —Combien d'événemens *absolus* n'ont-ils pas admis, sans s'inquiéter, ni de les environner de publicité, ni même de dire s'ils doivent, ou ne doivent pas, être réputés connus !

Que fera le juge, lorsqu'il aura à statuer entre des personnes qui invoquent, les unes contre les autres, de pareils événemens ?

S'il s'agit d'événemens pour lesquels le législateur a établi la présomption que leur notoriété résultait de certaines formes, et que l'un des événemens ait été accompagné des formes voulues , tandis que l'autre a manqué de ces mêmes formes , il est évident que c'est le premier événement qui doit avoir effet (sauf le cas de dol).

Si, malgré que le législateur n'ait point exigé de formes de publicité, il est évident qu'il a considéré tel événement comme *notoire*, il faudra dire, de cet événement, ce que nous venons de dire des événemens accompagnés de pareilles formes.

Si les deux événemens qu'on invoque contradictoirement sont tous deux réputés connus, soit par suite de l'accomplissement de certaines formes, soit autrement, il est évident que le plus ancien ayant commencé à produire son effet, la question qui peut s'élever, est seulement celle de savoir, si un autre événement peut changer l'état des choses; or nous avons traité cette question ci-dessus (voyez 3° *et* 4° *Questions*).

Si le législateur a subordonné les effets d'un événement, qui cependant, dans son vœu, est un événement *absolu*, à une preuve à faire par celui qui invoque cet événement ou à une preuve contraire à faire par l'autre partie, il est évident que le juge devra décider contre celui qui, devant faire une preuve, ne la fait pas. Mais il est évident aussi que l'événement qui devait être *absolu* dégénère alors en événement *relatif*.

Si les deux événemens sont assujétis à une preuve, celui qui établit la priorité de l'événement qu'il invoque , sera préféré (sauf à ne faire commencer l'effet de l'événement que du jour de la preuve (voy. ci-après, la note 2 de la p. 747).

Appliquons les observations qui précèdent aux événemens en vertu desquels se détermine le régime d'une succession.

Ces événemens se divisent en deux classes :

1º Ceux qui produisent à eux seuls cette détermination ; tels sont :

a. L'acte d'héritier pur et simple, ou bien le fait d'avoir pris ou de s'être laissé donner, dans un acte auquel on a concouru, le titre d'héritier ;

b. La déclaration faite au greffe qu'on n'entend accepter que sous bénéfice d'inventaire ;

c. La forclusion du droit de répudier et du droit de réclamer le bénéfice d'inventaire, encourue en vertu de l'art. 800 ;

d. La nomination d'un curateur à la succession déclarée vacante ;

e. L'envoi en possession d'un successeur irrégulier ;

2º Ceux qui ne produisent cet effet qu'à l'aide d'un événement subséquent ; tels sont :

a. Les événemens en vertu desquels tel individu est devenu parent et, par suite, successible du *de cujus*, ou bien ceux en vertu desquels tel individu est devenu successible sans être parent, ou du moins indépendamment de sa qualité de parent ;

b. Le décès du *de cujus*, c'est-à-dire, l'ouverture de la succession ;

c. Le décès, la renonciation, l'indignité, la déchéance d'un successible préférable ;

d. Le fait que tel individu est en possession de la qualité d'appelé à la succession, c'est-à-dire, passe généralement pour avoir cette qualité.

Quels sont, parmi ces événemens, ceux qui sont l'objet d'une présomption *juris et de jure* (1) ? et, quant aux autres,

---

(1) Nous avons déjà dit que lorsque le législateur exige pour un événement une certaine publicité, on doit croire qu'il exige tout ce qu'il faut pour qu'on puisse établir la présomption *juris et de jure* que cet événement est connu ; ce ne serait pas la peine que le législateur prescrivît des mesures de publication, pour rester en-deçà de ce qu'il faut pour qu'on puisse en faire résulter cette présomption si favorable à la diminution des procès.

par qui doit être faite, soit la preuve qu'ils ont eu lieu, soit la preuve qu'ils n'ont pas eu lieu ?

1re *Classe d'événemens.*

Le jugement qui prononce la *forclusion* jouit, comme tous les jugemens, d'une publicité qui a pu paraître suffisante (1); et il y a tout lieu de croire que le législateur, à tort ou à raison, a considéré comme un moyen efficace de publicité le registre sur lequel on inscrit, au greffe, les *renonciations* et les *acceptations sous bénéfice d'inventaire.*

Mais, quelle publicité a, en général, soit ce qu'on appelle un *acte d'héritier*, soit le fait *d'avoir pris ou de s'être laissé donner la qualité d'héritier dans un acte* (2)?

Cependant, comment croire que le législateur ait voulu abandonner celui des événemens relatifs au régime héréditaire, qui a lieu le plus souvent (*l'acceptation pure et simple*) au danger des preuves particulières (3)?

S'il n'a pas exigé pour cet événement, les formes qu'il exige pour l'*acceptation bénéficiaire* et pour la *répudiation*, c'est probablement parce qu'il a été préoccupé de l'idée que ce n'est pas le successible qui a intérêt à prouver qu'il a accepté purement et simplement, et que, par conséquent, le successible ne demanderait pas mieux que d'omettre les formalités qui seraient exigées pour constater son acceptation, afin d'avoir les avantages de la qualité d'héritier pur et simple, sans en avoir les charges, c'est-à-dire, sans se

---

(1) On ferait cependant bien d'augmenter cette publicité, en exigeant la transcription du jugement de forclusion sur le registre public consacré aux successions.

(2) Le mot *acte* signifie ici, non pas, comme tout à l'heure, un fait qui suppose la qualité d'héritier, mais un écrit (*instrumentum probationis*) constatant un événement quelconque de la vie civile.

(3) Les anciens législateurs romains qui, sous le nom *d'adition d'hérédité*, avaient établi un mode d'acceptation solennel, s'étaient montrés, en cela, bien plus prévoyans que nos législateurs; il est à regretter que ceux-ci aient souvent préféré la législation de l'empire d'Orient à la législation de la république ou des premiers siècles de l'empire romain.

soumettre à l'obligation de payer indéfiniment les dettes.
— Peut-être aussi notre législateur a-t-il pensé que l'*acceptation pure et simple* étant ce qui a lieu le plus ordinairement, on pouvait, sauf la preuve contraire, la présumer et
la considérer comme notoire sans qu'elle ait été environnée
d'aucune forme de publicité !

2° Classe d'événemens.

Quoique notre Code n'ait consacré nulle part la maxime
suivante : *Chaque individu est présumé connaître la condition des autres individus,* cette maxime (qui du reste n'a jamais été admise dans toute sa généralité) est encore invoquée dans une foule de cas par nos jurisconsultes ; ainsi,
(pour nous borner à ce qui concerne notre sujet) on tient
généralement que le public est présumé savoir (1) : que tels
et tels, dont l'existence est d'ailleurs constatée, sont les
héritiers légitimes d'un tel (2), que tel successible est mineur ou interdit, etc.

Mais, l'époque du décès du *de cujus*, la priorité du degré
de parenté, et même l'existence de tel à qui la qualité d'héritier appartient s'il est vivant, sont présentés dans les
art. 799, 771 et 811 comme des faits qui peuvent être mis en
question ; et l'on ne peut douter (argument de l'art. 783)
qu'il n'en soit de même du testament sur lequel repose le
droit du légataire universel.

Cela posé, nous demandons si l'on ne pourrait pas établir les règles suivantes :

1° Lorsque les parties, d'accord quant à la personne qui
a pu déterminer le régime héréditaire et quant à l'é-
tendue de la puissance de cette personne, ne le sont pas
sur la manière dont cette puissance a été exercée, les
unes invoquant un événement qui produirait le régime
de libre disposition, et les autres, un événement qui

---

(1) sauf ce que nous avons dit de l'héritier apparent.

(2) Ce qui suppose la publicité des mariages, des naissances, des adop-
tions.

ne produirait que le régime d'administration comptable , c'est l'événement le plus ancien qui doit produire son effet (1). — Si cette décision avait besoin d'être appuyée de considérations, nous dirions que, s'il est possible que les créanciers qui invoquent l'événement nouveau, aient ignoré (ainsi qu'ils le prétendent) l'événement ancien, il est néanmoins très-vraisemblable que leur allégation sera souvent un mensonge ; tandis qu'il est bien certain que ceux dont l'attente s'est formée au moment où le premier événement s'est réalisé, n'ont pu deviner l'événement postérieur.

On dira peut-être : « Les créanciers qui invoquent l'évé- »nement nouveau, peuvent reprocher aux autres de n'avoir »pas donné plus de publicité à l'événement ancien. » — Mais cette objection n'est point un argument de jurisconsulte , c'est une attaque contre le législateur, qui ne devrait considérer un événement comme notoire que lorsqu'il est incontestable que cet événement jouit d'une publicité suffisante.

Si les deux événemens ont eu lieu en même temps , c'est-à-dire, s'il n'est pas possible d'établir que l'un a précédé l'autre (2), il y a lieu d'appliquer ce qui a été dit ci-dessus , page 732 : il est évident que les créanciers qui réclament privilége ou hypothèque en vertu des art. 2111 ou 2113, veulent gagner au détriment des autres créanciers, tandis que ceux qui réclament le régime d'acceptation bénéficiaire, ne veulent que rester dans la position où ils étaient avant la mort du *de cujus*.

---

(1) Nous avons établi ci-dessus (*Questions* 3e et 4e) que le régime héréditaire, une fois établi, ne peut être changé (sauf l'effet *relatif* des conventions ou des jugemens, et l'indemnité qui pourrait être due par ceux qui ont été de mauvaise foi à ceux qui ont été induits en erreur.

(2) C'est une perte qu'il s'agit de distribuer, or nous ne trouvons dans la théorie générale relative à la distribution des pertes, qu'une seule règle qui puisse nous diriger en cette occasion, c'est que l'on doit plutôt faire supporter les inconvéniens des attentes contradictoires, c'est-à-dire la peine d'attente trompée, à ceux qui veulent gagner (*qui certant de lucro captando*), qu'à ceux qui demandent seulement qu'on ne trompe pas l'espérance qu'ils ont conçue de conserver ce qu'ils avaient avant l'événement qui a fait naître le conflit d'intérêts.

Le motif de préférence que nous venons de donner paraîtra peut-être un peu faible ; mais, quelque faible qu'il paraisse, il faut s'y attacher, car toute autre base de décision nous manque :

En effet , on ne voit pas comment on pourrait appliquer ici les règles générales relatives à la distribution des pertes, règles en vertu desquelles on donne la préférence : 1° à celui qui est de bonne foi sur celui qui est de mauvaise foi (1); 2° à celui qui n'a aucune négligence à se reprocher sur celui qui aurait pu éviter que la perte arrivât (2) ; 3° à celui dont l'attente est plus ancienne sur celui dont l'attente est plus récente (3).

Des considérations particulières à notre sujet offrent-elles plus de ressources?—pourrait-on dire qu'il faut donner effet à l'événement qui établit le régime de libre disposition, c'est-à-dire, à l'*acceptation pure et simple*, parce que cet événement, en donnant à l'héritier la libre disposition des biens et en donnant action aux créanciers *ultra vires* (4), produit en général plus d'avantages que l'événement qui établirait le régime d'administration comptable ? Mais, ces avantages de

---

(1) Je vois cependant un cas où certains créanciers pourraient être de bonne foi, tandis que les autres seraient de mauvaise foi ; c'est le cas où ceux qui se prévalent de tel événement, auraient empêché les autres de le connaître, ou de faire arriver auparavant un autre événement qui eût soumis la succession à un régime différent ; dans ce cas, il faudrait régler les effets du *délit*, comme nous avons réglé ceux de la *convention* ou du *jugement*.

(2) On ne voit guère comment, dans l'état actuel de la législation, il pourrait y avoir de la part de quelques créanciers une négligence dont les autres pourraient se plaindre.

(3) puisque nous supposons que les événemens invoqués contradictoirement ont eu lieu en même temps.

(4) Dira-t-on que le régime d'acceptation pure et simple a paru plus utile à la société, puisque beaucoup de Coutumes accordaient la préférence au successible qui acceptait purement et simplement, sur celui qui réclamait le bénéfice d'inventaire? Mais, cet argument est sans force aujourd'hui, puisque les auteurs de notre Code civil n'ont pas accueilli ce système de préférence.

l'acceptation pure et simple, sont en même temps des inconvéniens : c'est un inconvénient pour l'héritier d'être tenu *ultra vires*, c'est un inconvénient pour les créanciers de courir le risque de perdre leur gage, si l'héritier est de mauvaise foi (1); d'ailleurs, ce qui prouve que le régime résultant de l'acceptation pure et simple n'est pas toujours favorable aux créanciers, c'est qu'on leur donnait autrefois, au lieu du *privilége* établi par l'art. 2111 (et subsidiairement de l'*hypothèque* résultant de l'art. 2113), le droit d'empêcher ce régime, en opérant une séparation *collective* des patrimoines (2).

2° Lorsque les parties, d'accord sur la personne à qui appartient le droit d'établir le régime héréditaire, ne le sont pas sur l'étendue de la puissance que cette personne peut avoir à cet égard, par exemple, des créanciers prétendent que le successible est en état de minorité, d'interdiction, etc. (d'où il suivrait qu'il n'a pu établir le régime de libre disposition), tandis que, suivant d'autres créanciers ou suivant le successible lui-même, ce dernier a la plénitude du droit d'option (d'où il suivrait que l'option, faite par lui, du régime de libre disposition, est valable), nous pensons, en partant de ce principe : *L'état de chacun est présumé connu*, que ce sont les attentes fondées sur ce qui sera définitivement reconnu comme le véritable état de la personne, qui devront obtenir la préférence.

3° Lorsque les parties ne sont pas d'accord sur la personne à qui appartient le droit de déterminer le régime héréditaire, nous avons déja vu que, si l'une des personnes entre lesquelles flotte, si je puis m'exprimer ainsi, la qualité d'héritier, a en sa faveur la possession, c'est ce qui aura

____

(1) car il peut vendre sans formalité, et les créanciers n'auront, contre les ventes à bas prix, d'autre garantie que la mesure souvent impraticable ou périlleuse de la *surenchère*.

(2) séparation qui soumettait la succession à un régime presque semblable à celui qui résulte du bénéfice d'inventaire ou de la nomination d'un curateur à succession vacante.

été fait par ou avec cette personne, qui fixera le régime; ainsi donc, si l'adversaire du possesseur est ensuite déclaré véritable héritier; il devra néanmoins respecter ce qui a été fait par le possesseur (1).

En supposant que la possession ne milite pas plus en faveur de tel que certains créanciers ont considéré comme héritier, que de tel à qui d'autres créanciers ont cru que cette qualité appartenait, quels sont les créanciers dont l'attente devra être respectée? — Si le fait sur lequel les premiers se fondent, est plus notoire que le fait qui a servi de base à l'attente des seconds, il me semble que l'on devra donner la préférence aux premiers. — Si les deux faits sont, à cet égard, sur la même ligne (2), les créanciers qui invoquent le fait le plus ancien, paraissent devoir être préférés. —Si ce motif de préférence vient encore à manquer, je ne vois pas comment le sort des créanciers pourra être fixé autrement que par le jugement qui interviendra sur la pétition d'hérédité, à moins qu'on ne permette aux créanciers de procéder d'une manière analogue à celle que nous avons indiquée ci-dessus, p. 687 et 718.

Nous ne finirons pas ce Traité (3) sans rappeler à nos

(1) bien entendu, ce qui a été fait avant que le public ait pu connaître le procès. Pour ce qui a été fait durant le procès, voyez ce que nous avons dit ci-dessus, en traitant de la 2e *hypothèse* de notre 2e *Question*.

(2) Quelquefois le fait le moins public sera cependant le plus probable; par exemple, si l'on n'avait pas exigé plus de formes pour l'acceptation bénéficiaire que pour l'acceptation pure et simple, ne devrait-on pas présumer cette dernière acceptation plutôt que la première?

(3) Pour compléter l'exposition de notre système, nous croyons devoir ajouter quelques mots à ce que nous avons dit, de l'*exécution testamentaire*, aux pages 524, 567 et 568 :

Nous ferons remarquer d'abord qu'elle n'a aucun effet à l'égard des immeubles.

Pour savoir quelle influence elle peut avoir relativement aux meubles, commençons par voir en quoi consiste, quant à cette sorte de biens, le *bénéfice de séparation*.

Le créancier héréditaire peut-il, en vertu des art. 879-880, empêcher l'héritier d'aliéner les meubles? — Quand même on lui en reconnaîtrait

lecteurs, que notre but n'a pas été de faire une exposition complète des droits des créanciers héréditaires, mais seulement de déterminer la condition de ces créanciers à l'égard des biens de la succession. C'est de ce point de vue qu'il faut apprécier les règles que nous avons posées : on méconnaîtrait plus d'une fois notre pensée, si l'on voulait appliquer les mêmes règles aux prétentions que les créanciers héréditaires pourraient former relativement à d'autres biens que ceux de la succession, soit contre l'héritier véritable ou apparent, soit contre ses créanciers personnels.

le droit, la maxime : *en fait de meubles possession vaut titre*, rendrait ce droit illusoire, car la défense ici ne peut pas être sanctionnée par l'obligation *ultra vires*, cette obligation pesant déjà sur l'héritier contre qui on a besoin de la séparation, c'est-à-dire, contre l'héritier pur et simple.

Je crois que le bénéfice de séparation, quant aux meubles, se réduit au droit de réclamer la préférence à l'égard des créanciers personnels de l'héritier, toutes les fois que le créancier héréditaire se trouvera en concours avec ces créanciers. — Le créancier héréditaire ne pouvant acquérir sur les meubles du défunt un véritable droit *réel* que par la saisie arrêt (sauf le cas de l'exécution testamentaire, dont nous allons parler), n'a aucun intérêt à forcer l'héritier à prendre qualité à l'avance ; et, au moment où s'ouvre une contribution, il lui importe peu qu'on accorde préférence à sa créance en vertu de l'art. 879, ou bien en vertu de l'art. 802.

Il semblerait résulter de là, que, lorsqu'une succession ne renferme que des meubles, la procédure à fin de détermination du régime héréditaire est superflue.—Mais, s'il en est ainsi quant aux droits des créanciers héréditaires *sur les biens du défunt*, ces créanciers ont cependant intérêt à cette détermination, pour connaître l'étendue de leurs droits contre la personne (et par conséquent contre les biens personnels) de l'héritier ; pour savoir s'ils peuvent simplement invoquer les art. 803 à 809, ou bien s'ils ont sur les biens de l'héritier absolument les mêmes droits que sur les biens héréditaires (l'héritier ayant de son côté la libre disposition de ces derniers).

Cela posé, il me semble que tous les effets de l'exécution testamentaire se réduisent à ce qui suit : 1° à partir du moment où l'exécuteur testamentaire est entré en possession, elle empêche l'héritier d'aliéner les biens dont cet exécuteur est saisi, 2° elle assure l'emploi de ces mêmes biens au paiement des créanciers de la succession (les légataires seuls sont le but direct de cette institution, mais les créanciers héréditaires en profitent, à cause de la maxime : *bona non intelliguntur nisi deducto ære alieno*).